Gütersloher Verlagshaus. Dem Leben vertrauen

Heinz Verfürth

Die Arroganz der Eliten

Gütersloher Verlagshaus

Bibliografische Information der Deutschen Nationalbibliothek
Die Deutsche Nationalbibliothek verzeichnet diese Publikation in der
Deutschen Nationalbibliografie; detaillierte bibliografische Daten sind
im Internet über http://dnb.d-nb.de abrufbar.

Verlagsgruppe Random House FSC-DEU-0100
Das für dieses Buch verwendete FSC-zertifizierte Papier *Munken Premium*
liefert Arctic Paper Munkedals AB, Schweden.

1. Auflage
Copyright © 2008 by Gütersloher Verlagshaus, Gütersloh,
in der Verlagsgruppe Random House GmbH, München

Dieses Werk einschließlich aller seiner Teile ist urheberrechtlich geschützt. Jede Verwertung außerhalb der engen Grenzen des Urheberrechtsgesetzes ist ohne Zustimmung des Verlages unzulässig und strafbar. Das gilt insbesondere für Vervielfältigungen, Übersetzungen, Mikroverfilmungen und die Einspeicherung und Verarbeitung in elektronischen Systemen.

Umschlaggestaltung: schwecke.mueller Werbeagentur, München
Umschlagmotiv: © getty images
Satz: Katja Rediske, Landesbergen
Druck und Einband: CPI – Ebner & Spiegel, Ulm
Printed in Germany
ISBN 978-3-579-06978-4

www.gtvh.de

Inhalt

I. Eliten im Verruf
Wie sich die Führungsschicht um Ansehen und Vertrauen bringt

1. Fehler, Affären, Versagen
   Ein Reigen ohne Ende **8**
2. Das Versagen als Modell
   Die verkorkste deutsche Einheit **25**
3. Zwischen Tabu und Sehnsucht
   Die historischen Blockaden gegenüber Eliten **38**
4. Vom Bewusstsein zum Sein
   Wer gehört zu den Eliten? **48**
5. Die politische Elite
   Medienpräsenz gegen Machtverlust **61**
6. Die wirtschaftliche Elite
   Dominanz durch Mehrwert **71**
7. Die wissenschaftliche Elite
   Strukturen mit Schwächen **80**
8. Die kulturelle Elite
   Zukunft ohne Gewissheit **88**
9. Der kleine Unterschied
   Wenn Prominenz Elite spielt **97**

II. Deutsche Eliten in der Vergangenheit
Willige Helfer bei Brüchen und Katastrophen

1. Der »Zauberlehrling« Bismarck
   Retter für verschlissene Eliten **112**
2. Das Großmaul auf dem Thron
   Wilhelm II. und seine verblendeten Eliten **125**
3. Die Totengräber der Demokratie
   Eliten in der Weimarer Republik **136**
4. Hitlers braune Diktatur
   Die Eliten im Schlepptau der Nazis **148**
5. Nach der Stunde Null
   Alte Eliten in neuen Karrieren **163**
6. Der Aufstand der Jungen
   Kampf gegen Eliten und Hierarchien **175**

III. Eliten ohne Konsens
Wenn der Führungsschicht der Zusammenhalt fehlt

1. Der ausbleibende Dialog
   Konsequenzen des Elite-Versagens **186**
2. Die Entkopplung von der Gesellschaft
   Eliten aus eigener Legitimation **207**
3. Führung, Autorität, Verantwortung
   Die Erwartungen an die Eliten **218**
4. Ein überfälliger Disput
   Welche Eliten braucht das Land? **234**

Nachwort *Eliten, Identitäten und Waschbeton* **247**
Literatur **253**

I.
Eliten im Verruf

Wie sich die Führungsschicht um Ansehen und Vertrauen bringt

1. Fehler, Affären, Versagen
Ein Reigen ohne Ende

Über dem Land herrschte, bei schönstem Sommerwetter, eine geradezu unglaublich fröhliche Stimmung. Die Menschen lagen sich in den Armen, Schwarz-Rot-Gold umhüllt. Sie brüllten und jubelten, sie feierten und tanzten, sie tranken und schwelgten. Die Fußballweltmeisterschaft Mitte 2006 in Deutschland, die als »heitere Spiele« über die Bühne ging, machte die beschwingte Identität möglich, eine der ganz wenigen glücklichen kollektiven Momente in den letzten Jahrzehnten der deutschen Geschichte. Vergleichbar vielleicht nur noch mit jenen euphorischen Tagen im November 1989, als Mauer und Stacheldraht im geteilten Land fielen.

Während dieses Fußball-Taumels, ausgerechnet da, bürstete die Bundeskanzlerin gegen die lebensfrohe Stimmung. Angela Merkel, das politische Wunderkind aus dem Osten, ausgestattet mit einem Musterkatalog an Selbstdisziplin und Beherrschtheit, trübte mit einem Begriff die freudige Seelenverfassung der Bevölkerung. Deutschland sei ein »Sanierungsfall«, verkündete sie in einer Regierungserklärung während der ausgelassenen Tage. War sie eine Spielverderberin, obwohl ihr das Treiben auf dem Rasen als Zuschauerin so sichtlich Vergnügen bereitete?

Denn Sanierungsfall: Das klingt nach Konkurs und Bankrott, nach Pleite und Fiasko, nach Liquidation und Offenbarungseid. Dieses Wort der Berliner Regierungschefin war zudem ein politischer Tiefschlag für jene, die früher für Politik und Gesellschaft Verantwortung getragen hatten – und die teilweise mit ihr auf der Koalitionsbank sitzen. Auch leistete sich Merkel dieses abfällige Rubrum zu einem Zeitpunkt, als die von ihr geführte Regierung höchst umstrittene Maßnahmen und Entscheidungen auf den

Weg brachte: die größte Steuererhöhung aller Zeiten, unter Missachtung vorheriger Schwüre und Versprechungen während des Wahlkampfes; eine zwiespältige Föderalismusreform, bei der sich die Länder mannigfaltige Kompetenzen in Alleinzuständigkeit sicherten, vor allem in der Bildungspolitik; eine fragwürdige Gesundheitsreform, bei deren chaotischer Ausgestaltung Merkel der zuständigen Ministerin Ulla Schmidt vorwarf, sie bewege sich am »Rande der Abenteuerlichkeit«; eine Reform der Unternehmenssteuer, die sowohl in der Politik als auch in der Wirtschaft heftige Kontroversen auslöste. So gesellten sich zu Brot und Spielen auch Flickwerk und Murks.

Den Begriff »Sanierungsfall« hat Merkel allerdings nie wiederholt, weil wohl ihr selbst oder ihren Beratern der Bumerang-Effekt eines solchen Schlagwortes offenbar schnell bewusst geworden ist. Dennoch hat die Kanzlerin, eher ungewollt, mit ihrem negativen Code ein anderes Faktum auf die Agenda gesetzt: nämlich das Auftreten und Agieren der deutschen Eliten. Und da gehört es auch schon lange hin.

Wer trägt denn die Verantwortung für die von der Kanzlerin so beklagten Zustände? Sind es die Arbeiter, Angestellten, Beamten, die Schüler und Studenten, die Rentner und Pensionäre? Oder sind es die Arbeitslosen und Transfer-Empfänger?

Es ist allenthalben üblich, die Anspruchsmentalität und das Statusdenken weiter Teile der Bevölkerung für viele gesellschaftliche, politische, ökonomische und soziale Blockaden in der Bundesrepublik ständig zu thematisieren. Gewiss: Zahlungen und Beihilfen, Subventionen und Zuschüsse, auch Vorteile bei Steuern und Abgaben, die bereits über die Hälfte des jährlichen Bundeshaushalts ausmachen, also rund 200 Milliarden Euro, lasten schwer auf dem Gemeinwesen. Da Verschiebungen und Veränderungen vorzunehmen, auch notwendige Reformen umzusetzen, ist weitaus schwieriger als olympisches Gewichtheben. Sowohl für die rot-grüne als auch für die große Koalition war und ist es mehr als schweißtreibend. Es kann sogar existenziell sein, wie es die Sozialdemokraten im Verlust der Wählergunst seit Jahr und Tag erfahren müssen.

Umgekehrt wird ein Schuh daraus, so heißt es im Volksmund. Und daher ist die Frage berechtigt, ja sogar dringlich, welchen Anteil gerade die Führungsgruppen in Deutschland an den so oft beklagten und tatsächlich verbesserungswürdigen Zuständen beigetragen haben, ja auch gegenwärtig noch beitragen. Dies umso mehr, da die Eliten in jüngster Zeit stärker im Fokus einer kritischen Öffentlichkeit geraten sind. Auch dies nicht zufällig. Denn darin äußern sich Unmut und Ärger über das fragwürdige bis schamlose Verhalten bestimmter Führungsgruppen, vor allem aus Politik und Wirtschaft, mit dem sie unliebsam von sich reden machen. Es fehlt jedenfalls nicht an Stoff, fast täglich neue Skandalchroniken aufzublättern. Die Presse druckt sie auch eifrig, mit dem Ergebnis, dass die betroffenen Eliten häufig nach der Methode »Haltet den Dieb« reagieren: Die Medien seien es, die die Vorgänge erst zu Affären aufputschten – hartleibig, einsichtslos, kritikunfähig. Zugestanden: Ein Stück Emotionalisierung ist nicht selten dabei, auch eine Portion Neid, vor allem wenn der Boulevard sich aufspielt. Aber die Sonne kann nur dunkle Schatten werfen, wo auch tatsächlich markante Erhebungen sind.

Dass Führungspersönlichkeiten heute so leicht und so massiv zum Objekt und Gegenstand von Tadel und Missbilligung, von Ablehnung und Verurteilung werden, auch werden können – und das durch eigene Verantwortung: Dies signalisiert eine beachtliche Veränderung im deutschen Gesellschaftsgefüge. Der Sozialschmarotzer, jenes immer wieder so gern bediente Klischee eines bedenkenlosen, gar kriminellen Nutznießers, der sich in der gemeinnützigen Hängematte gut eingerichtet hat, ist längst zu einem weit verbreiteten und ausgiebig interpretierten Unterklassen-

Spezifikum geronnen. Leider hat dieses Merkmal in den letzten Jahren auch ein entsprechendes Oberklassen-Modell bekommen. Mit der üblichen Ausflucht, es gebe ja überall die sprichwörtlichen »Schwarzen Schafe«, ist es da nicht mehr getan. Denn es bleibt eben nicht bei wenigen Einzelfällen, sondern hat sich längst zu einem gängigen Kohortenphänomen ausgewachsen.

Die Liste der Entgleisungen und Verfehlungen, auch der Rechtsbrüche und Delikte, die sich inzwischen innerhalb der einzelnen Führungsgruppen in Deutschland abspielen, wirkt beinahe wie ein absurdes Panoptikum, wären die Konsequenzen und Folgen nicht so beängstigend und riskant, sowohl in ihrem numerischen Umfang als auch in ihrer moralischen Dimension. Affären und Skandale, Rücktritte und Rausschmisse, Bestechung und Korruption, Schmiergeld und Kontenmanipulation, Unterschlagung und Betrug, Veruntreuung und Kungelei, Gier und Unersättlichkeit, Täuschung und Größenwahn, Sexorgien und anderer Schmuddelkram. Und es passiert bei früher bestens renommierten Adressen: von Deutscher Bank bis Daimler, von BMW bis Karstadt, von VW bis Infineon, von Siemens bis RWE, von der Telecom bis zur ARD, von Stadtverwaltungen bis zu Landesbanken, vom Bund Deutscher Radfahrer bis zum Deutschen Fußballbund.

Die Namensliste der Involvierten und Betroffenen liest sich fast wie ein deutsches »Who is Who«, wenngleich der negativen Art: Von Josef Ackermann bis zu Klaus Zwickel, von Helmut Kohl bis zu Manfred Kanther, von Laurenz Meyer bis zu Ulrike Flach, von Klaus Esser bis zu Karl Wienand, von Ludger Vollmer bis zu Monika Hohlmeier, von Hellmuth Trienekens bis zu Robert Hoyzer, von Jan Ullrich bis zu Hagen Boßdorf, von Rolf Breuer bis zu Gerhard Schröder. Und so weiter und so weiter …

Die größten Einschnitte in den deutschen Arbeitsmarkt tragen den Namen eines Mannes, nämlich des vormaligen

VW-Vorstandsmitglieds Peter Hartz, der inzwischen wegen unternehmerischer Verfehlungen und persönlicher Charakterschwächen zu einer Gefängnisstrafe, wenn auch auf Bewährung, verurteilt ist – eine Zumutung für diejenigen, die unter diesem Signum ihre Arbeit verrichten oder staatliche Unterstützung erhalten. Der frühere Siemens-Vorstandschef Heinrich von Pierer, lange Zeit ein Vorzeigemanager und Berater aller Kanzler von Kohl über Schröder bis zu Merkel, will von den üblen Machenschaften in seinem Konzern, nämlich sich Großaufträge über millionenschwere Schmiergeldzahlungen zu sichern, nichts gewusst haben. Der Fall Siemens zeigt auch, dass interne Ethik- und Antikorruptionsregeln, also ein »Corporate Governance«-Kodex und Compliance-Vorschriften, seien es firmeneigene oder inzwischen öffentlich geltende, gegen kriminelle Energie kaum etwas auszurichten vermögen, wenn sie nicht von dem Leitungspersonal verinnerlicht werden. Dabei geht es bei Siemens im Schmiergeldsumpf nicht um »Peanuts«, also um jenen Begriff, mit dem sich der vormalige Deutsche Bank-Sprecher Hilmar Kopper unliebsam in die Annalen eingetragen hat. Die Korruptionszahlungen werden sich wohl auf über eine Milliarde Euro summieren.

Daneben hatte sich der Siemens-Vorstand mit der Finanzierung einer Gegengewerkschaft zur IG Metall, der arbeitgeberfreundlichen Arbeitsgemeinschaft Unabhängiger Betriebsangehöriger (AUB) um deren Vorsitzenden Wilhelm Schelsky, noch einer anderen obskuren Schiene bedient. Zwar ist »nur« von 70 Millionen Euro die Rede. Aber hier zählt nicht die Summe, sondern die Intention. Wenn »Mr. Siemens«, wie von Pierer zuweilen in Zeitungen tituliert wurde, von all diesem Treiben nichts gewusst hat, dann war er sein Geld als Vorstandschef nicht wert. Doch es bedurfte Monate, bis er den Vorsitz im Aufsichtsrat Mitte 2007 aufgab – die Kritik war so übermächtig geworden, dass er wohl kaum seine Tätigkeit an der Spitze des Konzerns selbst untersuchen könne. Siemens, einstmals eine Ikone der deutschen Industrie, ist unter bedenkenlosem Führungspersonal zu einem existenzbedrohten Unternehmen geworden. Käme es Knall auf Fall, müssten wohl die einfachen Beschäftigten die Suppe auslöffeln, da die Vorstände sich zumeist mit gut ausgepolsterten Versorgungspaketen ausstatten ließen. Daher ist Siemens so exemplarisch.

Die Banalität des Anrüchigen bis Kriminellen, die sich nun fortlaufend vor der Öffentlichkeit ausbreitet, ist in ihrer beachtlichen Dimension kein Unterschichten-Phänomen. Es läuft ab in jenen Kreisen, von denen es allenthalben heißt: Die da oben. Deren Verhalten bedeutet, wenn allgemein gültige und erforderliche Wertvorstellungen durch fortgesetzte Missachtung und Anmaßung überstrapaziert werden, eine Destabilisierung für die gesamte Gesellschaft. Der verstorbene Bundespräsident Johannes Rau brachte es, kurz vor seinem Ausscheiden aus dem Amt 2004, in die mahnenden Worte – und nur diese eine Stimme sei hier zitiert: »Das Gefühl für das, was richtig und angemessen ist, scheint oft verloren gegangen zu sein. Egoismus, Gier und Anspruchsmentalität der so genannten Eliten schwächen das Vertrauen in die Institutionen selber, wenn deren Repräsentanten offenbar alle Maßstäbe verloren haben.«

Alle Maßstäbe verloren: Diese Kritik macht sich besonders an den Schwindel erregenden Bezügen von Vorstandsmitgliedern und Managern großer Unternehmen fest. Ebenso geht es um die generöse Versorgung von Ministern und Parlamentariern. Auch hier reagieren die Betroffenen – oder muss man eher sagen Gesegneten – mit dem abwürgenden Argument einer in Deutschland üblichen Neiddebatte, im Gegensatz zu den USA. Auch wenn dies zuweilen zutreffen mag: Den Führungskräften würde ein üppiges Salär wohl eher gegönnt, wenn die Verhältnismäßigkeit noch stimmte. Doch da werden in den letzten Jahren die Standards immer stärker außer Kraft gesetzt. Hier tut sich eine immer größere Gerechtigkeitslücke auf, und wer sich dagegen unempfindlich zeigt, beweist nur seine gesellschaftliche Verantwortungslosigkeit. So bündeln sich Verärgerung und Empörung.

Nach einer Studie der Deutschen Schutzvereinigung für Wertpapier-Besitz (DSW) zu der Top-Vergütung in den 30 Dax-Unternehmen stiegen 2006 die jährlichen Festgehälter der Vorstände um durchschnittlich 7,7 Prozent auf 1,9 Millionen Euro. Die Vorstandsvorsitzenden erhielten 7,3 Prozent mehr und erzielten damit durchschnittlich 3,9 Millionen Euro. Bei diesen Summen sind Zusatzeinkommen wie Aktienoptionen, Sonderzahlungen, Erfolgsprämien, Pensionszusagen nicht einmal berücksichtigt. Dass da noch locker Steigerungsraten möglich sind, zeigen die Spitzenverdiener wie Deutsche Bank-Lenker Josef Ackermann mit 9,4 Millionen Euro, Linde-Chef Wolfgang Reitzle mit 5,6 Millionen Euro oder Daimler-Boss Dieter Zetsche mit 4,5 Millionen Euro. Einsame Spitze ist inzwischen Porsche-Chef Wendelin Wiedeking mit 56 Millionen Euro Jahresbezügen. Im Vergleich: Die Tarifgehälter stiegen 2006 so gering wie seit 1995 nicht mehr, nach Angaben des Statistischen Bundesamtes mussten die Arbeitnehmer real sogar Einkommenseinbußen hinnehmen.

Zwei konkrete Beispiele sollen dies noch näher erläutern, und es sind ausdrücklich Fälle, in denen sich deren Unternehmen in Konfliktsituationen befanden. Bei der Deutschen Bahn AG empfingen die acht Vorstände 2006 insgesamt 16,7 Millionen Euro, eine Steigerung um 77 Prozent zum Vorjahr. Das fixe Grundgehalt wuchs immerhin um 20 Prozent, die weitere Steigerung ergab sich aus Erfolgszahlungen wegen des höheren Bahn-Gewinns – bei einem Unternehmen also, deren Kunden sich über reduzierten Service, verwirrende Preisgestaltung, permanente Unpünktlichkeit, vollbesetzte Züge, ausgedünnten Regionalverkehr bitter beklagen. Angesichts solcher Zahlen mutet es fast absurd an, wenn Bahn-Chef Hartmut Mehdorn in der Tarifauseinandersetzung mit der Lokführer-Gewerkschaft GDL versuchte, das Streikrecht gerichtlich auszuhebeln. Nach GDL-Angaben kamen die Lokführer nur auf ein Monatsgehalt zwischen etwa 1800 und 2300 Euro.

Das andere Beispiel ist Klaus Kleinfeld. Als er im Januar 2005 die Nachfolge von Heinrich von Pierer an der Spitze des Siemens-Vorstands antrat, damals 47 Jahre alt, wurde er als Wunderknabe gefeiert. Doch den Konzern mit 470.000 Beschäftigten bekam er nicht in den Griff. Es reihten sich Peinlichkeiten, Fehler, auch Fehlschläge ziemlich kontinuierlich aneinander. Etwa wenn er sich die teure Rolex-Uhr am Handgelenk auf einem Foto wegretuschieren ließ. Zwar legte er wiederholt gute Geschäftszahlen vor, aber eine der wichtigsten Eigenschaften der sozialen Kompetenz, nämlich die unternehmensinterne Kommunikation, beherrschte er nicht. Auch verfügte er nicht über die besten Berater. Schwere Handicaps, will man eine Traditionsfirma hemdsärmelig und radikal umbauen und dabei weit über 10.000 Arbeitsplätze streichen. Aber Kleinfeld war – und das erklärt sein Scheitern – ein typischer Vertreter des amerikanisch geprägten Shareholder-Value-Kapitalismus. Er versagte ähnlich wie Jürgen Schrempp, der Daimler-Chef, der von der Welt AG träumte und seinem Unternehmen letztlich einen Verlust von 60 Milliarden Euro bescherte.

Zurück zu Kleinfeld: Dessen Defizite wurden auch für eine breite Öffentlichkeit sichtbar, als der Verkauf – besser sagt man das Verscherbeln – der Handy-Sparte an das ominöse taiwanesische Unternehmen BenQ in einem Desaster endete. BenQ meldete nach nur einem Jahr in Deutschland Insolvenz an, Tausende Arbeitsplätze standen auf dem Spiel. Aber Kleinfeld fand nicht die Form und die Worte, den Reinfall zu erklären. Ein Fernsehauftritt in dieser brenzligen Situation geriet zu einer einzigen Blamage. »Seine Sinnkrise und die seiner Firma kamen verbal rüber«, urteilte danach der PR-Berater Klaus Kocks.

Allerdings genehmigte sich der Siemens-Vorstand während dieser turbulenten Tage eine Gehaltserhöhung von 30 Prozent – was einen Aufschrei in der Öffentlichkeit provozierte. Zwar gelobten dann die Manager, ein Jahr auf die höheren Bezüge zu verzichten und dieses Geld in einen Fonds für jene einzuzahlen, die wegen der BenQ-Pleite ihre Jobs verloren. Aber bald fand man einen Trick, die Gehaltserhöhung wieder vorzuziehen. Wenig später holte Kleinfeld dann der Siemens-Absturz über die Schmiergeldzahlungen und Schwarzgeldkonten vollends ein. Auch er gab dabei – wie von Pierer – den Ahnungslosen, obwohl er schon zwei Jahre den Vorstand führte. Bevor es zu heikel wurde, nabelte er sich vom Siemens-Konzern ab.

Um kaum ein halbes Jahr später als Präsident beim US-Aluminium-Konzern Alcoa wieder glänzend auf die Füße zu fallen: mit einem Antrittsgeld von 6,4 Millionen Euro und einem Jahressalär von 1,6 Millionen Euro, das er bei gutem Geschäftsverlauf auf 4,6 Millionen Euro steigern kann. Falls Alcoa von einem anderen Unternehmen oder Investor geschluckt wird, erhält er zwei Jahresgehälter als Abfindung. Damit steht Kleinfeld besser da, als jemals zu Siemens-Zeiten. Man muss nicht erst ermessen, wie eine solche Karriere auf jene Menschen wirkt, die durch Kleinfeld ihren Job verloren haben und unter Umständen bei Hartz IV gelandet sind.

Diese wachsende Diskrepanz in den Einkommensrelationen sorgt für Unmut und Verdruss. Dabei geht es keineswegs um Gleichmacherei, auch nicht darin, dass Unternehmern und Managern wegen ihrer Verantwortung und ihres Risikos ein höheres

Einkommen zugebilligt wird. Es geht um die Frage nach dem gerechten Lohn, an dessen unterem Ende Stundenentgelte von weniger als fünf Euro längst üblich sind. Schon bedenklich ist, wenn 1,4 Millionen Menschen, davon über 600.000 sozialversicherungspflichtig beschäftigt, zusätzlich auf Hartz-IV-Leistungen angewiesen sind. Sie können sich und ihre Familien nicht ernähren, obwohl sie regulär und voll arbeiten. Dass die Zahl der so genannten Aufstocker ständig steigt, nährt die Forderung nach Einführung von Mindestlöhnen.

Trotz zunehmender sozialer Schieflagen finden viele Mitglieder der Wirtschaftselite nicht mehr jene notwendige Maßstäblichkeit, mit der sie ihren Führungs-, Ordnungs- und Orientierungsanspruch zu legitimieren vermögen. Ihre moralische Integrität steht mehr und mehr in Zweifel. Die Unsensibilität – vielleicht ist es auch eine Mischung aus Arroganz und Blindheit – bei Einstellung und Verhalten, bei Umgang und Attitüde bewirkt in der Öffentlichkeit gegenüber diesen Eliten jenes »Vermissungserlebnis«, von dem der Sozialforscher Heinz Bude spricht. Die Zukunftsängste vieler Menschen, weil sie sich von der Wirtschaft und deren Führungsgruppen abhängig fühlen, ja auch sind, finden dadurch ihre Unterfütterung.

Ein Mangel an Sensibilität zeichnet auch häufig die politische Klasse aus, zumeist wenn es um die eigenen Einkommen geht. Dass es bis heute nicht gelungen ist, im Bundestag und in den meisten Landesparlamenten die Diäten- und Altersversorgungen, bei den Bundes- wie bei den Landesregierungen die Ministerbezüge und Pensionsansprüche auf ein adäquates Maß – im Vergleich zum normalen Arbeitnehmer – festzulegen, hat Merkmale gleichgültiger Wurstigkeit. Dabei liegt in diesem Fall der Schweiß ganzer Kommissionen in langen Berichten vor. Aber vielleicht muss man sich auch hier in die Redensart schicken: Die Hoffnung stirbt zuletzt.

Ein anderes Beispiel hat in der Öffentlichkeit viel Aufsehen erregt: der Aufstand einiger Bundestagsabgeordneter gegen die Offenlegung ihrer Nebeneinkünfte. Zwar sind die neun Parlamentarier bei ihrem Gang zum Bundesverfassungsgericht unterlegen. Dennoch ist die gerichtlich verfügte Veröffentlichungsverpflichtung recht fragmentarisch, weil die Abgeordneten sich nur in drei Pauschalgruppen eintragen und keinen Einzelnachweis erbringen müssen. Das Ziel wird grandios verfehlt. Mehr Einblick in die Einkünfte der Parlamentarier schafft die Regelung keineswegs. Aber dabei geht es nicht allein um die juristischen Aspekte.

Das Abgeordnetengesetz schreibt vor, dass ein Mandat im Bundestag im Mittelpunkt der Tätigkeit des Parlamentariers zu stehen habe. Natürlich können sich Mandatsträger nicht nebenamtlichem Engagement entziehen, sei es nun politischer, sozialer, zivilgesellschaftlicher, karitativer, religiöser, kultureller, aber auch wirtschaftlicher Art. Wer dabei mit der kurzen Elle misst, verkennt die Realitäten. Auch ist es wünschenswert, dass die Abgeordneten ihr enges politisches Gehäuse, eben das sprichwörtliche Raumschiff, das in Berlin ebenso schwebt wie früher in Bonn, zeitweise verlassen, um andere Lebenswirklichkeiten zu erfahren. Problematisch wird es nur, wenn Mandatsausübung und Nebentätigkeit zu einem Interessenkonflikt, ja zur Abhängigkeit führen. Die Diskussion um die geplante Übernahme des Geschäftsführerpostens beim Bundesverband der Deutschen Industrie (BDI) durch den CDU-Abgeordneten Norbert Röttgen, neben dem Mandat, hat dieses Dilemma noch einmal fokussiert. Röttgen verzichtete schließlich. Dass mit dem CDU-Abgeordneten Reinhard Göhner bei der Bundesvereinigung der Deutschen Arbeitgeberverbände (BDA) seit fast einem Jahrzehnt ein solches Konstrukt besteht, macht die Sache keineswegs besser.

Für schlechtes Image ihrer eigenen Klassen sorgen aber auch Politiker, die nach ihrer aktiven Zeit, beispielsweise in Regierungsämtern, zweifelhafte Verpflichtungen in der Privatwirtschaft eingehen. So ließ sich Helmut Kohl, nachdem er 1998 die Bundestagswahl verloren hatte, im Mai 1999 von dem Medienunternehmer Leo Kirch als Berater für ein Jahreshonorar von 600.000 Mark plus Spesen anheuern. Das Vertragsverhältnis endete zwei Jahre später, weil Kirch in eine Milliarden-Pleite schlidderte. Neben Kohl, der der Bundesrepublik eine der unerquicklichsten Parteispendenaffären bescherte, standen auf der Beraterliste des vormals einflussreichsten deutschen Medien-Tycoons zeitweilig fünf andere Mitglieder seiner diversen Bundeskabinette: Jürgen W. Möllemann (FDP), Wolfgang Bötsch (CSU), Rupert Scholz (CDU), Theo Waigel (CSU), Christian Schwarz-Schilling (CDU). Dass Gerhard Schröder (SPD), kaum als Kanzler verabschiedet, in die Dienste des russischen Energiekonzerns Gazprom trat, für den er als Berliner Regierungschef eine lukrative Pipeline unter der Ostsee durchgepaukt hatte, besitzt einen faden Beigeschmack. Nicht minder gilt dies für dessen Wirtschaftsminister Wolfgang Clement (SPD), der heute dem Aufsichtsrat von RWE Power angehört, was früher einmal Rheinbraun hieß. Als NRW-Ministerpräsident hatte Clement für Rheinbraun das umstrittene Braunkohleprojekt Garzweiler II auf Biegen und Brechen durchgesetzt. Denn an diesem Vorhaben wäre die rot-grüne Koalition in Düsseldorf fast gescheitert.

Es lassen sich noch viele andere Fälle anführen. Doch solcherlei Eskapaden kosten Glaubwürdigkeit, nicht nur für die betroffenen Politiker, sondern für die gesamte Klasse.

Wenn Politiker aller Couleur permanent über nachlassendes Interesse der Wähler an der Demokratie klagen, wenn die etablierte Politik immer schwieriger Gehör und Verständnis findet, wenn der Mitgliederschwund bei den Parteien beinahe unaufhaltsam erscheint, so muss sich deren Elite fragen lassen, was der eigene Anteil an dieser Entwicklung ist. Der Ansehensverlust der politischen Eliten ist jedenfalls beängstigend. Durch ihre Reihen muss daher mehr als nur ein »Ruck« gehen, von dem der Altbundespräsident Roman Herzog geredet hat.

Man kann gegenüber solchen Zeiterscheinungen resignieren, sogar kapitulieren. Nicht wenige Journalisten und Publizisten üben sich auch in diesem Genre. Den Anfang machte schon in den 90er Jahren Günter Ogger mit den »Nieten in Nadelstreifen«. Bei Peter Huth und Jan Engelke hießen die Eliten-Versager »Die Selbstbediener«. Der Fernsehmoderator Michael Opoczynski wartet mit dem knalligen Titel »Die Blutsauger der Nation« auf, und er beschreibt sie als Menschen, »die für ihre Umgebung zur Gefahr werden können«, eben als »Raubtierkapitalisten«. Der Autor Jürgen Roth schließlich erklärt Teile der wirtschaftlichen und politischen Elite zu einem anrüchigen »Deutschland-Clan«, der über ein »skrupelloses Netzwerk« zum eigenen Vorteil das Land regiert und ausbeutet. Roth reiht Fälle auf Fälle von Korruption, Betrug, Unterschlagung und Vertuschung aneinander, mit gekauften Politikern, geldgierigen Managern, gewieften Unternehmern sowie selbstherrlichen Richtern und schlappen Staatsanwälten. So entsteht ein Deutschlandbild von einzigartigem Mafia-Sumpf mit gewissenlosen Eliten an der Spitze. Und doch ermüdet mit der Zeit eine solche Darstellung, weil sie ausweglos erscheint.

Nun sind bedenkenlose und bestechliche Elitevertreter keine neuzeitliche Erscheinung. Die Geschichte kennt genügend abgrundtiefe Beispiele – gerade die deutsche. So lieh sich 1519 Karl V. beim Bankhaus Fugger in Augsburg 800.000 Gulden zur Bestechung der Kurfürsten – »Handsalben« nannte man damals diese Form der Geldausschüttung –, um römisch-deutscher Kaiser zu werden. Der als Reichsgründer gefeierte Otto von Bismarck griff 1870 tief in die Schatulle, um den zögernden bayerischen König Ludwig II., wegen seiner aufwendigen Schlösserbauten stets knapp bei Kasse, doch noch zu veranlassen, dem preußischen König Wilhelm I. die deutsche Kaiserkrone anzubieten. Dabei konnte es sich Bismarck verhältnismäßig einfach machen. Er nahm sein »Handsalben« aus dem von Preußen beschlagnahmten Welfenfonds des hannoverischen Königshauses.

Gegenüber diesen historischen Dimensionen nehmen sich jene 50.000 Mark, die der CDU-Bundestagsabgeordnete Julius Steiner vom SPD-Fraktionsgeschäftsführer Karl Wienand erhielt, geradezu wie ein Kleckerbetrag aus. Steiner erhielt das Geld, um am 23. April 1972 beim konstruktiven Misstrauensvotum im Bundestag für Willy Brandt und gegen seinen Parteifreund Rainer Barzel zu stimmen. In diesem Fall soll das Sümmchen ebenfalls aus einer obskuren Quelle gekommen sein, nämlich von der Stasi in Ostberlin.

Dies alles ist, historisch bestens verortet, wunderbarer narrativer Stoff. Aber er konzentriert sich zumeist auf einzelne Personen, also auf gutes Gelingen und nachhaltige Erfolge ebenso wie auf persönliche Machenschaften und individuelle Deformierungen. Es bleiben, ob sie nun Wohltaten oder Schaden in ihren jeweiligen Gesellschaften ausgelöst haben, letztlich doch Singularitäten. Ein klarer Befund über das Verhalten und Handeln kollektiver Gruppen und Schichten lässt sich auf diese Weise nicht erstellen. Gewiss dürfen Einfluss und Gewicht bestimmter Persönlichkeiten als Leitfiguren nie außer Acht gelassen werden, wenn es um die Beurteilung von Führungsmechanismen geht. Aber das Versagen der Eliten, so wie es hier verstanden wird, geht über persönliche Maßstäbe hinaus. Es ist als gruppenspezifische Signatur gemeint.

Barbara Tuchman, die großartige amerikanische Geschichtsessayistin, beschäftigte sich ausführlich mit der »Torheit der Regierenden«. Dabei schlug sie einen großen historischen Bogen, von Troja bis Vietnam. Aber Tuchman hat das Versagen der Verantwortlichen in eine Typologie gefasst, die sie an die von ihr beschriebenen Niederlagen und Katastrophen anlegt. Nur wenn drei Kriterien erfüllt sind, ist sie bereit, eine Politik mit dem Begriff der Torheit zu belegen. Erstens: Das Handeln der Regierenden musste schon zu ihrer Zeit, nicht erst im Nachhinein, als kontraproduktiv erkannt worden sein. Zweitens: Schon zu Lebzeiten gab es zur Politik der Torheit eine praktikable Handlungsalternative. Drittens: Diese Politik wurde von einer Gruppe und nicht einem einzelnen Regierenden betrieben und hatte über die politische Laufbahn eines Einzelnen hinaus Bestand, war also nicht an die misslungene Regierung eines Souveräns oder Tyrannen gebunden.

Solche Kriterien sollen auch hier angelegt werden. Vom Versagen der Eliten kann nicht die Rede sein bei einem ersten Missgriff oder einer einmaligen Fehlleistung. Eher stellt sich dieses Versagen als eine Kette von Patzern und Fehlentscheidungen dar. Dabei folgen einer Verfehlung weitere. Um die Schwächen und Mankos, die sich dann einstellen, vielleicht auch häufen, zu überdecken, wird ständig im Trugschluss gehandelt – alles gleichsam wie bei einer Geisterfahrt in einer Endlos-Kurve. Auf diese Weise kann sich das Versagen der Führungsgruppen verstärken und beschleunigen, ja verdichten bis zum völligen Desaster. Gerade die deutsche Geschichte hält da ein reichliches Reservoir an anschaulichen Belegen bereit.

Aber kommt den Eliten, so wird mancher fragen, heute noch diese Bedeutung zu wie in früheren Zeiten? Bietet eine egalitäre Gesellschaft, wie sie allenthalben heute unterstellt wird, wenngleich noch lange nicht gelebt wird, den Eliten genügend Einfluss und gehörige Macht? Sind sie noch in der Lage, eine Gesellschaft zu prägen und damit auch zu verändern? Oder wurden diese früher so durchsetzungsfähigen Führungsgruppen nicht längst abgelöst durch die prominenten Allerwelts-Trendsetter in der bunten, jedoch kurzlebigen Flimmerkulisse einer aufgeblasenen Medienwelt?

Auch Demokratien kommen nicht ohne Eliten aus, wobei sie sich heute keinesfalls mehr durch Geburt oder Besitz, sondern über Funktion und Leistung definieren. Eliten auszuschließen heißt, bewusst auf die treibenden Kräfte des gesellschaftlichen Wandels zu verzichten. Vielleicht ist das Tabu, mit dem der Begriff Elite so lange in Deutschland belegt war, einer der Gründe für die so beklagte Stagnation und Reformunfähigkeit der heutigen Republik. Auch in einer Demokratie müssen Entscheidungen getroffen, Prozesse vorangetrieben, Strukturen organisiert, muss Orientierung gegeben werden. Dass in dieser Hinsicht Mängel bestanden, ist zuletzt sogar den Sozialdemokraten während der rot-grünen Regierungsära aufgegangen. Denn es war Schröders Bildungsministerin Edelgard Bulmahn, die 2004 mit einem Vorstoß zur Einrichtung von »Elite-Universitäten« eine Diskussion in Gang setzte, die weit über den akademischen Rahmen hinausging. Elite ist wieder breites öffentliches Thema, auch wenn Wissenschaftler und Experten sich ihm schon länger gewidmet haben.

Auf einen anderen Zusammenhang macht der Berliner Politologe Herfried Münkler aufmerksam, der sich intensiv mit Elite-Forschung beschäftigt hat. Das Vertrauen in die demokratischen Institutionen wie Bundesverfassungsgericht und Bundesbank, so konstatiert er, sei während der Bonner Zeiten enorm gewachsen, weil deren Träger lange Zeit passable und akzeptable Problemlösungen anzubieten wussten. Mit dem Abschied vom Modell »Deutschland AG« mit ihrer harmonisierenden und integrierenden Wirkung, bedingt durch die fortschreitende Globalisierung der Wirtschaft, habe auch der Desintegrationsprozess der jeweiligen Eliten eingesetzt. »Auf die Erosion des Institutionenvertrauens folgt sehr bald die Erosion des Elitevertrauens.« Münkler betrachtet daher die zunehmende Elite-Diskussion in Deutschland als ein gesellschaftliches Verunsicherungssymptom.

Eine solche Einschätzung korrespondiert mit der Beobachtung des Sozialforschers Heinz Bude, dass mit dem Ende der »Bonner Republik« deren Elitekonstellationen auseinander gefallen seien. Die wirtschaftlichen, gesellschaftlichen und politischen Eliten hätten sich auf sich selbst zurückgezogen und den Kontakt zueinander verloren. In der »Berliner Republik« vermisst Bude »die mangelnde Institutionalisierung von Orten und Foren der Elite-Kommunikation«. Dort sei eine Konstellation mit einem überlappenden Konsens nicht zu erkennen, in den wirtschaftlichen, gesellschaftlichen und politischen Teileliten liefen die Entwicklungen jeweils in sich widersprüchlich und im Ganzen auseinander.

An dieser mangelnden Dialog- und Kooperationsbereitschaft muss das gegenwärtige Versagen der Eliten festgemacht werden. Wenn die Eliten nicht mehr zueinander finden, wer denn dann?

2. Das Versagen als Modell
Die verkorkste deutsche Einheit

Die hereinbrechende Nacht nimmt von der Stadt immer mehr und immer schneller Besitz. Die zunehmende Finsternis macht Häuser, Straßen und Plätze zu reichlich konturlosen Kulissen, die Menschen, die vorbeihuschen, zu schemenhaften Schatten. Doch plötzlich in dieser blauschwarzen Dunkelheit ein irritierendes Lichtermeer, ausgelöst durch Hunderte flackernde Kerzen. Die warme Helligkeit beleuchtet eine eher gespenstische Szene: Quader und Klötze, Bögen und Stümpfe, Steine und Schutt. Es sind die aufgetürmten Ruinen der zerstörten Frauenkirche in Dresden, eine mahnende Geröllmasse als Erinnerung an den Irrsinn menschlichen Zerstörungsgeistes.

Es ist der Abend des 19. Dezember 1989, ein denkwürdiges Datum bis heute. Um die flimmernd erhellten Ruinen haben sich Tausende Menschen versammelt, dicht zusammen gedrängt, erregt murmelnd. Manche haben schwarz-rot-goldene Fahnen mitgebracht, dazu Transparente, die eifrig geschwenkt werden. Es liegt eine merkwürdige Erwartungsstimmung in der Luft. Die Menge wartet auf Helmut Kohl. Der Bundeskanzler war am Morgen von Bonn nach Dresden gekommen, um mit dem neuen Ministerpräsidenten der DDR, Hans Modrow, über die Modalitäten einer »Vertragsgemeinschaft« zu verhandeln. Seine Fahrt vom Flughafen in die Innenstadt gestaltete sich zu einem Triumphzug.

Als Kohl dann am frühen Abend, nach frustrierenden Gesprächen mit Modrow, auf der zunächst nicht geplanten Kundgebung vor der Frauenkirche erscheint, klingen ihm sofort Rufe wie »Deutschland, Deutschland« und »Einheit, Einheit« entgegen, auch »Deutschland, einig Vaterland«. Kohl, dem Macht ebenso liegt wie Bauch, wahrt in der prekären Situation die Balance. »Wir lassen unsere Landsleute in der DDR nicht im Stich«, ruft er seinen ungeduldigen Zuhörern zu. Und im Jubel der Massen lässt er sich hinreißen: » Mein Ziel bleibt – wenn die geschichtliche Stunde es zulässt – die Einheit der Nation.«

Die Erfahrung von Dresden hat Kohl später sein »Schlüsselerlebnis« genannt. Danach war er politisch und emotional, wie er in seinen Erinnerungen schreibt, davon überzeugt, dass der Weg zur Wiedervereinigung nicht mehr aufzuhalten sei. »Das läuft. Die Menschen wollen das. Das Regime ist definitiv am Ende«, so resümierte er wenig später im internen Mitarbeiter-Kreis. Alle vorherigen Pläne, wie beispielsweise der so genannte Zehn-Punkte-Plan als Stufenprogramm für eine »Föderation« der beiden deutschen Staaten, auf etliche Jahre angelegt, waren fortan nur noch Makulatur. In Helmut Kohl erwuchs der »Kanzler der deutschen Einheit«.

Es lohnt, sich noch einmal des kurzen geschichtlichen Moments zu erinnern, der die Regierung Kohl/Genscher in den folgenden Monaten zu hektischen Vereinigungsaktivitäten veranlasste. So schreibt der Historiker Andreas Wirsching: »Zur schnellen Währungsunion und staatlichen Vereinigung gab es kaum eine Alternative.« Auch sein Kollege Heinrich August Winkler meint, dass ein Scheitern der Währungsunion, die Kohl als ersten Schritt zur Einheit forcierte, »ganz Deutschland an den Rand einer politischen Katastrophe gebracht« hätte. Denn »was die Fachleute beanstandeten, war zum größten Teil aus politischen Gründen unvermeidbar«. Und sein Münchner Kollege Gerhard A. Ritter ergänzt: »Die Ausnutzung der Chance zur deutschen Einheit in einem engen Zeitfenster stellte zweifellos eine staatsmännische Leistung dar.«

Alles inzwischen Geschichte, und die Mystifikation der historischen Ereignisse der deutschen Jahre 1989/90 ist weit fortgeschritten – und damit auch deren Interpretationen. Hätte es nicht auch andere Möglichkeiten gegeben, den Ostdeutschen einen längeren Zeitabschnitt eigener Identität zu überlassen, statt ihnen am 3. Oktober 1990 das engmaschig regulierte westdeutsche System überzustülpen? Bestanden, nach dem Vollzug der staatlichen Einheit, in den neunziger Jahren nicht Möglichkeiten, Ostdeutschland vor dem so schmerzlichen gesellschaftlichen, wirtschaftlichen und sozialen Absturz zu bewahren?

Von den Antworten auf solche Fragen hängt ab, ob die deutsche Einheit als ein einziges »Erfolgsrezept« gesehen wird, erreicht durch »günstige Rahmenbedingungen, staatsmännisches und diplomatisches Geschick und schließlich eine beachtliche Prise glücklichen Zufalls«, wie es der Politikwissenschaftler Werner Weidenfeld tut. Oder ob die Vereinigung nicht zu einem Modellfall des Versagens der deutschen Eliten geworden ist.

Es mehren sich in jüngster Zeit jene Stimmen, die Skepsis und Erbitterung ausdrücken. So meint der Journalist Jens Bisky, die »Gefahrenquelle Einheit« werde gern beschwiegen, »die ökonomische und soziale Zeitbombe Ost zu einer Wunderkerze verniedlicht«. Sein Kollege Uwe Müller redet sogar vom »Supergau« Einheit, um finster zu prognostizieren: »Der Westen wird dem Osten in den Abgrund folgen.« Der Nationalökonom Hans-Werner Sinn spricht von einem »deutschen Mezzogiorno«, stellt also den Vergleich an mit jenem hoffnungsarmen Landstrich in Süditalien, eine »lahmende Wirtschaftsregion«, eher bekannt durch seine Mafia-Verbrechen.

Zweifellos hat der plötzliche und chaotische Mauerfall am 9. November 1989 Helmut Kohl auf dem falschen Fuß erwischt. Denn zu diesem Zeitpunkt war der machtbewusste Kanzler »angezählt«. Nur mit Mühe hatte er zwei Monate zuvor eine innerparteiliche Fronde überstanden. Und dies auch nur, weil den Putschisten im letzten Moment der Mut verlassen hatte. Kohl wusste also um seine prekäre Stellung. Als dann kurze Zeit später das Ostberliner Regime kollabierte, erkannte Kohl seine Chance, über einen Vereinigungsprozess seine Position wieder zu stabilisieren. Aber es stellte sich bald heraus, dass die Bundesregierung für diesen rhetorisch immer wieder beschworenen Tag X nichts in ihren Schubladen hatte, keine Pläne, keine Programme, keine Perspektiven.

Dabei ist müßig, heute noch jene alten Schlachten zu schlagen, eben Helmut Kohls »blühende Landschaften« gegen Oskar Lafontaines Trauma eines deutschen Einheitsstaates. Aber es hat sich doch herausgestellt, dass Kohls Vorstellungen von einem selbst tragenden Aufschwung Ost, von einem zweiten »Wirtschaftswunder« illusorisch waren. Vor allem der Glaube, die Einheit lasse sich gleichsam aus der Portokasse finanzieren, wirkte geradezu katastrophal. Da passte Lafontaines nüchterne Feststellung, die Wiedervereinigung werde Milliarden kosten, näher an der Wirklichkeit. Dem Saarländer wurde jedoch zum Verhängnis, dass er in der Stunde des patriotischen Überschwangs den Typ des kühlen postnationalen Politikers repräsentierte – im Gegensatz zum emotionsfähigen Kohl.

Die entscheidende Frage ist jedoch, ob während des Vereinigungsprozesses nicht andere Weichenstellungen möglich gewesen wären, also nicht nur der eine Pfad bestand, wie ihn Kohl und die ihn tragenden Führungsgruppen beschritten haben. Von Lothar Späth, dem früheren CDU-Ministerpräsidenten und späteren Jenoptik-Chef, stammt die immer wieder bemühte Metapher, Kohl habe bei der Wiedervereinigung politisch alles richtig, aber wirtschaftlich alles falsch gemacht. Die Bemerkung hat viel für sich.

Bereits vor Kohls Entscheidung Anfang Februar 1990 für eine schnelle Wirtschafts- und Währungsunion – nicht zuletzt wegen des Drucks auf den ostdeutschen Straßen »Kommt die D-Mark nicht zu uns, gehen wir zu ihr« – begann bei westdeutschen Experten und Fachleuten eine Ernüchterung über die tatsächliche ökonomische Substanz der DDR. Daher sei, so die übereinstimmenden Analysen, eine sofortige Wirtschafts-, Währungs- und Sozialunion mit erheblichen Risiken verbunden. Die Bundesbank und deren Präsident Karl Otto Pöhl, der Sachverständigenrat zur Begutachtung der gesamtwirtschaftlichen Entwicklung, Wirtschaftsprofessoren, Forschungsinstitute, Verbandsvertreter: Sie alle formulierten ihre Bedenken gegen eine schnelle Verwirklichung dieses Vorhabens.

Dahinter stand die Befürchtung, dass dieser entscheidende Schritt auf dem Weg zur Einheit – er bedeutete letztlich die »vollständige wirtschafts- und finanzpolitische Übernahme der DDR durch die Bundesrepublik«, wie der Historiker Manfred Görtemaker schreibt – ernste Folgen haben würde: den Zusammenbruch der Märkte, den Ruin der Unternehmen, die Steigerung der Arbeitslosigkeit. Der Sachverständigenrat formulierte: »Eine Währungsunion, die sich nicht im Gleichschritt mit dem grundlegenden Umbau des Wirtschaftssystems der DDR vollzieht, verursacht lediglich Kosten, ohne die wirtschaftlichen Aussichten für die Menschen auf eine tragfähige bessere Basis zu stellen. Der Übersiedlungsstrom lässt sich dadurch nicht dauerhaft eindämmen. Priorität muss die Wirtschaftsreform in der DDR haben, nicht die Währungsunion.« Das liest sich, auch heute noch, wie eine Offenbarung, weil es bereits vieles antizipierte.

Trotz der vielfachen Einsprüche traf die Regierung Kohl ihre politisch motivierte Entscheidung zur Wirtschafts-, Währungs- und Sozialunion zum 1. Juli 1990 mit der Umstellung von Löhnen, Gehältern, Renten und Pensionen zum Umtauschkurs 1:1, ein Entschluss, wohl in der Hoffnung, die vorausgesagten Probleme schnell in den Griff zu bekommen. »Die Risiken der Wirtschafts- und Währungsunion wurden zwar gesehen«, meint der

Historiker Wirsching, »aber in Kauf genommen, vielleicht auch verdrängt.« Es folgten dann, zumeist in kurzen Zeitabschnitten, die anderen Vereinbarungen zur Wiederherstellung der staatlichen deutschen Einheit: Der Beschluss der Volkskammer, der Bundesrepublik nach Artikel 23 des Grundgesetzes beizutreten. Damit war der Artikel 146 GG, dass sich das deutsche Volk bei der Wiederherstellung der staatlichen Einheit in freier Entscheidung eine neue Verfassung geben würde, obsolet geworden. Eine längere Verfassungsdiskussion war »von der Mehrheit der politischen Akteure nicht gewollt« (Wirsching). Dann der Einigungsvertrag zwischen der DDR und der Bundesrepublik, dessen Verhandlungen auf westlicher Seite von Innenminister Wolfgang Schäuble und auf östlicher Seite von Staatssekretär Günther Krause geführt worden waren.

Das Ziel dieses Vertrags war die völlige Übertragung des westdeutschen Rechtssystems und der staatlichen Strukturen auf die »neuen Bundesländer«, die sich auf dem Territorium der DDR – in Anlehnung an ihre kurzfristige Existenz in den ersten Nachkriegsjahren – herausgebildet hatten. Die Zwei-Plus-Vier-Verhandlungen und der »Vertrag über die abschließende Regelung in Bezug auf Deutschland« zwischen den beiden deutschen Staaten, den USA, der Sowjetunion, Großbritannien und Frankreich. Schließlich der Zusammenarbeits- und Nichtangriffsvertrag mit der Sowjetunion sowie der deutsch-polnische Vertrag über die Festlegung der Oder-Neiße-Grenze als endgültiger polnischer Westgrenze. Ein beachtlicher politischer und diplomatischer Marathon, an dem Bundesaußenminister Hans-Dietrich Genscher einen gehörigen Anteil hatte. Dabei spielten auch viele überraschende Glücksmomente mit, etwa die Verständigung zwischen dem sowjetischen Generalsekretär Michail Gorbatschow und Helmut Kohl im Kaukasus. Als am 3. Oktober 1990 das mitternächtliche Feuerwerk über dem Berliner Reichstag abbrannte, lagen sich noch einmal, wie in den Tagen nach dem 9. November 1989, viele Menschen in den Armen, aus Freude und Begeisterung, auch aus Zufriedenheit und Zuversicht.

Die großen Hoffnungen schienen sich auch zunächst zu bestätigen. Der Vereinigungsboom bescherte der Bundesrepublik 1990 ein Wirtschaftswachstum beim Bruttosozialprodukt von 5,5 Prozent; 1991 waren es noch einmal 4,9 Prozent. Doch ein Jahr später sank es auf 1,8 Prozent, 1994 entstand gar ein Minus von 1,6 Prozent. Die Zahl der Erwerbstätigen in Ostdeutschland sank in kurzer Frist um ein Drittel, nämlich von 9,8 auf 6,4 Millionen. Die Arbeitslosenquote stieg dort – einschließlich der verdeckten – auf 25 Prozent (Westdeutschland damals rund 10 Prozent). Über die Hälfte der Ostdeutschen fanden sich in den ersten fünf Jahren nach der Vereinigung in Arbeitsbeschaffungs- und Qualifizierungsmaßnahmen wieder. Ohne diese Förderungsleistungen wäre die Arbeitslosigkeit in Schwindel erregende Höhen gestiegen. Die Produktivität in den ostdeutschen Betrieben erreichte kaum mehr als die Hälfte der westdeutschen, eben nur knapp 60 Prozent. Deutschland schlidderte 1992/93 in eine veritable Vereinigungskrise, eine »Ernüchterung nach dem Rausch«, wie der Historiker Görtemaker anmerkt. Spätestens zu diesem Zeitpunkt hätte Kohl radikal umsteuern oder hätten die Eliten der Bundesregierung vehement in den Arm fallen müssen.

Dass nicht alles rund lief, war der Regierung allerdings schon vorher gedämmert. Es kam zur Einrichtung des Fonds Deutsche Einheit von Bund und Ländern, weil die wahren Dimensionen der Finanzierungslasten erst allmählich sichtbar wurden; dem folgten später die Solidarpakte. Außerdem wurde, entgegen der vollmundigen Ankündigung Kohls, für die Vereinigung bräuchten keine Steuern erhöht zu werden, sechs Abgaben beschlossen, darunter der Solidaritätszuschlag, den auch die Ostdeutschen zu zahlen haben. Gleichzeitig begann jener Transfer-Mechanismus, zu dem neben dem Bund auch Länder und Kommunen ihren Beitrag leisten mussten – und bis 2019 noch zu schultern haben. Dies bestimmt bis heute das keineswegs mehr glückhafte Verhältnis zwischen West und Ost. Die innere Einheit lässt auf sich warten. Dabei behaupten nicht wenige, diese werde niemals kommen.

Altkanzler Helmut Schmidt, der die politischen und diplomatischen Verdienste Kohls anerkennt und würdigt, hat ausführlich und wiederholt die »sieben Kardinalfehler der Wiedervereinigung« aufgelistet, wie er es nennt. In wieweit hier die Analogie zu den christlichen sieben Todsünden eine Rolle spielt, kann wohl nur Schmidt beantworten. Aber es zeichnet den Altkanzler aus, dass er seinen Katalog dem Nachfolger im Amt bereits Anfang 1993 präsentierte. Das Schuldenregister besitzt noch immer eine bestechende Aktualität.

An erster Stelle nennt Schmidt die naive Unterschätzung der voraussehbaren Schwierigkeiten der wirtschaftlichen Vereinigung, gefolgt von dem naiven Glauben, die Markwirtschaft werde in wenigen Jahren die ehemalige DDR in ein blühendes Land verwandeln. Als Drittes hinzu kommt die De-facto-Aufwertung der alten Ostmark auf etwa das Dreifache durch den irrealen 1:1-Umtauschkurs. Kardinalfehler vier ist der im Einigungsvertrag liegende Verzicht auf einen weit reichenden generellen Finanzausgleich mit den neuen Ländern. Unter Nummer fünf gelistet ist die Arbeit der Treuhandanstalt. Darauf folgt die Vermögensregelung nach dem Grundsatz »Rückgabe vor Entschädigung«. Als siebenten Kardinalfehler, für die Schmidt in erster Linie die Verbände der Arbeitgeber und die Gewerkschaften verantwortlich macht, betrachtet er die Tariflohnentwicklung Anfang der neunziger Jahre. Alles, was Kohl nach dem 3. Oktober 1990 zum Zwecke der Vereinigung unternommen, entschieden oder auf den Weg gebracht habe, sei »teils falsch, teils fehlerhaft, teils zu zaghaft, teils zu spät« gewesen.

Um zwei Punkte Schmidts näher zu betrachten: Tariflohnentwicklung und Treuhandanstalt. Die Angleichung der Lebensverhältnisse in Ost und West ist seit der Vereinigung zu einem bleibenden Thema geworden. Dies bestimmte Anfang der neunziger Jahre die Tariflohnpolitik. So kritisiert Nationalökonom Hans-Werner Sinn, dass die Stundenlohnkosten 1992 bereits 50 Prozent des Westniveaus erreicht hatten, um die Jahrtausendwende schon 70 Prozent. Sinn konstatiert, dass die Lohnentwicklung dem wirtschaftlichen Wachstum im Osten vorausgeeilt sei, für ihn ein wesentlicher Grund, warum ausländische Investoren in Ostdeutschland nicht Schlange gestanden hätten.

Die Treuhandanstalt, noch von der Regierung Modrow geschaffen und dann durch westdeutsches Führungspersonal rekrutiert, bleibt eines der umstrittensten Unternehmen des Vereinigungsprozesses. Buchtitel verdeutlichen dies. So heißt es auf dem Cover des Werkes von Michael Jürgs über die »Treuhänder« ganz knackig: »Wie Helden und Halunken die DDR verkauften«, bei Heinz Suhr: »Wie Ostdeutschland geschlachtet wurde«. Auch wissenschaftliche Stimmen, wie beispielsweise Sinn, sprechen von »Schleuderaktionen« und »Eldorado-Politik«, ja sogar von »Kahlschlag«.

Die Treuhandanstalt hat sich in der kurzen Zeit ihres Bestehens – sie beendete 1994 ihre Tätigkeit – zu einer großen Geldvernichtungsanlage entwickelt. Als Einrichtung zur Privatisierung der ostdeutschen Unternehmen geschaffen, ging man von einem Verkaufwert der Firmen von 200 bis 600 Milliarden Mark aus, spätere Schätzungen lagen sogar bei 800 bis 1.000 Milliarden Mark. Tatsächlich schloss die Treuhand mit einem Defizit von 256,4 Milliarden DM ab. Die Treuhand-Jahre haben viele zweifelhafte Glücksritter aus dem Westen gesehen. Auch ist die Vermutung sicher nicht falsch, dass vielfach Firmenaufkäufe in Ostdeutschland getätigt wurden, um lästige Konkurrenz auszuschalten, statt neue Produktionsstandorte zu schaffen. Andere brachen wegen des Verlustes alter Märkte in Osteuropa zusammen. Auf jeden Fall ist die Treuhand mit ihrer Verkaufsstrategie für die De-Industrialisierung weiter Landstriche in der ehemaligen DDR verantwortlich – und damit auch für eine gesellschaftliche und soziale Destabilisierung vieler Regionen.

Wenn über die Fehlentwicklungen bei der Vereinigung geredet wird, geraten natürlich auch stets die gewaltigen Transferleistungen in den Blick. Die Summen sprengen in der Tat das normale Vorstellungsvermögen: rund 1.500 Milliarden Euro in anderthalb Jahrzehnten! Jährlich wandern gut vier Prozent des Bruttosozialprodukts, das sind über 80 Milliarden Euro, in Richtung Osten. Ein großer Teil der Summe ist allerdings in den privaten, nicht in den investiven Bereich geflossen. Bis 2019, bis zum Ende des zweiten Solidarpakts, werden es noch einmal 156 Milliarden Euro sein, vom diesem Jahr an allerdings mit jährlich größeren Absenkungen – für die Regierungen der neuen Bundesländer eine Horror-Vorstellung. Aber die »Transferökonomie am Tropf des Westens« (Sinn) ließe sich heute nur noch mit der Gefahr schwerer innerer Verwerfungen in Ostdeutschland verändern. Der letzte Jahresbericht der Bundesregierung zum Stand der Deutschen Einheit von 2007 erklärt, dass die ostdeutsche Wirtschaft noch immer eine Reihe gravierender struktureller Schwächen habe. »Um den Aufholprozess in einem überschaubaren Zeitraum zu verwirklichen, sind die ostdeutschen Länder weiterhin auf eine wirksame Wirtschaftshilfe angewiesen«, heißt es da. Im Klartext: noch sehr lange und weit über 2019 hinaus.

Gewiss, mit vielen Investitionen ist in Ostdeutschland Blödsinn getrieben worden, und derartiger Unsinn wird auch immer reichlich zitiert. Spaßbäder, Freizeitparks, Kläranlagen, Golfplätze, Kaufcenter, Regionalflughäfen: Beispiele verfehlter Planungen. Auch der Ausbau der Dörfer und Städte, früher vielfach abrissreif heruntergekommen, ist respektabel, die Infrastruktur gilt als gut bis bestens. Viele Unternehmen aus dem Westen waren an diesem Unfug beteiligt und haben sich dabei oft eine »goldene Nase« verdient.

Selbst der kritische Helmut Schmidt räumt inzwischen ein, dass die meisten Fehler der Wiedervereinigung nicht mehr korrigierbar sind. Es stellt sich aber die Frage, warum Helmut Kohl in den neunziger Jahren so unverbrüchlich diesen Weg gegangen ist. Der »Kanzler der Einheit« war – und dies sei ihm zugute gehalten – vom Dauererfolg des westdeutschen Modells überzeugt. Er bewies damit, wie sehr er ein Kind der politischen Sozialisation der fünfziger und sechziger Jahre gewesen ist. Die immer breitere Akzeptanz dieses Modells rührte nicht zuletzt aus einer ständigen Ausweitung des Sozialstaates. Wenngleich Kohl 1982 mit dem Anspruch einer »geistig-moralischen Wende« antrat, so zeigt doch ein Blick auf seine achtziger Jahre, dass er sich durchaus in der Kontinuität der Sozial- und damit Wohlstandswahrung bewegte. Die Sozialleistungsquote hat sich in seinen ersten Regierungsjahren auf dem hohen Niveau von über 30 Prozent des Bruttoinlandprodukts bewegt.

Für Kohl stand es daher außer Zweifel, dieses Modell auf Ostdeutschland zu übertragen. Er nahm dabei billigend in Kauf, viele Lasten der Vereinigung den Solidarkassen zuzuschieben, den Renten-, Arbeitslosen- und Krankenversicherungen. Das setzte hohe Wachstumsraten voraus, die jedoch zu Beginn der neunziger Jahre ausblieben. Der Münchner Historiker Gerhard A. Ritter, der die Wiedervereinigung unter dem speziellen Aspekt der Krise des Sozialstaates untersucht hat, schreibt: »Die Überlastung der Sozialversicherungen, denen gesamtgesellschaftliche Aufgaben aufgebürdet wurden, die damit bewirkte starke Erhöhung der gesetzlichen Lohnnebenkosten, aber auch die überproportionale Belastung der Unterschichten waren so nicht eine notwendige Folge der Einheit, sondern eine Konsequenz von deren verfehlter Finanzierung.«

Auch sein Kollege Wirsching kritisiert, dass Kohl – die Zeichen der Zeit verkennend – es in den achtziger Jahren versäumte, die Expansion des Sozialstaates substantiell zurückzuführen. Die Wiedervereinigung habe »die langfristig akkumulierten Verwerfungen der alten Bundesrepublik noch einmal katalytisch verstärkt, indem sie ein im Kern unreformiertes westdeutsches Wirtschafts-, Steuer- und Sozialsystem ebenso auf die neuen Länder ausdehnte wie eine von Wohlstand, Individualisierung und ›feinen Unterschieden‹ geprägte Leitkultur«.

Nicht unerwähnt bleiben darf die Tatsache, die die Entwicklung Ostdeutschlands nach 1989/90 nachhaltig geprägt hat: der radikale Eliten-Austausch. Er geschah einmal wegen der Verquickungen der Parteikader mit dem belasteten SED-System; zum anderen erforderte die pauschale Übertragung des westdeutschen Rechtssystems und der staatlichen Strukturen darin erfahrene Fachleute. Viele »Aufbauhelfer« aus dem Westen zogen damals gen Osten, weil ihnen dort Aufstiegsmöglichkeiten winkten. Es waren nicht immer die besten und vorbildlichsten Führungsfiguren. Das hat Wunden geschlagen, Verbitterung erzeugt, Resignation befördert. Wenn in den ersten Jahren nach der Vereinigung Gefühle der Unmündigkeit, ja der Kolonisation in den neuen Ländern aufkamen, was dortige Autoren vielfach dokumentierten, dann hat dies hier ihre Ursachen. Das Bild hat sich inzwischen geändert, Ostdeutsche bestimmen vielfach in den Führungsetagen mit. So sind heute beispielsweise vier der Ministerpräsidenten der fünf »neuen Bundesländer« nicht mehr aus dem Westen, früher war es umgekehrt.

Dennoch attestiert der Journalist Gunnar Hinck den ostdeutschen Eliten eine große »Abwesenheit von Orientierung« und führt dies auf deren heutige Zusammensetzung zurück. Westdeutsche Aufbauhelfer, ostdeutsche Seiteneinsteiger und frühere SED-Nachwuchskader, die inzwischen Karriere gemacht haben, seien einander fremd geblieben. Was sie einzig verbinde, sei der »Verlust an Gewissheiten«. Wegen dieser Beliebigkeit und Orientierungslosigkeit, so Hinck, füllten andere Kräfte das Vakuum, die vorgäben, Werte, Haltungen und Visionen zu verkörpern, nämlich die Rechtsextremisten. Auch wenn Hincks Rückschluss etwas kurz greift, weil dabei noch andere geistige und soziale Komponenten eine Rolle spielen: Die Hilflosigkeit ostdeutscher Eliten gegenüber rechtsextremer Gesinnung und deren Ausbreitung ist schon eklatant. Davon zeugen Gewaltausbrüche gegen Ausländer von Rostock-Lichtenhagen über Hoyerswerda bis Mügeln, aber auch andere brutale Überfälle und Verbrechen sowie die »No-go-Areas«. Und vieles geschieht unter den Augen der Öffentlichkeit. Trotz Milliarden schwerer Transferleistungen, trotz Verbesserung der Lebensqualität, des Wohnumfeldes, der Infrastruktur, des Kulturbereichs und der Freizeitangebote beweist dies, wie unbehaust die ostdeutsche Gesellschaft sich nach wie vor im westlich geprägten System fühlt. Überraschen jedoch kann das nicht, denn Ostdeutschland fehlt nach wie vor eine handfeste Perspektive, die die Zukunftsfähigkeit sichert. Und das fällt auf die Entscheidungen der Eliten zurück.

Der Vereinigungsprozess erfüllt daher alle Kriterien, die Barbara Tuchman für die »Torheit der Regierenden«, also für ein Versagen der Eliten aufgestellt hat. Die Politik erwies sich sehr bald als kontraproduktiv. Es gab praktikable Handlungsalternativen, wenn man sie bloß gewollt hätte. Dennoch haben die Führungsgruppen ihren einseitigen Kurs weiter betrieben. Die verkorkste Einheit kann daher als Modellfall des Versagens der heutigen Eliten betrachtet werden.

3. Zwischen Tabu und Sehnsucht
Die historischen Blockaden gegenüber Eliten

Im Herbst 2006 fand plötzlich ein älterer Pädagoge landesweite Beachtung, der bis dahin wohl nur einem kleinen Kreis bekannt war, nämlich seinen Kollegen und Schülern, vielleicht noch einigen Lesern seiner gelegentlichen Zeitungskolumnen: Bernhard Bueb. Anlass für das Aufsehen war eine 170 Seiten starke Streitschrift, wie er sie selbst nannte, die den knappen Titel »Lob der Disziplin« trug. Darin forderte der ehemalige langjährige Leiter der Internatsschule Schloss Salem am Bodensee, einer viel gerühmten pädagogischen Elite-Einrichtung, nicht nur wieder »Mut zur Erziehung«, sondern auch »Unterordnung, Gehorsam und Disziplin«, um – wie er sich ausdrückte – Kinder und Jugendliche »in die Selbständigkeit, zur Selbstdisziplin und zur Freiheit zu führen«. Von Lehrern verlangte er, mehr Autorität und Ordnung durchzusetzen. Denn er habe gelernt, »dass Erziehen Führen heißt«. Buebs Maxime passte allerdings recht gut zu einer rückwärts gewandten Tendenz, die sich zur selben Zeit auch in anderen Publikationen ausdrückte. Etwa bei der Fernsehmoderatorin Eva Herman, die ihr traditionsorientiertes »Eva-Prinzip« als Weg »für eine neue Weiblichkeit« anpries. Der Bundesverfassungsrichter Udo di Fabion wiederum versuchte mit einem Plädoyer zur »Kultur der Freiheit« einen Bürgersinn zu beleben, der sich an antiquierten Werten orientierte.

Buebs Epistelpredigt über das zu lasche deutsche Erziehungswesen, das inkonsequente Laisser-faire von Eltern und Pädagogen, führte sehr bald zu heftigen Kontroversen. »Kasernenhofpädagogik« nannte »Die Zeit« Buebs Thesen. Und die Bielefelder Erziehungswissenschaftlerin Sabine Andresen meinte, Bueb, der immerhin Assistent des bekannten Reform-Pädagogen Hartmut von Hentig war, wolle »mit dem Gestus des Volkserziehers« das liberale Gesellschaftsbild in Frage stellen und ein autoritäres Weltbild verkünden. Der Frankfurter Erziehungswissenschaftler Micha Brumlik unterstellte, es sei Bueb gar nicht um Erziehung gegangen, sondern um Kulturkritik, »die in notorischer Selbstüberschätzung der eigenen Möglichkeiten von einer Reform der Erziehung zugleich eine wesentliche Verbesserung der gesellschaftlichen Verhältnisse erhofft«.

Dennoch: Buebs »Streitschrift« schnellte innerhalb kurzer Zeit auf einen der vorderen Plätze in der Bestseller-Liste, wo sie monatelang verblieb. Mit einer Auflage von über 200.000 Exemplaren war sie am Ende sogar rekordverdächtig – und ließ eine Gegenschrift »Vom Missbrauch der Disziplin«, in der acht Wissenschaftler Antworten auf Buebs strittige Thesen gaben, weit hinter sich. Auch eine kleine Schrift von Hartmut von Hentig, die im gleichen Zeitraum erschien und die er »Manifest« nannte, fand weit weniger Beachtung. Darin wirbt Hentig lebhaft für das Gemeinschaftserlebnis von jungen Menschen, bis hin zu einem freiwilligen Jahr, als einer »Erfahrung, nützlich zu sein«, eben ein Gegenentwurf zu Bueb.

Wie erklärt sich der erstaunliche Erfolg des Salem-Lehrers? Es ist nicht davon auszugehen, dass Buebs Büchlein eine bevorzugte Unterschichten-Lektüre gewesen ist. Vielmehr werden wohl eher Angehörige der Mittel- und Oberschicht, aus denen sich heute die Führungsgruppen rekrutieren, zu dieser »Streitschrift« gegriffen haben. Und dies wohl nicht ohne Grund. Bueb schlägt nämlich wie ganz selbstverständlich den Bogen von der Erziehung zur Elite. Nicht nur, indem er entsprechende britische und amerikanische Einrichtungen herausstellt; er betont, dass es über Charakterbildung, eine Folge der durch Disziplin geförderten Begabung, auch zur »Elitebildung« komme.

Mit einer solchen Ansicht signalisiert Bueb der Oberschicht, alle Gefährdungen des Elite-Status überstehen zu können, wenn sie nur richtig in die Erziehung ihrer Kinder zur Disziplin investiert. Die obere Mittelschicht wiederum, in der im Zuge von Globalisierung und Individualisierung virulente Abstiegsängste umgehen, warnt er, eine Laisser-faire-Erziehung für ihre Kinder zu meiden und harte Disziplin walten zu lassen, um die Risiken eines sozialen Absturzes zu minimieren. Disziplin wird somit zum Attribut für Elitezugehörigkeit. Auf diese Weise bestätigt Bueb verinnerlichte Selbstgewissheiten ebenso wie er diffuse Verunsicherungen aufgreift. Dies erklärt wohl einen Teil des enormen Erfolges dieses Buches.

Allerdings passt ein solch rigoroser Aufschrei nach mehr Autorität und Disziplin – und deshalb wird er hier ausführlich zitiert – zu einem Trend, der sich in den letzten Jahren in Deutschland erheblich verstärkt hat: die zunehmende Sehnsucht nach Eliten. Sie äußert sich in zweierlei, dabei in durchaus gegensätzlicher Weise. Da ist einmal der Ruf nach Ausbildung und Förderung neuer Eliten, die mit mehr Leistung und Kreativität, Engagement und Verantwortung den gesellschaftlichen Prozess schneller und besser voranbringen können, um Selbstblockaden und Reformträgheit zu überwinden. Das ist der positive Aspekt.

Dann wiederum haben die vielen negativen Ausfälle bei den Führungsgruppen, ihre Eigensucht und Vorteilsnahme, ihre Selbstherrlichkeit und Pflichtvergessenheit den Wunsch nach intakten, soliden und vorbildlichen Eliten befördert. Die Unzufriedenheit ist hier Ausdruck dafür, dass man schmerzlich vermisst, was man aber dringend glaubt zu brauchen.

Dass inzwischen wieder so lebhaft eine Elitediskussion in Deutschland geführt wird, stellt einen gesellschaftlichen Paradigmenwechsel dar. Denn jahrzehntelang war das Thema geradezu ein Tabu. Angesichts der deutschen Vergangenheiten konnte es keine Überraschung sein, waren es doch die Eliten, die an den großen Brüchen und Katastrophen in der Geschichte die meiste Schuld trugen: an der Entwicklung und dem Verlauf des Ersten Weltkrieges, am Untergang der Weimarer Republik, an den Verbrechen und dem Eroberungskrieg des NS-Regimes. Solche historischen Blockaden verhinderten eine unbefangene Behandlung dieser Thematik. Allerdings trugen auch die Führungsgruppen nach 1945 selbst zu dieser Zurückhaltung bei, weil sie – aus Scham oder Schuld über die persönliche Verstrickung – als Eliten nicht in Erscheinung treten wollten.

Auch die gegenstrukturelle Stoßkraft der 68er-Bewegung mit ihren starken anti-bürgerlichen, anti-autoritären und anti-elitären Reflexen sorgte dafür, dieses Sujet zu vernachlässigen. Zwar gab es in den sechziger Jahren erste Ansätze, sich mit diesem Gegenstand näher auseinander zu setzen. Zu nennen sind hier die Arbeiten von Ralf Dahrendorf, Wolfgang Zapf, Hans P. Dreitzel, Klaus von Beyme, auch die Mannheimer Elite-Studie von 1968, die wertvolle Erkenntnisse über die Zusammensetzung der bundesrepublikanischen Führungsgruppen brachten. Doch alles wurde stark überlagert vom politischen Anspruch Willy Brandts und seiner sozial-liberalen Koalition, »mehr Demokratie wagen« zu wollen. Es versteht sich, dass dieses Vorhaben mehr auf das Gleichheitsprinzip der Demokratie abzielte.

Der Publizist Joachim Fest, besonders in seinen späten Jahren in sichtlicher Trauer über den Verlust des Bürgertums durch das NS-System, hat in einem Interview einmal bedauert, dass nach 1945 die »Wortführer der Demokratie« nichts mehr von Eliten wissen wollten. »Das ist mir nie nachvollziehbar gewesen.« Zwar räumte Fest ein, dass die Nazis den Begriff der Elite »kontaminiert und verhunzt« hätten. »Aber die Nazis waren weiß Gott keine Elite, das war heruntergekommenes Kleinbürgertum.« Gerade Fest, ausgewiesener Experte über die NS-Zeit, hätte es besser wissen müssen. Zwar stimmt es, dass in der engen Führungsclique um Hitler weitgehend der »Typ des rasch und ›revolutionär‹ aufsteigenden Plebejers aus dem städtischen und ländlichen Kleinbürgertum« überwog, wie der Politikwissenschaftler Karl-Dietrich Bracher schreibt. Aber Fests »heruntergekommene Kleinbürger« wären ohne die Unterstützung durch große Teile der Eliten schnell am Ende gewesen, als sie im Januar 1933 die Macht errangen. Die willfährigen Unternehmer, die furchtbaren Juristen, die erbötigen Wissenschaftler, die gehorsamen Offiziere, die fanatisierten Intellektuellen, die Eid vergessenen Mediziner, die gefälligen Schreiberlinge, die gewissenlosen Beamten: Ohne diese Gefolgschaft in Geist und Tat aus den Eliten hätte Hitler sein Verbrechenswerk nicht so erfolgreich und dauerhaft in Szene setzen können.

Unlösbar damit zusammen hängt die Vernichtung des deutschen, später auch europäischen Judentums. Der gesellschaftliche, geistige, wissenschaftliche und kulturelle Aderlass, der durch Hitlers rassenideologische Phantasmagorien verursacht und von großen Teilen der deutschen Eliten geduldet oder sogar aktiv betrieben wurde, kann niemals wieder ausgeglichen werden. Saul Friedländer, der so beeindruckende, weil genaue Chronist der Juden-Vernichtung von 1933 bis 1945, hat die Geschichte des Holocaust als »in vielen Fällen deutsche Geschichte« beschrieben. Er zitiert hier einen Brief der österreichisch-jüdischen Chemikerin Luise Meitner vom Juni 1945 an ihren deutschen Kollegen Otto Hahn, in dem sie schreibt: »Ihr habt auch alle für Nazi-Deutschland gearbeitet und habt auch nie einen passiven Widerstand zu machen versucht. Gewiss, um Euer Gewissen los zu kaufen, habt ihr hier und da einem bedrängten Menschen geholfen, aber Millionen unschuldiger Menschen hinmorden lassen, und keinerlei Protest wurde laut.« Friedländer knüpft an Meitners Vorwurf die Bemerkung an, er »hätte ebenso gut für die gesamte intellektuelle und geistige Elite des Reiches (selbstverständlich mit einigen Ausnahmen) und für weite Teile der Eliten in den besetzten Ländern und in den Satellitenstaaten Europas gelten können«.

Diese Hypothek wog und wiegt schwer. Es verwundert daher nicht, dass lange Zeit Aversionen gegen das Elite-Thema bestanden. Der vormalige Automobil-Manager Daniel Goeudevert berichtet vom Versuch einiger Wirtschafter und Wissenschaftler in den frühen achtziger Jahren, eine Diskussion über die Leistungseliten in Gang zu setzen und die Eliteförderung nach französischem und englischem Vorbild stark zu verbessern. »Es brach ein Sturm der Entrüstung los. Selbst der von mir hochgeschätzte und mir freundschaftlich zugetane Willy Brandt befand damals, dies sei eine ›Diskussion gegen das Volk‹.« Goeudevert fügt noch hinzu, dass der DGB sekundierte: »Eliten behindern humane Zukunft.« In dieses Bild passt, dass sich Kanzler Helmut Schmidt lediglich als »der leitende Angestellte der Bundesrepublik« sehen wollte. Das Tabu hielt sich eben lange.

Die Situation änderte sich in den neunziger Jahren, nicht allein durch die immer größer werdende zeitliche Distanz zum nationalsozialistischen Terrorsystem, auch nicht nur durch den zähen Marsch durch die Institutionen, den erhebliche Teile der Studentenprotest-Generation angetreten und bei dem sie Stufe um Stufe in der Elite-Hierarchie erklommen hatten. Es waren die veränderten wirtschaftlichen Bedingungen, die mit Begriffen wie Internationalisierung und Globalisierung auch neue gesellschaftliche Sichtweisen hervorbrachten. Neoliberale Konzepte, die die sozialen Unterschiede eher betonen, drangen mehr und mehr vor. Die Wiedervereinigung mit ihrem weitgehenden Elite-Austausch im Osten, wenigstens in den ersten Jahren der staatlichen Einheit, beförderte ebenfalls die Diskussion. Zum damaligen Zeitpunkt erschien auch die erste Untersuchung der gesamtdeutschen Führungsschicht, nämlich die viel zitierte Potsdamer Elite-Studie von

1995. Der Bann, so schien es, war gebrochen, das Thema wieder in Deutschland angekommen.

Wissenschaftler und Publizisten beschäftigen sich seitdem intensiver mit dem Elite-Komplex. Einige sind inzwischen auch einer weiteren Öffentlichkeit bekannt wie der Darmstädter Soziologe Michael Hartmann, der Berliner Politikwissenschaftler Herfried Münkler, der Hamburger Sozialforscher Heinz Bude, der Berliner Neuhistoriker Paul Nolte. An der Berlin-Brandenburgischen Akademie der Wissenschaften existiert eine interdisziplinäre Arbeitsgruppe Elite-Integration. Hartmann schaffte es sogar in eine bekannte Fernseh-Talkshow, nämlich zu »Sabine Christiansen«, als dort über Management-Bezüge gestritten wurde. Besonders in den Blickpunkt brachte dann die vormalige sozialdemokratische Bildungsministerin Edelgard Bulmahn das Thema mit ihrem Vorstoß für »Elite-Universitäten«.

Doch dieses Projekt bedarf der näheren Betrachtung, und zwar in zweierlei Hinsicht: einmal unter dem hochschulpolitischen Aspekt, dann aber auch unter allgemeinen gesellschaftlichen Kriterien. Bulmahns Idee war eigentlich eine recht banale. Denn es ging um die zusätzliche Verteilung von 1,9 Milliarden Euro über einen Zeitrum von fünf Jahren für die Universitäten. Gebraucht wurde, wie in der Politik heute gängig, ein attraktives Etikett, um dem Plan von vornherein das Attribut eines Erfolgs geben zu können. Um keine Zweifel aufkommen zu lassen: Zusätzliches Geld für Universitäten und Forschungsinstitute in der chronisch unterfinanzierten deutschen Hochschullandschaft ist natürlich immer willkommen. Aber mit dem Anspruch »Elite-Universitäten«?

Das Wort wurde schnell zu einem publizistischen Selbstläufer, und bald schossen üppige Bilder von einem deutschen Harvard ins Kraut. Sie sind reines Wunschdenken, schaut man näher auf die Ausstattung berühmter amerikanischer »Ivy Leage«-Universitäten. Harvard besitzt augenblicklich ein Gesamtvermögen von 30 Milliarden Dollar – ein einsamer Höhenflug. Das schützt allerdings nicht vor Fehlgriffen. Denn im letzten Jahr verlor Harvard 350 Millionen Dollar, die in zweifelhaften Hedge Fonds angelegt worden waren. Auch andere Eliteuniversitäten besitzen dicke finanzielle Polster. Stanford hat einen jährlichen Etat von zwei Milliarden Dollar. Princeton kommt auf ein Kapital von einer Million Dollar pro Student. Da nimmt sich die deutsche Summe für »Elite- Universitäten« ziemlich mickrig aus.

Inzwischen ist Bulmahns Impuls, der 2005 zu einer Übereinkunft zwischen Bund und Ländern führte, in ein höchst bürokratisches Ausleseverfahren gemündet, das – etwas bescheidener als das ursprüngliche großspurige Etikett – nun »Exzellenz-Initiative« genannt wird. Im Herbst 2006 wurden die ersten Hochschulen nominiert, die beiden Münchner Universitäten sowie die Technische Hochschule in Karlsruhe. Daneben gab es Auszeichnungen für einige Graduiertenschulen sowie für so genannte Exzellenzcluster, in denen wissenschaftliche Einrichtungen zusammenarbeiten. In der zweiten Runde 2007 kamen überraschenderweise gleich sechs Hochschulen zum Zuge, nämlich Aachen, Heidelberg, Freiburg, Konstanz, Göttingen und die Freie Universität Berlin. Bayerns Wissenschaftsminister Goppel (CSU) interpretierte dieses Ergebnis, dass 2006 eine wissenschaftliche, 2007 eine politische Entscheidung getroffen worden sei – was die Begeisterung eher zu dämpfen vermag. Auch wurden in beiden Runden die Universitäten nicht als solche ausgezeichnet – »Elite«-Universität stellt daher einen Etikettenschwindel dar –, sondern nur einzelne Forschungsinstitute. Zudem fällt auf, dass die Förderungen vor allem in den naturwissenschaftlichen Bereich gehen. Die Geisteswissenschaften wurden erst in der zweiten Runde berücksichtigt. Die »Topographie der Exzellenz«, von der *Die Zeit* nach der ersten Runde schwärmte, nimmt sich daher bei hundert deutschen Hochschulen noch recht lückenhaft aus. So sinnvoll ein Wettbewerb unter den deutschen Hochschulen ist, um der Nivellierung von Forschung und Lehre zu begegnen: An den meisten Professoren und Studenten geht der neue bescheidene Geldsegen vorbei. Die chronische Unterfinanzierung der Hochschullandschaft wird nicht behoben, die Studienbedingungen können sich nicht verbessern. Gute Universitäten sind auch jetzt noch in weiter Ferne, daran wird auch alles Elite-Gerede nichts ändern.

Zugleich zeigt sich in der entfachten Debatte über die angeblich neuen deutschen »Elite-Universitäten« ein beängstigendes Manko: Es geht um Effizienz und Leistung, nicht um Inhalt und – um eine neudeutsche Vokabel zu gebrauchen – Nachhaltigkeit. In der Exzellenz-Initiative steckt, um einen Begriff des früheren Brandt- und Schmidt-Beraters Albrecht Müller zu verwenden, der »Machtwahn« der Politiker: eben mit etwas mehr Geld in der Hand gesellschaftliche Defizite aus der Welt schaffen zu können. Vielleicht auch der Wunsch, die Verwertbarkeit wissenschaftlicher Arbeit für die ökonomische Produktion noch zu steigern. Nichts gegen eine enge Zusammenarbeit von Hochschulen und Wirtschaft. Aber geschieht diese nur unter dem Aspekt ökonomischer Anwendung und Ausnutzung, ist es ein Fehlschluss. Darin äußert sich jenes heute so weit verbreitete reine Nützlichkeitsdenken. Die Nichtbeachtung der Geistes- und Kulturwissenschaften in der ersten Runde der Exzellenz-Initiative deutet darauf hin. Dabei wächst ihnen, darauf weist der Essener Soziologe Harald Welzer hin, heute mehr gesellschaftliche Verantwortung zu, von den Folgen des Klimawandels bis zur Verknappung der Ressourcen, von den Bedingungen der Globalisierung bis zur Notwendigkeit einer zukunftsfähigen Sozialpolitik. Angesichts der radikal neuen gesellschaftlichen Probleme bedürfen die Erkenntnisse der Naturwissenschaften, die heute so gefragt sind, dringend der Ergänzung durch die Geistes- und Kulturwissenschaften.

Dieser verengte Blick, nicht zuletzt gefördert von den Nützlichkeitserwägungen und dem Pragmatismus der politischen und wirtschaftlichen Führungsgruppen, hat bislang auch verhindert, eine breite Diskussion über die Frage zu führen, welche Eliten denn zur Zukunftsfähigkeit des Landes gebraucht werden. Gehören neben Bildung und Sachkenntnis dazu auch noch andere Maßgaben wie soziale Kompetenz und gesellschaftliche Verantwortung? Garantiert die Ausbildung an einer Institution mit Spitzenetikett höchste Karrierechance wie früher der Drill an bestimmten preußischen Kadettenanstalten? In dieser Hinsicht fehlt ein aufschlussreicher und richtungweisender Diskurs. Zu den historischen Blockaden gesellen sich neue Verquerungen. Auch wenn das Tabu über das Elite-Thema gebrochen ist, Sehnsüchte allein bringen noch keine Erfüllung.

4. Vom Bewusstsein zum Sein
Wer gehört zu den Eliten?

Kein Foto hat in den letzten Jahren für mehr Furore gesorgt wie dieses: Da steht der Deutsche Bank-Chef Josef Ackermann im Januar 2004 in einem Düsseldorfer Gerichtssaal und erhebt, breit grinsend, die rechte Hand zum Siegeszeichen. Dies war keineswegs die Reaktion des Spitzenmanagers auf einen gewonnenen Prozess, sondern die Geste stand am Beginn des Verfahrens. Ackermann musste nämlich als Angeklagter vor Gericht erscheinen. Dabei handelte es sich um den Vorwurf der Untreue, und die hatte sich in viel Geld ausgedrückt. Denn es ging um die 57-Millionen-Euro-Abfindung für die Mannesmann-Vorstände bei der Übernahme des deutschen Traditionskonzerns durch den britischen Konkurrenten Vodafone. Mit Klaus Esser, dem ehemaligen Mannesmann-Chef, der allein die Hälfte der Abfindungssumme kassiert hatte, saß somit stellvertretend der Typ des geldgierigen Managers der spät geborenen deutschen Wirtschaftselite auf der Anklagebank. Und Ackermann hatte als Aufsichtsratsmitglied, neben anderen, die hohen Zahlungen an die Mannesmann-Vorstände durchgewinkt. Zum Schaden für den Konzern, wie es die Staatsanwälte sahen.

Natürlich drehte sich der Prozess, wie könnte es auch anders sein, um die juristische Beurteilung, ob solche enormen Millionenprämien rechtlich haltbar sind. Aber dieses Verfahren hatte auch eine ethisch-moralische Dimension. Es ging um Anstand, Norm, Maß, Verantwortung. In diesem Umfeld wirkten Ackermanns gespreizte Finger zum Victory-Symbol nicht nur deplaziert, sie erschienen für viele provozierend: eine triumphale Geste der Selbstgewissheit, bei der Recht und Gesetz nebensächlich, wenn nicht gar gleichgültig erschienen. Dass es nicht um einen »Pappenstiel« ging, zeigt das Ende der Neuauflage des Prozesses im Herbst 2006. Ackermann kaufte sich mit der Zahlung einer Rekordsumme von 3,2 Millionen Euro aus dem Verfahren frei – und verließ damit den Gerichtssaal ohne Urteil. Der Zeitungsjournalist Heribert Prantl sprach von »einem besonders eklatanten Beispiel für die Ökonomisierung des Strafverfahrens« und einer »modernen Form des Ablasshandels«.

Es bleibt zweifelhaft, ob Ackermann seine Entgleisung später eingesehen hat. Immerhin ließ er sich während des Prozesses mit den Worten ein, Deutschland sei das einzige Land, »das diejenigen vor Gericht bringt, die Werte schaffen«. Gewiss, während der Übernahmeschlacht der Telefonriesen waren die Mannesmann-Aktien rasant nach oben geschnellt, die »Shareholder« hatten ordentliche Schnäppchen gemacht. Wer aber Werte nur noch in der eindimensionalen Form des Kapitals sieht, zeigt als Führungspersönlichkeit angesichts seiner gesellschaftlichen Verantwortung ein gestörtes Verhältnis. Ackermann hat auch dies hinreichend bewiesen, als er Rekordgewinne seiner Bank mit 25 Prozent und mehr vorlegte, gleichzeitig aber den Abbau von Tausenden Stellen in seinem Unternehmen ankündigte. Damit galt Ackermann, so notierte die Süddeutsche Zeitung, »als Sinnbild für den arroganten Manager«.

Eine solche Charakterisierung greift allerdings weit über die Person des Deutsche Bank-Chefs hinaus, weil es ihn nicht als Einzelnen betrifft, sondern als prominenten Vertreter der Führungsgruppen per se. Aber gerade dies rechtfertigt auch eine intensive Beschäftigung mit solchem Verhalten. Ackermann steht somit als Prototyp für eine Elite, der mehr und mehr die Akzeptanz und das Vertrauen in der Gesellschaft wegbrechen. Nun ist der Einwand sicherlich nicht falsch, dass das Elite-Handeln primär nicht auf das Vertrauen in der breiten Öffentlichkeit ausgerichtet ist. Das mag für bestimmte Teileliten und deren Rekrutierung durchaus zutreffen, beispielsweise in Wirtschaft und Wissenschaft, auch Kultur. Die politische Elite hingegen ist in demokratisch verfassten Gesellschaften von Akzeptanz und Vertrauen extrem abhängig, weil dies die Grundlage für Wahl oder Abwahl darstellt. Auch die kulturelle Elite sucht häufig nach gesellschaftlicher Würdigung, entscheidet sie doch über Erfolg oder Missachtung, denkt man nur an Schriftsteller, Journalisten, Filmregisseure, Rundfunkintendanten.

Doch von solchen eher ethisch-moralischen Erwägungen abgesehen, die für die Legitimität des Elite-Handelns in der Demokratie bedeutsam sind: Ein Blick auf die Geschichte der Bundesrepublik zeigt, wie entscheidend die gesellschaftliche Akzeptanz der Führungsgruppen für die innere Stabilität des westdeutschen Gemeinwesens gewesen ist. Ohne diese Voraussetzung hätte sich die Robustheit politischer Strukturen nicht so etablieren und verfestigen können. Umgekehrt bewies ja die friedliche Revolution in der DDR, dass eine totalitäre Cliquenherrschaft bei fortgesetzter Herrschaft gesellschaftlich in Machtverlust und Untergang führen kann.

Gewiss hatte die alte Bundesrepublik im Konsensmodell der »Deutschland AG« sich jenen institutionellen Rahmen geschaffen, der diesen ausgleichenden gesellschaftlichen Aggregatzustand ermöglichte – für viele Repräsentanten der heutigen Eliten zu exzessiv. Deshalb korrespondiert mit dem Zusammenbruch des real existierenden Sozialismus auch der Zerfall des westdeutschen wirtschaftlichen und sozialen Instrumentariums. Vor dem Ansturm neoliberaler Orientierungsmuster im Zuge von Internationalisierung und Globalisierung der Wirtschaft hatte dieses Konsensmodell keine Überlebenschance mehr. An seine Stelle traten Konkurrenz, Wettbewerb, shareholder value. Der ökonomische Anspruch wird mit einer solchen Rigorosität erhoben, dass die gesellschaftliche Verantwortung wirtschaftlichen Handelns zweitrangig erscheint. Insofern ist das Siegeszeichen von Ackermann im Düsseldorfer Gerichtssaal, so provozierend es auf die Öffentlichkeit gewirkt hat, bei der ihm eigenen Denkweise nur konsequent: The winner takes it all.

Dies führt zu einer spürbaren Entfremdung zwischen der Minderheit der Eliten und der Mehrheit der Gesellschaft, wie sie heute allenthalben zu beobachten ist. Allerdings äußert sich darin ein Verhaltensmuster, zumindest subtil, dass den Begründern der Elitetheorie zu Eigen war. Denn die Klassiker der Elite-Theorie Gaetano Mosca, Vilfredo Pareto und Robert Michels dachten zu Beginn des 20. Jahrhunderts vornehmlich im Begriffspaar Masse und Elite. In unterschiedlicher Akzentuierung: mal als »politische Klasse«, später dann »herrschende Klasse«, die die Macht monopolisiere und deren Vorteile genieße; mal als ein kontinuierlicher »Kreislauf der Eliten«, bei dem die herrschende Klasse durch den Aufstieg geeigneter Personen aus der Unterschicht aufgefrischt würde; schließlich als das »eherne Gesetz der Oligarchie«, die in allen menschlichen Zweckorganisationen herrsche und in denen die Führungen ihre Rekrutierung über Kooptationen ergänzten. Den drei Wissenschaftlern war gemeinsam, dass eine kleine Gruppe über die materiellen und immateriellen Herrschaftsfähigkeiten verfüge, während die Masse, geistig und emotional instabil und eher nur Chaos anrichtend, dringend der Führung bedürfe. Und dies als ein ewiges Merkmal der Menschheitsgeschichte.

Natürlich wollten sich Mosca, Pareto und Michels mit ihren Theorien gegen die Annahme von Karl Marx wenden, dass es in der klassenlosen Gesellschaft keine Herrschaft mehr gebe. Und die kommunistischen Systeme, ob sie nun unter dem Namen von Lenin, Stalin, Mao, Ho Chi Minh, Ulbricht oder Castro standen, haben ihren geistigen Urvater auch in entsetzlicher

Weise Lügen gestraft. Aber die Autoren bewegten sich mit ihrem Denken argumentativ in der Nähe des Faschismus, haben zudem mit ihm teilweise sympathisiert. Das brachte ihre soziologischen Ansätze nach 1945 rasch in Verruf.

Differenzierte Analysen in den fünfziger und sechziger Jahren, vor allem in den USA, beziehen stärker gesellschaftliche Entwicklungen in ihre Betrachtungsweise ein. Zu nennen sind hier C. Wright Mills mit seiner »Machtelite«, die er vor allem an der Spitze von Großorganisationen in Politik, Wirtschaft und Militär sieht. Oder Suzanne Kellers »strategische Eliten«, die sie für jene Führungsgruppen verwendet, deren Handlungen und Entscheidungen für viele Mitglieder der Gesellschaft wichtig sind. Sowohl Mills als auch Keller untersuchen den Einfluss und die Wirkung von Eliten eher von ihren Positionen und Funktionen her. Damit wird das Bild einer eng abgegrenzten und homogenen Elite abgelöst, wie es noch die frühen Klassiker besaßen.

Auch der Soziologe Ralf Dahrendorf, der in den sechziger Jahren wichtige Anstöße für die Eliteforschung in Westdeutschland gab, konstatiert, dass es in der modernen Industriegesellschaft keine einheitliche Oberschicht mehr gebe, sondern nur noch Teileliten. Er verwendet den Begriff der funktionalen Eliten, die pluralistisch organisiert seien. Allerdings merkt er an, dass die Vielfalt nicht zu einer Konkurrenz geführt habe, sondern zu einem defensiven Bündnis, einem »Kartell der Angst«, wie er es nennt. Die deutschen Eliten hätten sich, so seine damalige Feststellung, gleichsam in der stillen Übereinkunft zusammen gefunden, »einander nicht weh zu tun und gleichsam die öffentlichen Dinge zu verwalten«. In dieser Definition stecken erste strukturelle Ansätze des Konsensmodells »Deutschland AG«, das für die Bundesrepublik dann so prägend wurde. Allerdings bleibt die Frage, ob Dahrendorfs Rubrum vom »Kartell der Angst« heute noch zutreffend ist. Für Mitte der sechziger Jahre, als noch viele Spitzenkarrieren aus den ehemaligen Nazi-Eliten zu registrieren waren, ist dies wohl begründet gewesen.

Dahrendorf hat später selbst nachgebessert, indem er erklärte, es werde nie mehr kohärente Klassen geben, sondern lediglich ängstliche Herrscher, die unter sich gespalten und die ungewiss im Hinblick auf ihre Positionen seien. Damit rückt er näher an die Wirklichkeit. Denn heute, nach dem Zusammenbruch des Sozialismus und dem Siegeszug der Globalisierung, gelten wohl andere Beurteilungsmaßstäbe für das Agieren von Führungsgruppen. Das gilt vor allem für die politische und die wirtschaftliche Elite.

Viele Wissenschaftler operieren daher schon lange mit Begriffen wie Leistung, Funktion und Position. So stellt der Soziologe Hans Peter Dreitzel bei seiner Analyse des Elitebegriffs den Gedanken der Leistungsqualifikation besonders heraus. Sie sei für die hierarchische Gliederung der demokratischen Gesellschaft entscheidend. Er formuliert: »Der Elitebegriff bezeichnet den Idealtypus der führenden Gruppen in unserer Gesellschaft, indem er auf das Leistungsprinzip verweist, nach dem jene führen und die Masse folgt.« Und: »Eine Elite bilden diejenigen Inhaber der Spitzenpositionen in einer Gruppe, Organisation oder Institution, die aufgrund einer sich wesentlich an dem (persönlichen) Leistungswissen orientierenden Auslese in diese Position gelangt sind und die kraft ihrer Positions-Rolle die Macht und den Einfluss haben, über ihre Gruppenbelange hinaus zur Erhaltung oder Veränderung der Sozialstruktur und der sie tragenden Normen unmittelbar beizutragen.«

Damit bindet Dreitzel Macht und Leistung zusammen. Auch der konservative Vordenker Meinhard Miegel setzt auf die Leistungselite, die er deutlich gegen die Herkunftselite und Stellungselite abgrenzt. Leistungselite besteht für ihn »aus Persönlichkeiten, die sich durch Individualität, Originalität und Eigenwilligkeit auszeichnen«. Als weiteres Kennzeichen nennt Miegel, dass die Leistungselite nicht nur die Blaupausen zeichne, nach denen die Mehrheit tätig sei, sondern sie auch verbessere und gegebenenfalls überwinde. »Wer immer an die Stelle des Hergebrachten Besseres setzt, gehört nach meiner Auffassung zur Leistungselite.«

Der Politikwissenschaftler Otto Stammer wiederum hebt auf die Funktionseliten ab. Für ihn sind sie »die mehr oder weniger geschlossenen sozialen Einflussgruppen, welche sich aus den breiten Schichten der Gesellschaft und ihrer größeren und kleineren Gruppen auf dem Wege der Delegation oder der Konkurrenz herauslösen, um in der sozialen und politischen Organisation des Systems eine bestimmte Funktion zu übernehmen«. Bei Stammers Definition fällt vor allem die Betonung der Offenheit auf. Diese gilt sowohl für die plurale Zusammensetzung der Eliten als auch für die Möglichkeit des Aufstiegs in Elitepositionen aufgrund bestimmter Leistungsqualifikationen. Der Gedanke der Elitekonkurrenz bietet zudem die Gewähr dafür, dass sich nicht eine abgeschlossene Herrschaftsklasse herausbildet.

Begriffe wie Leistungselite und Funktionselite erscheinen somit am ehesten vereinbar mit den Erfordernissen der Demokratie, auch deren Gleichheitsprinzip. Dass auch Demokratien Eliten brauchen, ist weitgehend unumstritten. Denn auch sie benötigen Führung in den heute immer komplexer werdenden Gesellschaften. Mit ihren komplizierten Entscheidungsprozessen sind sie sogar nötiger denn je.

Natürlich besteht zwischen Demokratie und Elite ein Spannungsverhältnis. Um hier die Stimme eines Praktikers zu zitieren, nämlich die des vormaligen Bundesjustizministers und SPD-Vorsitzenden Hans-Jochen Vogel: »Diese Spannung löst sich, wenn man bedenkt, dass Gleichheit nicht bedeutet, alle könnten alle Funktionen zu gleicher Zeit ausüben oder alle Chancen zur gleichen Zeit nutzen. Der Konflikt verlagert sich deshalb auf die Frage des Zugangs und der Auswahl, also auf das Gebiet der Chancengleichheit, und auf das Problem der Kontrolle der Elite.«

Es steht heute außer Zweifel, dass den Herkunfts- und Traditionseliten sowie den Besitzeliten nicht mehr automatisch ein Führungsanspruch in demokratisch verfassten Gesellschaften eingeräumt wird. Natürlich mit Ausnahmen von der Regel: So ist es dem reichsten Mann Italiens, Silvio Berlusconi, zweimal gelungen, das Amt des Regierungschefs zu ergattern. Weitere Wiederholung nicht ausgeschlossen. Dabei griff Berlusconi nicht nur auf seine üppigen finanziellen Mittel zurück – bei seinem letzten Wahlsieg ließ er 2001 auf eigene Kosten eine Egotrip-Hochglanzbroschüre mit dem aufreizenden Titel »Eine italienischen Geschichte« an alle zwölf Millionen Haushalte Italiens verteilen –, sondern setzte seine vielfältigen diversen Medienunternehmen für die eigenen politischen Ambitionen ein. Im Amt des römischen Regierungschefs kontrollierte er dann nicht nur sein privates Medienimperium, sondern auch die staatlichen TV-Sender. Auch drückte Berlusconi im Parlament mehrere Gesetze durch, die vor allem seinen wirtschaftlichen und persönlichen Interessen dienten. Eine solche Verfilzung von Geld, Macht und Medien: Hätte man davon vor einigen Jahrzehnten erzählt, wäre es als linkes Hirngespinst abgetan worden. Doch Berlusconi macht's möglich – und dies in einem führenden westlichen Industriestaat.

Es gibt aber auch andere anschauliche Beispiele. In den USA haben die schwerreichen Neu-Dynastien der Familien Kennedy und Bush mit Geld und Clan-Bewusstsein höchste Stellungen erreicht. Bei den Kennedys wurde die Erfolgskette durch tragische persönliche Schicksale unterbrochen. Bei den Bushs fallen die fundamentalistisch geprägten Vorstellungen und Entscheidungen eines Abkömmlings auf, nämlich des derzeitigen Präsidenten, mit denen er sein Land in Verluste und Misserfolge führte. Es wäre daher falsch, Einfluss und Zugriff der Traditions- und Besitzeliten einfach wegzudiskutieren. Bei vielen Elite-Biografien besteht nach wie vor ein solcher Hintergrund, ohne dass es der Öffentlichkeit stets bekannt ist.

Daher ist es notwendig, ein Auge auf die kritischen Einwendungen gegen Begriffsbestimmungen wie Leistungselite und Funktionselite zu werfen. Bereits Ende der sechziger Jahre ist der Soziologe Urs Jaeggi gegen die Auffassung von Pluralität und Konkurrenz demokratischer Eliten zu Felde gezogen. Er postulierte die Vorherrschaft der wirtschaftlichen Machtelite in der Gesellschaft, die den Einfluss und die Konsistenz der politischen Elite weit in den Schatten stelle. Marktmacht, Informationsvorsprung und Finanzkraft sicherten der wirtschaftlichen Elite eine Vorrangstellung. Was damals als linksorientierte These abgetan werden konnte, wirkt im heutigen gesellschaftlichen Kontext geradezu aktuell. Allzu offensichtlich bestimmen die Entscheidungen – damit auch die Fehlentscheidungen – der wirtschaftlichen Elite nicht mehr nur ökonomische Abläufe, sondern auch politische, soziale und soziokulturelle Entwicklungen.

Der französische Soziologe Pierre Bourdieu, Autor von »Die feinen Unterschiede«, kam bei seiner Beschäftigung mit ökonomisch-sozialen Bedingungen zu dem Schluss, dass die Macht der herrschenden Klasse entscheidend auf dem Besitz des ökonomischen Kapitals beruhe. Er hat besonders die Schichtungen seiner eigenen Gesellschaft im Blick, die »Partikularität der französischen Tradition«, wie es bei ihm heißt, in der die Klassenunterschiede nach wie vor recht augenfällig sind. Das betrifft die ökonomisch-sozialen Beziehungen ebenso wie den Lebensstil, den »Geschmack«. Die staatlichen Kaderschmieden der Grandes Écoles, die Enarchen-Herrschaft, die Noblesse d'État, also die Creme der Staatsverwaltung: All dies ist Kennzeichen der französischen Gesellschaftsstruktur. Zwar hat der jetzige Staatspräsident Nicolas Sarkozy in seiner unmittelbaren Umgebung die Dominanz der Absolventen der Elite-Schulen reduziert. Aber dafür tummelt er sich gern im Kreis von Millionären und Milliardären, eben jenen, die im Besitz des ökonomischen Kapitals sind.

Ausführlich hat Bourdieu auch über den Habitus, den Erkennungscode der Eliten, und die Distinktion, also die Distanz schaffende Unterscheidung unter den Klassen geschrieben. Dass diese Beobachtung treffsicher ist, lässt sich auch hierzulande ermitteln: In den Chefetagen vieler Unternehmen herrschen strenge Regeln, die die Inhaber von Führungspositionen vom »Fußvolk« abheben, von der Qualität der Möbel, bei der Farbe des Teppichbodens, vom Kaffeeporzellan bis zur Klasse der Dienstwagen. Auch der genau eingehaltene Kleiderkodex schafft Distinktion. Das kann prägend wirken. Wer beispielsweise während der Mittagsstunden in den Straßen des Bankenviertels von Frankfurt oder Düsseldorf unterwegs ist, dem werden die Heerscharen der ebenso geschniegelten wie konformistischen Jungbanker auffallen, die sich eben auch in ihren Pausenzeiten in Habitus und Distinguiertheit üben.

Doch der Begriff der Leistungselite, der von den Führungsgruppen, vor allem aus der Wirtschaft, gegen ältere, stärker elitär ausgelegte Interpretationen heute gern ins Spiel gebracht wird, gerät immer mehr unter Druck. Der deutsche Soziologe Michael Hartmann, gegenwärtig der renommierteste Elitenforscher in Deutschland, hat den »Mythos von den Leistungseliten« reichlich entzaubert, und dies auf empirischer Grundlage.

Hartmann hat die soziale Herkunft, die Ausbildungswege und die beruflichen Karrieren von vier Promotionsjahrgängen in den Bereichen Wirtschaft, Politik, Justiz und Wissenschaft untersucht. Dabei kam er zu dem Ergebnis, dass die soziale Herkunft bei der Elite-Rekrutierung immer noch entscheidender sei als die individuelle Anstrengung und das persönliche Talent. »Die Wirtschaftselite als mächtigste Teilelite ist in ihrem Kern fest in der Hand der Sprösslinge des gehobenen und vor allem des Großbürgertums. Aus dem Nachwuchs des Bürgertums rekrutiert sich außerdem ein großer Teil der anderen wichtigen Eliten in Justiz, Verwaltung, Medien und Wissenschaft.« Auch für Deutschland sei daher die Existenz einer »herrschenden Klasse kaum zu leugnen«. Mit seinen Untersuchungen widerlegt Hartmann die permanente Plattitüde des konservativ-liberalen Slogans, dass sich Leistung in Deutschland endlich wieder lohnen müsse. Im Gegenteil: Die so formulierte Forderung nach Leistungsanerkennung erscheint eher als ein Abschottungsinstrument, um den eigenen Privilegienstatus zu begründen und zu sichern. Denn für Angehörige der Unterschicht sind die Leistungen, die sich aus der sozialen Herkunft wie der Lebenslage ergeben, viel schwieriger und damit problemreicher zu erbringen.

Ein weiterer Aspekt kommt hinzu. In der heutigen komplexen Gesellschaft fällt es zunehmend schwerer, Leistung exakt zu bestimmen. Für wen lohnt sie sich mehr: für die Krankenschwester oder für den Manager, für die Friseurin oder den Banker, für den Fließbandarbeiter oder den Finanzinvestor? Leistung erbringen sie im Zweifelsfall alle, nur mit dem Unterschied, dass die Friseurin im Niedriglohnsektor Ostdeutschlands auf zusätzliche staatliche Transferzahlungen angewiesen ist, um ihre Existenz abzustützen. Dagegen haben die Manager der börsennotierten Unternehmen ihre Bezüge auf das Hundertfache, ja Tausendfache des durchschnittlichen Arbeitnehmereinkommens gesteigert. Früher war die Relation eins zu zwanzig, höchstens eins zu dreißig. Zudem ist eine Tendenz zu beobachten, die der Soziologe Wolfgang Streeck so formuliert: »Dass der Vorstand in der Krise mehr verdienen muss, weil oder damit er mehr leistet, während die Belegschaft mehr leisten und weniger verdienen soll, weil das Unternehmen am Markt nicht mehr verdient, was es einmal verdient hat, lässt sich kaum auf einen gemeinsamen Nenner bringen. Der Belegschaft nach dem Erfolg, dem Management nach der Leistung?« Hier zeigt sich, wie kompliziert die Begriffsbestimmung von Leistung geworden ist, damit aber auch, wo Leistungselite beginnt und aufhört.

Trotz dieser vielfältigen Einwände gegen bestimmte Definitionen soll auf den Begriff der Funktionselite zurückgegriffen werden. Denn darin lässt sich ein verbindlicher Maßstab ausdrücken, ohne inhaltlich oder gar ideologisch zu stark belastet zu sein. Funktionseliten können so weit herunter dekliniert werden, wie es der Politikwissenschaftler Michael Freund skizziert: »Das Wort Elite wird heute völlig wertfrei, oft nur als Abkürzung für Verantwortung tragende Führungsschicht, gebraucht.« Diese Funktionseliten sollen, der besseren Übersicht wegen, in der weiteren Schilderung gebündelt werden, und zwar in vier Gruppen: die politische, wirtschaftliche, wissenschaftliche und kulturelle Elite.

Gemeinsam ist den vier Eliten, dass ihr Sein heute vor dem Bewusstsein rangiert. In früheren Zeiten, in feudalen, aristokratischen und autoritären Systemen, war das Bewusstsein, das Gefühl der Zugehörigkeit zu den Führungsgruppen, weit entscheidender als die entsprechende materielle Grundlage. Von solcherlei Bewusstsein ist heute nichts mehr geblieben. Das ist keineswegs abwegig, weil es den Elitebegriff weitgehend entideologisiert. Aber dass das Sein, wenn es sich besonders materiell abstützt, wie es in der vollständigen Ökonomisierung der gegenwärtigen Alltagswelt üblich wird, abstruse, weil verantwortungslose Züge annehmen kann, ist bereits hinlänglich geschildert worden.

5. Die politische Elite
Medienpräsenz gegen Machtverlust

Keine Elite hat in den letzten Jahren einen solch rapiden Imageverlust erlitten wie die politische. Sie steht heute unter wachsendem Verruf und ständigem Verdacht. Allerdings hat sie selbst alles unternommen, um ihr Ansehen und ihre Autorität systematisch zu ramponieren. Es ist eine endlose Selbstdemontage. Die Stichworte dazu lauten: Parteispenden und Honorare, Nebeneinkünfte und Beratertätigkeiten, Versorgungsansprüche und Übergangsgelder, Postenschacher und Klüngel. Zwei Namen können dafür exemplarisch genannt werden, aber sie haben politisches Gewicht: Helmut Kohl und Gerhard Schröder, die beiden verflossenen Kanzler. Mit seiner elenden Parteispendenaffäre, deren Hintergründe wohl nie aufgeklärt werden, hat der ehemalige Bonner Regierungschef der eigenen Elite einen fortwährenden Schaden zugefügt. Das Bild des käuflichen Politikers, der mit geheimnisvollen Geldgebern mauschelt, bestätigt sich aufs Neue.

Auch Gerhard Schröder bewies wenig politisches wie persönliches Fingerspitzengefühl, als er unmittelbar nach seiner Abwahl als Regierungschef in die Dienste des russischen Unternehmens Gazprom trat. Kurz zuvor hatte er, kraft seines Amtes, für den Gaskonzern einen vorteilhaften Vertrag ausgehandelt. Dass dieser an der engen Leine des Kreml liegt und als willfähriger Gehilfe im autoritär-repressiven System des Präsidenten Wladimir Putin auftritt, hätte die Angelegenheit für Schröder umso bedenklicher erscheinen lassen müssen. Dabei geht es in beiden Fällen nicht um die Geldsummen, die im Spiele sind, sondern zur Debatte stehen Anstand und Moral.

Hans-Jochen Vogel, schon immer ein strenger politischer Zuchtmeister, hält einen umfassenden Anforderungskatalog für das Handeln der Eliten bereit, und da hat er die politischen Repräsentanten besonders im Blick: umfassendes Sachwissen, Leistungsfähigkeit und Leistungsbereitschaft, Aufnahmefähigkeit, Willenskraft, Entscheidungs- und Durchsetzungsfähigkeit sowie Überzeugungskraft; dann noch Kreativität, Fantasie, Lebenserfahrung und Menschenkenntnis. »Und höher noch rangiert bei mir die Orientierung an Werten und das Bewusstsein der Verantwortung gegenüber den Mitmenschen und der Gemeinschaft. Macht, die um ihrer selbst willen ausgeübt wird, die Menschen instrumentalisiert und die Mittel verwendet, die zu den Werten im Widerspruch stehen, die sie zu verwirklichen vorgibt, ist böse. Macht muss dienen wollen«, so konstatiert Vogel.

Es handelt sich hierbei um einen Idealkatalog und man sollte diesen nicht einfach als irreal verwerfen. Damit täte man nämlich all jenen Angehörigen der politischen Elite Unrecht, die nach einem solchen Anforderungsprofil zu leben versuchen. Und dies sind nicht wenige. Somit schadet es auch nicht, dass ein »elder statesman« wie Vogel die Voraussetzungen und Grundlagen für das Handeln der politischen Klasse im demokratisch verfassten Gemeinwesen in Erinnerung ruft.

Die Problematik für die politische Elite ergibt sich eher aus einem anderen Kontext: Politiker überfordern sich selbst, wie sie auch überfordert werden. »Die Diskrepanz zwischen Erwartungen und Hoffnungen an die Politik und den tatsächlichen Entwicklungen und Möglichkeiten wächst«, schreibt einer, der es wissen muss, nämlich der langjährige SPD-Bundestagsabgeordnete Hermann Scheer.

Einer der Gründe für die Überforderung liegt darin, dass das Handeln der politischen Klasse stets ambivalent bleibt. Sie sind einerseits Vertreter und Repräsentanten von Gruppen, Verbänden, Organisationen, Parteien, nicht zuletzt auch einer bestimmten Wählerklientel, somit also Träger von Partikularinteressen.

Andererseits ist die politische Klasse gezwungen, zur Erreichung oder Durchsetzung ihrer Ziele gemeinsame Handlungsstrategien zu finden. Das heißt, wie der Berliner Politikwissenschaftler Dietrich Herzog schreibt, »Kompromissfindung, Koalitionsbildung und problemorientierte Konfliktregulierung«. Das sagt sich leichter, als es getan ist. Die langwierigen und oft wenig überzeugenden Entscheidungsprozesse der gegenwärtigen großen Koalition in Berlin liefern dafür ein beredtes Zeugnis. Das zuweilen diffuse Bild, welches das Kabinett Merkel abgibt, dokumentiert zugleich, dass dies keineswegs eine Frage der zahlenmäßigen Größe ist. Denn die Koalition verfügt über eine satte Mehrheit im Parlament. Das breite Spektrum, das die beiden Volksparteien aus ihrer jeweiligen Eigenorientierung abdecken wollen, erschwert den Weg zur gemeinsamen Handlungsstrategie.

Eine andere Überforderung besteht darin, dass viele wichtige Entscheidungen aus dem politischen Raum abgezogen sind, ein Bedeutungsverlust, den viele Mitglieder sich selbst und der Öffentlichkeit nicht offen eingestehen wollen. »Die Politik hat ihre Führungsrolle bei der Weiterentwicklung der Gesellschaft längst verloren«, urteilt der Medientheoretiker Norbert Bolz. Denn neben der Politik haben sich längst andere Steuerungsobjekte etabliert, eben in der Wirtschaft, oft mit ihren internationalen Verflechtungen, denen die Nationalstaaten ziemlich machtlos gegenüberstehen. Aber auch transnationale Organisationen wie die Europäische Union (EU) oder die Welthandelsorganisation (WTO), deren Regulierungskompetenz wächst, schränken den Einfluss ein.

Das verengt den Spielraum für politische Interventionen. Kanzler Schröder hat es erfahren, als er 1999 mit vollmundigen Versprechungen vor der verunsicherten Belegschaft des in Schieflage geratenen Bauunternehmens Holzmann in Frankfurt erschien. Aber der Berliner Regierungschef konnte die Pleite und damit den Verlust von Tausenden Arbeitsplätzen nicht verhindern – und begleitete die Misere letztendlich mit eisernem Schweigen.

Solche Erregungen kamen in der politischen Klasse während der letzten Jahre immer wieder auf, wenn deutsche Renommierunternehmen wie Deutsche Bank, Daimler, Volkswagen oder Telekom, bei glänzenden Gewinnzahlen, große Teile der Mitarbeiterschaft abbauten. Doch die anfänglichen starken Worte aus Politikermund endeten meist in betretener Stummheit. Auch hier äußert der Parlamentarier Scheer – als einer der wenigen – seine persönliche Betroffenheit: »Die Handlungsautonomie in wirtschaftlichen Gestaltungsfragen an ein ökonomisches Prinzip abzutreten, an internationale Verträge, an unerreichbare, nicht kontrollierbare und zwangsläufig unflexible transstaatliche Institutionen, das ist *das* politische Versagen der Gegenwart.« Er erblickt darin »eine arrogante Geschichtsvergessenheit und eine abenteuerliche Zukunftsblindheit«.

Auf ein anderes Handicap der politischen Klasse macht Thilo Bode aufmerksam, der vormalige Greenpeace-Geschäftsführer. Er nennt es die »Rationalität der Kurzfristigkeit«, die nach seiner Ansicht sowohl in der nationalen als auch internationalen Politik waltet. Die Klage über das begrenzte Denken von Politikern im Zeitraum einer Legislaturperiode von vier bis fünf Jahren ist nicht neu. Aber wie es aussieht, hat sich dieser Zeitabschnitt nochmals verkürzt. Denn heute wird es im politischen Raum beinahe schon als Normalität angesehen, dass nicht mehr gestaltet und bewältigt werden kann, was nicht in den ersten beiden Jahren nach der Wahl angepackt worden ist. »Gesellschaftlicher Stillstand hat sich als eine solide Strategie erwiesen, um die Macht zu erringen und zu erhalten. ›Macht auf Zeit‹ statt ›Verantwortung auf Dauer‹ ist das Grundprinzip der etablierten Politik«, schreibt Bode. Gewiss wird man einwenden, dass Angela Merkels ehrgeizige Klimaschutzziele eben jene oft entbehrte Langfristigkeit besitzen. Nur wenn im Jahr 2020 endgültig Bilanz gezogen wird, dann ist wohl kaum zu erwarten, dass Merkel noch in unmittelbarer Regierungsverantwortung stehen wird, somit vor sich selbst und der Nation Rechenschaft ablegen muss. Die Fortdatierung in die Zukunft stellt daher eine Versuchung dar, weiterhin mit der »Rationalität der Kurzfristigkeit« als Handlungsoption zu hantieren.

Nicht zuletzt produziert die politische Klasse viele Defekte aus sich selbst, und gerade darin liegt ein wesentlicher Grund für den Imageverlust. Der verstorbene Bundespräsident Johannes Rau hat von der »Droge Politik« geredet und dabei das Bild gewählt, man könne damit nicht aufhören wie beim Knabbern einer Schale Erdnüsse bis auf den Grund. Der Spiegel-Autor Jürgen Leinemann unterstellt entsprechend eine »Sucht« und sieht die Politik im »Höhenrausch«. Der Brandt- und Schmidt-Berater Albrecht Müller diagnostiziert »Machtwahn«. Solchen Charakterisierungen liegt zugrunde, dass viele Angehörige der politischen Klasse unter Wahrnehmungsstörungen leiden, weil unangenehme Realitäten häufig ausgeklammert werden. Leinemann hat die »wirklichkeitsleere Welt« dieser Gruppe so beschrieben: »Seit vierzig Jahren beobachte ich nun Politiker aus nächster Nähe, sehe, wie Macht sie verändert, wie sie sich einmauern in Posen von Kompetenz und Zuversicht, während die öffentliche Verachtung wächst. Alle haben sie irgendwann einmal die Welt verändern wollen, ein bisschen wenigstens, aber die meisten geraten alsbald in die Versuchung, ihre Wahlämter als Plattform zur Selbstbestätigung zu benutzen, sich und den anderen mit ihren Privilegien Bedeutung vorzuspielen. Viele merken gar nicht, wie sie von einem Sog erfasst werden, der ihnen immer mehr äußeren Betrieb zumutet und immer mehr innere Freiheit nimmt. Meist wollen sie es nicht wahrhaben.«

Diese Deformation ist, wie Bode formuliert, »keine Frage der Moral oder des fehlenden politischen Willens. Sie ist im System selber angelegt. Die Akteure verhalten sich nicht unmoralisch, sondern rational«. Der streitbare Jurist Herbert von Arnim, der den Politikern seit Jahren kräftig die Leviten liest, meint ebenfalls, dass »Mängel und Deformation unseres Systems« das Werk jener seien, »die sich im Zentrum der Macht eingerichtet haben«.

Wie ein Echo auf solche Analysen wirkt die Selbsteinschätzung, die der frühere Bundestagsabgeordnete der Grünen, Oswald Metzger, als Haushaltsexperte gerne öffentlich herumgereicht, abgegeben hat: »Ohne einen starken Hang zur narzisstischen Selbstverliebtheit und eine gewaltige Profilneurose kommt ein Mensch in diesem Beruf selten nach ganz oben. Mir selbst sind die Eigenschaften nicht ganz fremd. Was ich aber verabscheue, ist die damit häufig verbundene Verlogenheit, die kennzeichnend ist für den Politikbetrieb. Opportunismus des Geschäfts, oberflächliche Beliebtheit und typische Phraseologie der nichts sagenden Politikersprache verführen zu standpunktlosen und austauschbaren Spitzenpolitikern jeglicher Couleur.«

Ansehensverlust, Selbstüberschätzung, Machteinbuße, Kurzatmigkeit, Deformation: Drängen diese Dilemmata, von denen die Berufspolitiker betroffen sind, nach einem Äquivalent, nach Kompensation? Medienfachmann Bolz meint, aufgrund der verloren gegangenen Führungsrolle produziere Politik nur noch eine »spektakuläre Zweitrolle«, und damit zielt er auf den heute zur Selbstverständlichkeit gewordenen Begriff der Mediendemokratie. Dieser ist inzwischen gängig, wenn politische Entscheidungsabläufe geschildert und kommentiert werden, bei denen sich Politik und Medien immer mehr verzahnen: Inszenierung statt ein »starkes Bohren von harten Brettern mit Leidenschaft und Augenmaß zugleich«, wie einmal Max Weber die Aufgabe der Politik als Beruf definiert hatte. Lange ist es her.

Bolz sieht dagegen heute Politik »zwischen Celebrity Design und Muddling Through«, also zwischen Starpräsentation und Durchwursteln. Der Dortmunder Politikwissenschaftler Thomas Meyer hat die Mediendemokratie um das Wort »Mediokratie« erweitert. Er glaubt die Politik inzwischen durch die Medien kolonisiert. Auf den Bühnen und für die Bühnen komme nur noch in Betracht, »was sich mit dem politischen und kulturellen Geschmack der nach unten offenen breitest möglichen Schnittmenge der Gesellschaft verträgt«.

Nun sind Politik und Politiker in der Demokratie zwangsläufig auf Öffentlichkeit und die sie repräsentierenden Medien angewiesen. Das ist ein wichtiges Element ihrer Funktionsfähigkeit. Doch die Beziehungen zwischen Politik und Medien haben sich in Deutschland in frappierender Weise verändert. Politiker und Medienleute sind ein geradezu symbiotisches Verhältnis eingegangen, bei dem sich die ehemaligen Grenzen immer mehr verwischen. Zugleich nimmt der Hang zur Inszenierung und Selbstinszenierung enorm zu, und zwar auf beiden Seiten. So schreibt die Journalistin Tissy Bruns, eine langjährige Beobachterin der Bonner wie Berliner Szene: »Es ist zum Normalzustand geworden: Wo die Politik auf Grenzen ihrer Handlungs- und Gestaltungsmöglichkeiten trifft, liefern die Medien die Bühnen für Ersatzhandlungen, die das überdecken. Und immer schwieriger wird es, zu unterscheiden: Wer zieht da wen, wer sinkt dahin?« Deshalb hat sich nach dem Urteil von Bruns in Berlin-Mitte eine politisch-mediale Welt etabliert, »deren Akteure sich ähnlich geworden sind und sich deshalb umso misstrauischer belauern. Manchmal geraten Journalisten in eine Tonlage, die sie noch mehr zu Populisten macht als die Politiker, die auf ihre Wähler achten müssen. Oft passen sich Politiker einem in der Öffentlichkeit vorgegebenen Tempo an, das ihre Sache nicht verträgt, aus persönlicher Eitelkeit oder nur zum Schein, um die öffentliche Maschinerie zu beschäftigen«.

Gerhard Schröder, häufig als »Medienkanzler« tituliert, hat diese Form der Präsentation in seiner Regierungszeit nachhaltig praktiziert. Einige Boulevard-Zeitungen und das Fernsehen erhob er gleichsam zu seinen wichtigsten Regierungsinstrumenten. »Der Medienerfolg wurde zum alleinigen Maßstab für den Erhalt politischer Macht«, schrieb der Journalist Richard Meng bereits 2002 in einer Bilanz der ersten rot-grünen Regierungsperiode. Umso ungehaltener fiel Schröders Kritik aus, als er 2005, nach monatelangem medialem Sperrfeuer gegen Rot-Grün, die Bundestagswahlen verlor. Medienmacht und Medienmanipulation schulde er den Verlust des Kanzleramtes, polterte Schröder noch am Wahlabend – und verschaffte sich so einen denkwürdig schlechten Abgang.

Allerdings hat auch Angela Merkel, der die Praktikerin Bruns eine »Stilistik der präsidialen Selbstbescheidung« bescheinigt, ebenfalls schnell gelernt, über die Medien und mit den Medien zu regieren. Dies gilt sowohl für die oft gespalten wirkende große Koalition als auch für ihre eigene heterogene Partei CDU. Wie sie Themen aufgreift, Prioritäten setzt, Personen fördert oder korrigiert, aber auch wie sie auf Konflikte reagiert und zu Kontroversen schweigt: Dies beweist schon, dass sie die Gesetze der Mediendemokratie für ihre Politik längst verinnerlicht hat. Zudem profitiert sie davon, dass ihr als Frau, der ersten Regierungschefin und Parteivorsitzenden, keine vergleichbaren Maßstäbe entgegengesetzt werden können.

Die Folgen eines solchen Politikverständnisses stimmen keineswegs optimistisch: »Unübersehbar ist: Die Massenmedien verändern die politische Kommunikation so massiv, dass sie die Politik und die Politiker selbst verändern«, meint Bruns. In welcher Form definiert Medientheoretiker Bolz: »Politisch wirklich ist nur das, was fotografierbar und erzählbar ist. Für human interest ist aber erst dann gesorgt, wenn alle Probleme personalisiert sind. Schließlich muss man für Aufmerksamkeit und Fortsetzbarkeit sorgen, indem man der Story Konfliktform gibt. Das sind die formalen Bedingungen dafür, dass Politik als gute Unterhaltung verkauft werden kann.«

Für den Politiker-Nachwuchs sind solcherart Einschätzungen von einigem Belang. Es ist schon lange Anlass für nachhaltige Kritik, dass sich die politische Elite immer stärker aus sich selbst rekrutiert, dass Quereinsteiger zu einer aussterbenden Spezies werden. Diese parteiinternen Karrieren, ohne Erfahrungen in anderen Berufen und Lebensbereichen, werden zur Normalität. Damit verengen sie den Blick und vermehren die Abhängigkeit. Wenn dann auch noch ein anderes Kennzeichen politischer Tätigkeit, nämlich die Fachkenntnis und das Sachwissen, an denen früher Minister und Parlamentarier gemessen wurden, zugunsten der Medienkompetenz zurückgedrängt werden, verändern sich die Bedingungen des Genres in radikaler Weise.

Beobachtungen in dieser Hinsicht sind bereits auszumachen: Roland Pofalla bei der CDU, Hubertus Heil bei der SPD und Dirk Niebel bei den Liberalen sind als jeweilige Generalsekretäre nur noch damit beschäftigt, das parteipolitische Profil medienwirksam zu »verkaufen«. Gesellschaftliche Prägungen, wie sie vordem etwa ein Karl Hermann Flach für die FDP oder ein Heiner Geißler für die CDU vollzogen, gehen von ihnen nicht aus. Sie werden weitgehend als smarte, aber austauschbare Medienfiguren wahrgenommen. Persönliche und inhaltliche Spuren hinterlassen sie nicht. Aber macht es sie nicht gerade deshalb zu Prototypen beim augenblicklichen Generationenwechsel in der Politik?

Die politische Klasse ist heute in starkem Maße Versuchungen und Bedingungen ausgesetzt, die ihren Status und ihre Autorität beträchtlich auszuhöhlen bedrohen. Der Medienwissenschaftler Lothar Mikos bringt es auf den Punkt, dass die Berliner Republik in einer »Endlosschleife der Imagination« lebe, »fern von den emotionalen Befindlichkeiten und rationalen Einsichten in die Lebensbedingungen und Lebenszusammenhänge Deutschlands. Das politische System und die politische Klasse haben sich weit von der sozialen Wirklichkeit entfernt.« Gefragt ist also ein anderes Selbstverständnis der politischen Elite, bei der Nüchternheit, Machbarkeit, Verbindlichkeit, auch Bescheidenheit maßgebliche Faktoren werden. Geschwätzige, weil vordergründige Medienpräsenz verschüttet viele dieser Möglichkeiten. Sie dient nur der Flucht in die Rituale des Aktionismus – und produziert letztendlich jenen Leerlauf, der bei den Politikern häufig so abstoßend wirkt.

6. Die wirtschaftliche Elite
Dominanz durch Mehrwert

Von außen erscheint die wirtschaftliche Elite als eine homogene Einheit. Dazu trägt sicherlich bei, dass sie recht deckungsgleiche ökonomische und gesellschaftliche Einstellungen und Haltungen pflegt. Der neoliberale Mainstream ist unter den wirtschaftlichen Führungsgruppen Deutschlands unumstritten, wenngleich mit vielfältigen Abstufungen. Da macht es schon einen Unterschied, wer Chef eines multinationalen Konzerns oder eines mittelständischen Familienbetriebs ist, ob eine tausendfache Belegschaft oder eine überblickbare Mannschaft dirigiert wird, ob das finanzielle Risiko in den Händen von Investorengruppen oder Aktionären liegt oder ein Privatmann allein mit seinem Eigenkapital haftet. Eine generelle Unternehmensschelte, wie sie heute so gängig ist, kann deshalb einfach nicht durchgehen. Zwar haben die im Dax geführten Unternehmen in den letzten Jahren Hunderttausende von Arbeitsplätzen abgebaut. Aber die mittelständische Industrie schaffte im gleichen Zeitraum zwei Millionen neue Beschäftigungsverhältnisse.

Dennoch ist das Ansehen der Wirtschaftselite in der Öffentlichkeit gegenwärtig so schlecht wie nie zuvor. Nach einer Forsa-Umfrage vom Herbst 2007 misstrauen 88 Prozent der Befragten den Managern. Da können sich Politiker und Firmenbosse geradezu die Hände reichen, wenngleich sie doch ansonsten Vieles trennt. Die Wirtschaftselite ist sich der privilegierten und eigenständigen Stellung, die sie im Zuge von Ökonomisierung und Globalisierung gewonnen hat, durchaus bewusst. Sie weiß nicht nur von den Ressourcen, über die sie für die gesellschaftliche Entwicklung verfügt, sondern sie spielt diese herausgehobene Rolle demonstrativ aus. Zuweilen sogar in arroganter, ja zynischer Manier, die bisweilen geradezu elitäre Züge trägt. Darin steckt zumeist eine gesellschaftsabgewandte Seite, eine wesentliche Unterscheidung zum Prototyp des Unternehmers und Managers der vormaligen »Deutschland AG«, der zwar patriarchalisch, aber doch konsensorientiert auftrat. Solche Eindrücke werden noch verstärkt, wenn Sprecher von Wirtschaftsverbänden sich als ausgesprochene Krawallmacher für einseitige Interessen hervortun. Etwa die vormaligen Präsidenten des Bundesverbandes der Deutschen Industrie (BDI), Michael Rogowski und Hans-Olaf Henkel. Deutschland als »Schlamper-Republik« und das »Elend der Schlagzeilen-Politik«: Mit solcherlei verbalen Ausfälligkeiten tingelte beispielsweise Henkel lange durch die Talkshows der Republik.

Gewiss, es gibt größere Ärgernisse, und eines der vorrangigen Themen in den Medien ist das üppige Salär von Wirtschaftsgrößen sowie deren überproportionale Steigerungsquoten. So hat die Deutsche Schutzvereinigung für Wertpapierbesitz (DSW) in ihrer letzten Studie zu den Vorstandsbezügen in den 30 deutschen Dax-Unternehmen festgestellt, dass 2006 die Manager, mit durchschnittlich 1,9 Millionen Euro Jahreseinkommen, im Schnitt 7,7 Prozent mehr Geld einstrichen, die Vorstandsvorsitzenden mit 3,4 Millionen Euro ein Plus von 7,3 Prozent erhielten. Bei diesen Bezügen sind die aktienbezogenen Vergütungen noch nicht berücksichtigt, weil deren Höhe schwierig zu bestimmen ist. Immerhin kommt die DSW-Studie zu dem Schluss, dass im Schnitt bei den 30 Dax-Unternehmen 23 Prozent der Gesamtvergütungen in aktienbasierter Form gewährt wurden. Was solche Zahlen schließlich ausmachen, lässt sich an einem Beispiel anschaulich festmachen: So wurden die Aktienoptionen des ehemaligen Daimler-Chrysler-Chefs Jürgen Schrempp, der mit seiner Vision von der Welt AG so schmählich Schiffbruch erlitten hat, im Herbst 2007 auf mehr als 50 Millionen Euro, nach anderen

Schätzungen sogar auf 100 Millionen taxiert. Der Aktienkurs war dagegen durch die Fusion der beiden Autobauer um 76 Prozent eingebrochen.

Laut DSW können sich die Vorstände deutscher Aktiengesellschaften durchaus mit ihren französischen und britischen Kollegen vergleichen. Im Vergleich zu den USA gelten sie aber immer noch als »Peanuts«. So gestattete sich die New Yorker Investmentbank Goldmann Sachs 2006, insgesamt 16 Milliarden Dollar an ihre Vorstände und Mitarbeiter auszuschütten. Die fünf größten amerikanischen Investmenthäuser zahlten zusammen 36 Milliarden Dollar.

Dennoch sollten die gewaltigen Summen nicht die Munition für jene kryptischen Neiddebatten liefern, wie sie allenthalben in Deutschland geführt werden. Ein Manager kann seine Millionen »wert« sein, wenn er für Unternehmen und Belegschaft langfristig Gewinne und Vorteile, auch Sicherheit und Stabilität erzielt. Wenn jedoch Ertragssprünge von 25 Prozent und mehr erzielt werden, gleichzeitig aber Tausende von Arbeitsplätzen abgebaut werden, dann stimmen die Proportionen nicht mehr. Und so entsteht eine Diskussion über Verhältnismäßigkeit und Gerechtigkeit in der Gesellschaft, die in ihrer Wirkung viel destruktiver ist als das Starren auf Manager-Bezüge.

Die deutsche Unternehmenskultur hat in den letzten beiden Jahrzehnten einen profunden Paradigmenwechsel auf der Management-Ebene erfahren. Aber der Wirtschaftselite ist es nicht gelungen, den Rest der Gesellschaft auf diesen Kursschwenk mitzunehmen. Zum festen Bestandteil der Bonner Republik – und in diesem Fall lässt sich dies auch zeitlich exakt auf deren Existenz begrenzen – gehörte es geradezu zum unumstößlichen Axiom, Unternehmen und Betriebe als Sozialeinheit zu betrachten und zu behandeln. Dies belegen beispielsweise die im Laufe der Jahrzehnte gesetzlich normierten Mitbestimmungsstrukturen, also die wachsende Beteiligung von Belegschaften an Entscheidungsprozessen ihrer Firmen. Ebenso zählt dazu die Fixierung einer soliden Sozialpartnerschaft, die trotz mancherlei Irritationen und Auseinandersetzungen zu verbindlichen Übereinkünften zwischen Arbeitgeberverbänden und Gewerkschaften führten. Als eine Errungenschaft galten lange Zeit die Flächentarifverträge, die nun vermehrt in beträchtlichem Maße unterlaufen werden.

Diese überschaubaren Verhältnisse sind in der internationalisierten und globalisierten Wirtschaft nach dem Zusammenbruch des real existierenden Sozialismus obsolet geworden. Die »Deutschland AG«, die sich aus den früheren korporatistischen Strukturen entwickelt hatte, war zum Abbruch freigegeben. Seitdem wird die ökonomische Landschaft tiefspurig umgepflügt.

Heute sehen Unternehmer und Manager ihre Firmen und Betriebe eher als eigenständige Kommunikationseinheiten, für die äußerliche Fesseln – seien es nun die der Arbeitgeberverbände oder der Gewerkschaften sowie die des Staates – bei der Umsetzung von ökonomischen Strategien nur hinderlich erscheinen. Der rapide Einflussverlust der Gewerkschaften wie auch die nachlassende Bindungskraft der Arbeitgeber-Organisationen dokumentieren diesen Wandel. Die Patchwork-Landschaft, wie sie in Deutschland bei Löhnen und Gehältern, bei Arbeits- und Urlaubszeiten, Sonderzahlungen und Prämien entstanden ist, unterstreicht dies. »Betriebliche Bündnisse«, wie sie sich allenthalben bilden, treten an die Stelle eines nationalen »Bündnisses für Arbeit«, bei dessen letztem Versuch Kanzler Schröder auch auf ganzer Linie gescheitert ist. Nach dem Ende des korporatistischen Modells konstatiert der Soziologe Wolfgang Streeck eine erstaunliche »Restaurierung des Unternehmens als Herrschaftsverband«. Überall willigen Belegschaften, unter Vernachlässigung des Flächentarifvertrags, darin ein, Löhne sowie Sonderzahlungen deutlich zu kürzen und Arbeitszeiten aufzustocken – wenn damit nur die Arbeitsplätze gesichert werden. Diese Verknüpfungen verschaffen der heutigen Managerklasse einen Machtzuwachs – neben Selbstbewusstsein und entsprechendem Einkommen –, wie es die Wirtschaftseliten während der langen Epoche in der alten Bundesrepublik nie besessen hatten. Und dabei handelt es sich um eine Macht außerhalb der öffentlichen Kontrolle.

Auf dieser Grundlage sieht sich nun die Wirtschaftselite einer nachhaltigen Kritik ausgesetzt. Wenn etwa Altkanzler Helmut Schmidt, wahrlich kein Linker, sondern ein pragmatischer Wirtschaftspolitiker, mit dem verzweifelten Aufruf »Beaufsichtigt die neuen Großspekulanten!« an die Öffentlichkeit tritt, dann illustriert dieser Appell das weit verbreitete Unbehagen an Teilen der Wirtschaftselite. Zuweilen geht die Kritik an »den maßlosen Managern«, um einen Illustrierten-Titel zu zitieren, bis zur Forderung, die exorbitanten Gehälter zu beschränken oder zu deckeln – ein unsinniges Unterfangen in einer freien Wirtschaft.

Eine solche Fehlentwicklung lässt sich nur durch die Einsicht der Betroffenen eingrenzen. Allerdings sind Zweifel durchaus erlaubt. Denn auch gesetzliche Bestimmungen, nach denen Vorstandsvergütungen offen zu legen sind, haben nur bedingt Transparenz geschaffen. Viele Boni, Extras, Aktienoptionen, Pensionszusagen werden in den Geschäftsberichten unter anderen Titeln versteckt. Zudem ist das intensive Netzwerk der Wirtschaftsführer, das für die Karrierewege so hilfreich agiert, hier ebenfalls nützlich. In 15 der wichtigsten deutschen Aufsichtsräte sind 13 aktive oder ehemalige Vorstandsmitglieder tätig. Zusammen üben sie 50 Aufsichtsratsmandate aus. Auch stehen bei 12 der 30 Dax-Unternehmen ehemalige Vorstandsvorsitzende wieder an der Spitze von Aufsichtsräten, ein direkter Wechsel, der nach den Regeln der von der Bundesregierung initiierten Corporate Governance-Kommission unter Leitung von Gerhard Cromme unterbleiben sollte. Cromme selbst unterlief den Kodex, als er bei

Thyssen-Krupp nach seiner Tätigkeit als Vorstandschef sofort den Aufsichtsrat führte. Dies dokumentiert, dass Selbstverpflichtungen der Wirtschaft nur bedingt wirksam sind.

Der veränderten Typologie des Unternehmers und Managers entspricht ein tief greifender Wandel in der Art und Weise von Unternehmensplanung und -philosophie. Der Soziologe Streeck meint, dass in ihr »Beschäftigung weniger zählt als Gewinn«. Es gibt allerdings noch weit drastischere Assoziationen. Die französische Essayistin Viviane Forrester spricht gar von der »Diktatur des Profits«, Helmut Schmidt wählt die Formulierung »Raubtierkapitalismus«. Da kommt man in der vergleichenden Bildersprache aus dem Tierreich rasch zu den gefräßigen »Heuschrecken«, mit denen Franz Müntefering das Erschrecken über finanzgierige Fonds so anschaulich auf den Punkt brachte.

Kennzeichnend für die neue Wirtschaftsweise ist die immer dominanter werdende Orientierung am Shareholder Value. Die langfristige Kapitalisierung, wie sie noch kennzeichnend für das alte deutsche Wirtschaftsmodell war, nicht zuletzt wegen der dichten Vernetzung von Unternehmen und Banken, ist kurzfristigen Gewinnerwartungen gewichen. Auffälligste Akteure sind global agierende Investmentgesellschaften wie Private Equity und Hedge Fonds. Die Verpflichtung, oft auch der Druck, die Interessen von Kapitalgebern und Aktionären stärker, ja zuerst zu berücksichtigen, hat zu jenen gesellschaftlichen und sozialen Friktionen geführt, an denen sich allenthalben die Kritik festmacht: Kostenreduktion, Personalabbau, Auslagerung, Fusion, Übernahme – und wenn alles nicht hilft, auch die Schließung. Gerade die atemberaubenden und riskanten Kaufaktionen der »Heuschrecken« erinnern viele Beobachter mehr an Monopoly im Weltmaßstab als an faire Sozialpartnerschaft.

Die neuen ökonomischen Ordnungsprinzipien sind vielleicht an der einen oder anderen Stelle abzumildern, ganz ausschalten lassen sie sich wohl nicht. Umso dringender stellt sich die Frage nach der Vereinbarkeit mit den Strukturen einer demokratisch verfassten Gesellschaft. Es ist unübersehbar, dass die wirtschaftliche Elite gegenüber der politischen häufig mit Herablassung und Überheblichkeit, wenn nicht gar mit Geringschätzung und Verachtung reagiert. Das rührt nicht nur aus Status und Einkommen, sondern auch aus der Annahme, dass politische Karrieren im Bereich des großen Business wenig Erfolg und Bestand hätten. Nicht zuletzt bringen die Wirtschaftseliten für die komplizierten und langwierigen Abstimmungs- und Entscheidungsprozesse auf politischer Ebene immer wenig Verständnis und Geduld auf.

Um eine bekannte Stimme zu zitieren, nämlich die des Porsche-Chefs Wendelin Wiedeking, der häufig als Mustermanager gefeiert wird: Für ihn sollten Politiker »im öffentlichen Diskurs die Bedingungen für den grundlegenden Bewusstseinswandel schaffen. Dafür müssen sie allerdings auch ihre Rolle neu definieren. Politik kann weniger denn je die Sorge für eine wie auch immer geartete Verteilung des Kuchens sein. Erfolgreiche Politik in einer globalen Welt heißt, Bedingungen für mehr Wachstum, größere Chancengleichheit und Wettbewerbsfähigkeit zu gestalten.« Und Utz Claassen, der so Talk-taugliche ehemalige Chef des Energieriesen EnBW, sieht zahlreiche Analogien zwischen dem Wirtschaftskosmos und der Welt der Politik: »Sanierungserfahrungen aus Wirtschaftsunternehmen lassen sich durchaus auf gesamtgesellschaftliche Themenstellungen anwenden und auch zur Lösung politischer Probleme nutzen.« Wenn das mal so einfach wäre!

Wohl aufgrund dieses Fremdelns sind Wechsel von der Wirtschaft in die Politik in Deutschland – im Gegensatz zu den USA oder Frankreich – höchst selten, wie eben auch umgekehrt. Und geschieht es doch, dann hat es oft den Eindruck der Anrüchigkeit.

Das gestörte Verhältnis zwischen politischer und wirtschaftlicher Elite beschreibt der Göttinger Wissenschaftler Franz Walter so: »Innerhalb der ökonomischen Führungsgruppen gibt es, im Unterschied zu früheren Jahrzehnten, jedenfalls nicht mehr viel Sinn oder Verständnis für die Anstrengungen der Integration, für die Mühen und den Zeitaufwand der Kompromissbildung, für den Gemeinschaft stiftenden Wert des sozialen Bündnisses auch nach unten. Die neoliberalen Eliten können weder mit dem altkonservativen Patriarchalismus des Sorgens und Kümmerns noch mit modernen sozialstaatlichen Solidaritäten etwas anfangen. Das alles halten sie für sentimentalen Müll, der als lästiger Kostenfaktor rasch und möglichst endgültig entsorgt werden sollte.« Und weiter: »Seit einigen Jahren verlieren die Globalisierungseliten jegliches Verständnis für die Organisation und Funktionsweise von Parteien, Gesellschaft und Politik.«

Bei solchen Sätzen werden sicher viele Angehörige der Wirtschaftseliten aufmucken, auf ihre »citizen partnership« und »corporate social responsibility« verweisen, wie es in ihrer Anglizismen-Sprache heißt. Sie können schließlich auf das Engagement, die Sponsorentätigkeit, das Mäzenatentum in sozialen, sportlichen und kulturellen Einrichtungen hinweisen, Mittelstandsunternehmen auf die Förderungen in ihrem lokalen Umfeld. Das ist auch alles richtig. Es geschieht auf vielfältige Weise, und ohne dieses Geld aus Wirtschaft und Industrie ließen sich unzählige gemeinnützige Vorhaben nicht verwirklichen.

Dennoch können die Verwerfungen, die sich aus der neuen Wirtschaftsorientierung ergeben, nicht übersehen werden. Ralf Dahrendorf, sicher nicht einer Linksideologie verdächtig, sieht im Auftreten der jetzigen Wirtschaftselite eine neue globale soziale Klasse entstehen, »die traditionelle Institutionen als hinderlich für ihre Entfaltung betrachtet und der Meinung ist, sie müssten entweder zerschlagen oder ignoriert werden«. Der Soziologe erblickt in dieser neuen Klasse eine Gefahr für die Demokratie, weil sie die »nationale Dimension« ablehne und »die zwangsläufige Zerstörung der traditionellen sozialen Solidarität« bewirke. Er nennt es »ein neues Phänomen und ein politisches Risiko«.

Dahrendorf steht mit seinen kritischen Einwänden nicht allein. So warnte der renommierte amerikanische Wirtschaftswissenschaftler John Kenneth Galbraith, der mehrere US-Präsidenten beraten hat, in seinen letzten Lebensjahren nachdrücklich vor der »Diktatur der Manager« und der Macht der Konzerne. Selbst George Soros, der mit gewagten Spekulationen ein Milliarden-Vermögen aufgehäuft hat, plädiert heute für mehr Kontrolle und Regeln. Auch aus den Reihen der deutschen Wirtschaftselite mehren sich skeptische Stimmen. Um noch einmal Wiedeking zu zitieren: »Es geht um mehr als nur den kurzfristigen und vordergründigen Shareholder Value. Wer ein Unternehmen erfolgreich führen will, braucht ein paar Grundsätze, zu denen er auch in schwierigen Zeiten steht und die er nicht jeden Tag neu in den Wind hängt. Zuerst und vor allem ist das absolute Glaubwürdigkeit.«

7. Die wissenschaftliche Elite
Strukturen mit Schwächen

Bei der wissenschaftlichen Elite fällt sofort die große Zersplitterung auf, und diese gilt in mehrfacher Hinsicht. Wissenschaft, Forschung und Lehre verteilen sich auf unzählige Gesellschaften und Organisationen, Institute und Kommissionen, Räte und Konferenzen, Einrichtungen und Vereinigungen. In einem bekannten Adressenverzeichnis nehmen sie weit über hundert eng beschriebene Seiten ein. Dabei sind Universitäten, Hochschulen und andere Bildungsanstalten noch nicht einmal berücksichtigt. Sie umfassen in dem erwähnten Verzeichnis nochmals beinahe 50 Seiten. Dazu kommen außerdem die Forschungs- und Wissenschaftseinrichtungen von Wirtschaft und Industrie. Natürlich bestehen Querverbindungen, Überschneidungen, Doppelnennungen. Aber diese Unübersichtlichkeit macht es schwer, diese Elite einigermaßen deskriptiv zu erfassen.

Die Zersplitterung ergibt sich einmal aus historischen und staatsorganisatorischen Gründen. Der Föderalismus der Bundesrepublik baut auf viel ältere Strukturen auf, eben jene oft verspottete deutsche Kleinstaaterei. Aus diesen Gegebenheiten erwuchsen die vielfältigen Institutionen der Wissenschaft und Forschung, Bildung und Lehre, die Deutschland besaß und besitzt. Durch die Föderalismusreform, in deren erster Stufe der Bund die Kulturhoheit an die Länder vollständig abgetreten hat, wird sich dieses Ordnungsprinzip weiter verfestigen. Zwar verfügt der Bund, indem er Gelder zur Förderung von Bildung und Forschung bereitstellt, auch weiterhin über finanzielle Gestaltungsmöglichkeiten, aber er wird sie wohl nur in Kooperation mit den Bundesländern realisieren können.

Zugleich werden aufgrund der transnationalen Öffnung, die Wissenschaft und Forschung ebenso erfahren wie die Wirtschaft, das Gewicht und die Kompetenzen von zentralen Koordinierungsgremien zunehmen. Dazu zählen Wissenschaftsrat, Deutsche Forschungsgemeinschaft, Bund-Länder-Kommission für Bildungsplanung und Forschungsförderung sowie die Ständige Kultusministerkonferenz der Länder oder die Hochschulrektorenkonferenz.

Das ist der institutionelle Rahmen. Daneben gewinnen die Anforderungen an Wissenschaft und Forschung zur Zukunftstätigkeit der Gesellschaft ständig an Bedeutung. Wissen ist zur entscheidenden Maxime, weil Wachstumsgröße geworden, zumal in einem Land, das über nennenswerte Rohstoffe und Ressourcen kaum verfügt, sich dennoch als eine führende Industrienation versteht. Auch wenn sich Repräsentanten der politischen und wirtschaftlichen Führungsgruppen auf den Medienbühnen an der vorderen Rampe tummeln, der wissenschaftlichen Elite, die oft als grau und fad erscheint, kommt nicht mindere öffentliche Bedeutsamkeit zu. Die Frage ist, ob sie einer solch besonderen Rolle institutionell und funktional, aber auch – was eine nicht zu vernachlässigende Dimension ist – moralisch und verantwortungsvoll gerecht zu werden vermag.

Große Teile der Wissenschaftselite stehen unter bürokratischer und finanzieller Pflegschaft, wenn sie im staatlichen und öffentlich-rechtlichen Umfeld tätig sind. Für jene Gruppen, die in der Wirtschaft oder für sie arbeiten, bestehen weisungsgebundene und erfolgsorientierte Abhängigkeiten. Die Freiheit der Wissenschaft, dieser immer wieder beschworene Mythos, verkommt zur Schimäre. Denn dieses Wesensmerkmal gilt heute nur noch sehr bedingt. »Finanziell ist der Forscher nicht frei, das sehe ich als das größte Dilemma«, klagt der Zellbiologe und Doping-Experte Werner Franke, immerhin ausgezeichneter Hochschullehrer des

Jahres 2007. Auch in der hohen Sphäre der Wissenschaften sind längst Wettbewerbsstrategien und wirtschaftliche Rentabilitätsrechnungen eingezogen. Zwar muss der Umstand nicht im Vorhinein von Nachteil sein. Denn Wettbewerb, wie er beispielsweise durch die »Exzellenz-Initiative« von Bund und Ländern angestoßen werden soll, kann auch Offenheit, Fantasie, Kreativität und Innovation im Bereich der Forschung freisetzen. Aber entscheidend bleibt, für welchen Zweck und mit welcher Absicht Pluralität gefördert und eingesetzt werden soll.

So darf die Konkurrenzsituation nicht zu einer Ersatzvokabel für eine Kannibalisierung verkommen. Die chronisch unterfinanzierte deutsche Wissenschafts- und Forschungslandschaft ist immer stärker zur Einwerbung von Drittmitteln gezwungen, sei es von öffentlichen Finanzgebern oder privaten Sponsoren. Aus diesem Grund sind viele Mitarbeiter in Wissenschaft und Forschung mit zeitaufwendigen bürokratischen Tätigkeiten beschäftigt, eben damit, Anträge und Begründungen zu formulieren, Evaluationen zu erstellen, Ausschreibungsverfahren zu begleiten. Dass hier wissenschaftliche Großeinrichtungen einen Vorsprung genießen gegenüber kleinen Institutionen, liegt auf der Hand. Denn sie sind noch am ehesten in der Lage, über ihre Apparate das notwendige Forschungsmanagement bereitzustellen. Insofern erstaunt es kaum, wenn in der »Exzellenz-Initiative« die von den jeweiligen Landesregierungen gepäppelten Traditionsuniversitäten in München und Karlsruhe als Sieger hervorgingen, jedoch Hochschulneugründungen, vor allem in Nordrhein-Westfalen, chancenlos blieben. Ob sich auf diese Weise immer Kreativität und Innovation durchzusetzen vermögen?

Wissenschaft und Forschung geraten auch zusehends unter das Diktat der Verwertbarkeit: Was ist am besten, am schnellsten, am wirksamsten in ökonomischer Produktion umzusetzen? Nur ein Projekt, das in den Fokus materieller Interessen gerät, erreicht leicht hinreichende Anschubhilfe und längere Begleitung. Profitträchtige Forschung, auf etablierte Einrichtungen und wenige Standorte konzentriert, genießt eindeutig Priorität. Um nur ein Beispiel zu nennen, auch wenn es trivial daherkommt: Vor zwei Jahrzehnten gehörte das Studium der chinesischen Sprache an deutschen Universitäten zu den so genannten Orchideenfächern. Deren langsames Verschwinden erschien lediglich eine Frage der Zeit, nämlich wenn der Geldhahn endgültig abgedreht worden wäre. Heute, da China zum Sprung an die Spitze der Weltwirtschaft ansetzt, werden Sinologen wie Topmanager mit Kusshand gesucht.

Die erste Runde der »Exzellenz-Initiative« liefert noch einen weiteren Hinweis: Ausgezeichnet wurden naturwissenschaftliche und technische Einrichtungen, die Geistes- und Sozialwissenschaften blieben unberücksichtigt. Es ist ein allgemeiner Trend, der im Bildungsbereich beobachtet werden kann. Daran machte sich vielfache Kritik fest, und wohl deshalb kamen in der zweiten Runde auch Geistes- und Sozialwissenschaften zum Zuge.

Seit Jahren verstärkt sich zudem eine Tendenz, die die Wissenschaftslandschaft immer deutlicher spalten wird. Forschung wandert aus den Universitäten aus, da sie angesichts von ständigem Massenandrang der Studenten bei gleichzeitig reduziertem Finanzbudget nicht mehr zu leisten imstande ist. So arbeiten die beiden deutschen Nobelpreisträger von 2007, der Physiker Peter Grünberg und der Chemiker Gerhard Ertl, in außeruniversitären Forschungseinrichtungen. Institute der Max-Planck-Gesellschaft, der Fraunhofer-Gesellschaft, der Wissenschaftsgemeinschaft Gottfried Wilhelm Leibniz und der Helmholtz-Gemeinschaft sowie einige Akademien der Wissenschaft vereinigen auf sich immer mehr Fördermittel. Die Hochschulen sind dagegen mit der Reform von Studiengängen, etwa den Master- und Bachelor-Abschlüssen, so sehr mit neuen Organisations- und Vermittlungsstrukturen beschäftigt, dass die sprichwörtliche Einheit von Forschung und Lehre als Fata Morgana entschwindet. Der in Stanford lehrende deutsche Literaturprofessor Hans Ulrich Gumbrecht nennt die ununterbrochene Flut von Universitätsreformen »eine auf endloses Facelifting gestellte Therapie, die in ihren heute sichtbaren Ergebnissen nicht nur ziellos wirkt, sondern offenbar auch das Selbstbewusstsein der deutschen Universität zersetzt hat«.

Verschärft wird die Lage auch noch durch die föderale Aufgabenteilung. Diese führt dazu, dass die Mittel des Bundes ausschließlich außeruniversitären Einrichtungen zukommen. Das ermöglicht nicht nur eine zweckgebundene Forschungspolitik, sondern räumt auch Institutionen wie der Deutschen Forschungsgemeinschaft und dem Wissenschaftsrat Vorrangstellung innerhalb des Wissenschaftsbetriebes ein, weil sie über Förderung und Vergabe von Geldern befinden.

Der Bamberger Soziologe Richard Münch empfindet die Sonderstellung der Deutschen Forschungsgemeinschaft nicht nur als unangemessen, sondern sogar als schädlich. Denn dadurch würden auf der höheren Ebene Kartell- und Monopolstrukturen gebildet, eben durch institutionelle und personelle Verflechtungen, kollektive Absprachen, gegenseitige Bevorzugung. Auf der mittleren und unteren Ebene des Forschungsbetriebes entsprächen diesem Gefüge oligarchische Strukturen, durch die Machtstellung der Lehrstuhlinhaber und Institutsdirektoren. Mit der Konstruktion von »Leuchttürmen« der Wissenschaft, wie sie allenthalben einer staunenden Öffentlichkeit präsentiert werden, ließe sich diese Entwicklung forcieren wie auch festigen, so Münch.

Er greift seine These nicht aus der Luft, sondern belegt sie mit empirischem Material. Sein Fazit: »Wissenschaft und Forschung werden in Deutschland von Kartell-, Monopol- und Oligarchiestrukturen beherrscht. Sie unterdrücken Wettbewerb, Vielfalt, Kreativität und offene Wissensevolution zu Lasten der internationalen Wettbewerbsfähigkeit. Diese Strukturen haben sich insbesondere im Zuge des Abbaus der Grundausstattung der Universitäten und des Ausbaus der Drittmittelforschung und der außeruniversitären Forschung herausgebildet und legen sich wie ein lähmendes Netz über die historisch durch den Föderalismus ausgeprägten Strukturen. Sie machen Wissenschaft und Forschung in Deutschland international nicht wettbewerbsfähiger, vielmehr tragen sie die maßgebliche Verantwortung für ihre gesunkene internationale Wettbewerbsfähigkeit.«

In Münchs bitterer Kritik klang bereits an, was ein intimer Kenner der wissenschaftlichen Elite einmal notiert hat: Sie sei geprägt von »Egoismen und Schrebergartenmentalitäten«. Man muss wohl noch hinzufügen: von Eitelkeiten und Rivalitäten. Die Fehden und Kontroversen unter wissenschaftlichen Repräsentanten sind ja geradezu sprichwörtlich, auch oft ätzend und zynisch. Und sie sind längst nicht allein sachlicher und fachlicher Natur. Ebenso bewähren sich Seilschaften und Kumpaneien kaum so erfolgreich und langfristig wie gerade im Bereich von Forschung und Lehre.

Wenn auch der deutsche Professor, für die breite Öffentlichkeit ein typischer Repräsentant der Wissenschaftselite, ein hohes Ansehen genießt, so darf nicht übersehen werden, dass dies Bild etliche Schönheitsfehler besitzt. »Professor Untat«: So betitelten der zur gleichen Zunft gehörende Uwe Kamenz und der Journalist Martin Wehrle ihre Kritik, mit der sie aufzeigen wollen, was »faul« sei hinter den Hochschulkulissen. Das liest sich ganz amüsant, bedient dennoch eher Vorurteile. Es reiht sich gut ein in die neoliberale Mäkelei, die ansonsten dem bequemen Arbeiter und verwöhnten Angestellten gilt. Hier nun trifft es die selbstsüchtigen und korrupten Professoren.

Sicher, kaum eine Gruppe verteidigt so vehement ihre überkommenen Privilegien wie die deutschen Professoren, und an diesen Gralshütern der eigenen Privilegien sind die ansonsten recht durchsetzungsfähigen Wissenschaftsbürokratien sowie die zuständigen Ministerien der Länder gescheitert. Über die Saläre, Honorare und Nebeneinkünfte, die geschäftstüchtige Lehrstuhlinhaber einstreichen, lässt sich ebenfalls leicht nörgeln, wie bei denen von Politikern und Managern. Auch andere Fehlkonstruktionen und Übel sind lange bekannt: Studenten klagen über unzulängliche Hochschullehrer, Kritik von zu langen und undurchschaubaren Berufungsverfahren, Ausnutzung von Assistenten und Doktoranden, Unmut über Gefälligkeitsgutachten um jeden Preis, lukrative Mandate und einträgliche Firmengründungen – alles notorisch, alles auch fragwürdig und anfechtbar. Aber diesen Missständen, so ärgerlich sie sind, ist nicht die Malaise des deutschen Wissenschaftsbetriebes geschuldet.

Die Nachteile rühren aus anderen Gegebenheiten. Die festgezurrten Systeme und die Eigeninteressen schützenden Strukturen, die durch eine wächterhafte Inzucht gefördert werden, verbunden mit einer Wissenschaftspolitik, die auf kurzfristige Erfolge und schnelle Verwertbarkeit angelegt ist: Diese Kombination verringert die Chancen des Wissenschaftsstandortes Deutschland. Die »Exzellenz-Initiative« wird den Niedergang nicht aufhalten. Exzellenz erwächst nicht aus staatlicher Aufforderung, sondern durch Wettbewerb individueller Forscher, Institute, Universitäten.

Die augenblickliche Suggestivkraft in den Medien verdankt die Initiative geschickten Strategien von Marketing und Public Relations. An der amerikanischen Hegemonie von Wissenschaft und Forschung wird dieses deutsche Programm gewiss nicht kratzen, und daran werden auch die deutschen Nobelpreisträger nichts ändern, zumal ihre bahnbrechenden Forschungsergebnisse Jahrzehnte zurückliegen. Das schmälert nicht ihre persönlichen Leistungen. Aber es verbietet sich, dass Politiker, die für die aktuelle Misere des Wissenschaftsbetriebes ein hohes Maß an Schuld tragen, sich im Nobel-Glanz zu sonnen versuchen.

Die wissenschaftliche Elite in Deutschland ist weiter denn je davon entfernt, mit einer einzigen, überzeugenden Stimme aufzutreten. Dazu fehlt ihr ein Kristallisationspunkt, wie er in anderen europäischen Staaten besteht, etwa in Frankreich mit dem Institut de France. Trotz vielfacher Anläufe ist es nicht gelungen, nach der Wiedervereinigung eine zentrale Akademie der Wissenschaften zu gründen, obwohl Politiker aller Couleur Bildung als wichtigste Zukunftsressource ständig im Munde führen. »Wenn Wissenschaftler eine vernünftige öffentliche Diskussion über Chancen und Risiken ihrer Arbeit wollen, müssen sie sich zusammentun«, fordert Günter Stock, Forscher und Pharma-Manager, auch Aktivist in zahlreichen Gremien. In der Tat: Es geht nicht nur um das Selbstverständnis von Wissenschaftlern und Forschern, sondern um existenzielle Zukunftsfragen ethnischer, moralischer, gesellschaftlicher Art. Die Zukunft der Gentechnologie beispielsweise verliert sich in verschiedenen Kommissionen und Beiräten, ohne eine allgemeine Verständigung zu erreichen. Ähnlich steht es mit den Risiken der Atomenergie.

Die Beschwörung der Humboldtschen Ideale gehört innerhalb der wissenschaftlichen Elite zum permanenten Ritual. Aber was ist von den Grundsätzen, die der preußische Kulturpolitiker vor zweihundert Jahren formuliert hat, in den heutigen Realitäten noch geblieben, von der Bildung durch Wissenschaft, der Einheit von Lehre und Forschung, der Freiheit und Einsamkeit des Forschers? Sind die einstmals programmatischen Prinzipien nicht längst sinnentleert? Sarkastisch wertet Gumbrecht: »Was einst Emblem des nationalen Stolzes war, die deutsche Universität, haben sich Gesellschaft und Politik als Dauerpatienten unterworfen.«

8. Die kulturelle Elite
Zukunft ohne Gewissheit

Bunt, bunter, knallig: So kommt heute die kulturelle Elite daher. Sie stellt das schillerndste Gemisch unter den deutschen Führungseliten dar. Denn sie reicht vom Künstler bis zur Schriftstellerin, vom Dirigenten bis zum Popstar, von der Designerin bis zum Verleger, vom Medienvertreter bis zum TV-Entertainer, vom Kirchenmann bis zur Event-Managerin. Die beträchtliche Aufsplitterung verursacht zugleich ihre Problematik. Anders als bei den politischen, wirtschaftlichen und wissenschaftlichen Eliten lässt sich Gemeinsamkeit, gar Homogenität nicht konstruieren. Ein kollektives Thema wie bei den Politikern, eben die Gestaltung des Gemeinwesens, ein identisches Leitmotiv bei den Managern, nämlich die Gewinnoptimierung der Unternehmen, eine strukturelle Gebundenheit der Wissenschaftler, die ihre Arbeit weitgehend bestimmt: Für die kulturellen Eliten bestehen solche normativen Rahmenbedingungen nicht mehr, wenn sie denn überhaupt prägend waren.

Kultur hat die klassischen Definitionen längst hinter sich gelassen, der Begriff ist heute interpretationsfähiger wie kaum ein anderer, der persönlichen Wahrnehmung eher zugeordnet als einheitlichem Kontext. Nicht zuletzt auch durch ständige »Neuzugänge«, etwa Design und Werbung, Fernsehen und Internet, Pop und Techno. Das schließt Übereinstimmungen, wie sie bei anderen Eliten häufig zu beobachten sind, eher aus, und wenn es doch einmal gegeben ist, dann geschieht es eher zufällig. Bei der kulturellen Elite ist die Ich-Bezogenheit stärker ausgeprägt, was sich in ihrem unterschiedlichen wie vielfältigen Schaffen äußert. Was verbindet beispielsweise den Maler Gerhard Richter, der für seine Bilder auf den internationalen Kunstmärkten Höchstpreise erzielt und der für den Kölner Dom ein modernes Kirchenfenster mit originellem Farbenspiel schuf, mit dem »Bild«-Chefredakteur Kai Dieckmann, der künstlich hoch gepushte Horrorgemälde täglich in dicken Lettern ausmalen lässt? Da hilft nicht mal ein ästhetischer Brückenschlag.

Die kulturelle Elite erfährt, intensiver als die anderen Führungsgruppen, immer kürzere Modernisierungsschübe, die vor allem durch neue Techniken und veränderte Kommunikationsmittel ausgelöst werden. Technischer Wandel bewirkt heute eine Veränderung der »Produktion«, also der Formate, der Inhalte, der Substanz, der Präsentation. Damit sind nicht jene begeistert aufgenommenen Wellen und Stile gemeint, die zeitweise besondere Strömungen der Kultur befördern. Dies besitzt eine lange Tradition. Gemeint sind hier eher die Veränderungen in Form von neuen Verdichtungen und Zuschnitten. So sind beispielsweise jene Video-Installationen, die inzwischen viele Museen erobert haben, ohne deren technische Voraussetzungen nicht denkbar. Was sich künftig aus der jetzt modischen Blogger-Szene im Internet entwickelt, auch wenn dort augenblicklich noch viel trivialer Ramsch erzeugt wird, bleibt abzuwarten. Dass dies heute schon Rückwirkungen auf den Medienkonsum und die Mediengestaltung hat, mit entsprechenden Rückwirkungen auf die Kultur-Produzenten, ist jedoch unübersehbar.

Das wachsende Diktat der Technik in der Kultur hat in die Reihen der Elite-Träger eine große Unsicherheit getragen – klassische Kultur kann da zuweilen mal sehr elitär, mal recht altbacken erscheinen, zumindest in den Augen der jüngeren Generation. Das tangiert selbstverständlich die gesellschaftliche Stellung dieser Elite, die ja mehr darstellen will als den persönlichen Status. Träger der Kultur wollen Höheres schaffen als materielle Werte: Wissen, Sein, Orientierung, auch Spannung, Zweifel, Protest.

Ralf Dahrendorf hat für die kulturelle Elite daher auch den Begriff der »intellektuellen Oberschicht« verwendet. Diese ist für ihn »vor allem durch den selbständigen und bewussten Umgang mit dem Wort gekennzeichnet«. Allerdings lebten die Intellektuellen nicht allein »in der Welt der symbolischen Formeln«, wie er es nennt, sondern symbolisierten »in besonderem Maße die Struktur ihrer Gesellschaft«. Eine solche Sicht bedarf allerdings, vier Jahrzehnte später, der Fortschreibung im Hinblick auf die heutige Medienlandschaft. Denn neben dem Wort in seiner Wirkmächtigkeit ist inzwischen auch das Bild getreten. Zuweilen okkupiert, ja überflügelt es längst den sprachlichen Ausdruck. Im Fernsehen beispielsweise, das vielfach die Funktion eines Leitmediums angenommen hat, besitzt nur das eine Chance, was bildhaft umzusetzen ist. Und viele Menschen prägt nur noch, was sie im Fernsehen verfolgen.

Gewiss, das Bild ist häufig suggestiver als das Wort, aber auch flüchtiger. Ebenso beinhaltet die optische Präsentation größere Möglichkeiten zur Manipulation, denn sie kann meist schwieriger überprüft werden als die sprachliche Form. Die TV-Berichte während des Irak-Krieges 2002 lieferten in dieser Hinsicht lebhaften Anschauungsunterricht. So ließ die US-Armee nur »enbedded« Journalisten in ihre Reihen, beaufsichtigte die Reporter folglich bei der Berichterstattung. Damit gelang dem amerikanischen Militär die Herrschaft über Nachrichten und Bilder vom Kriegsschauplatz in den Medien – eine Steuerung der öffentlichen Meinung ohnegleichen, die jede nur denkbare Verzerrung und Verfälschung zuließ.

Allerdings lässt sich, dank moderner Technik, auch mit dem Wort trefflich manipulieren. So musste die führende Tageszeitung der USA, die New York Times, eingestehen, dass ihr einstiger Starschreiber Jayson Blair seine viel gepriesenen Reportagen in großen Teilen nicht recherchiert, sondern frei erfunden hatte.

Die nötigen Informationen verschaffte er sich bequem im Internet. Immer leichter, immer öfter: Hinter den modernen Kommunikationsmöglichkeiten steckt oft auch Blendwerk, eben wenn es jemand bewusst darauf anlegt.

Weil neue Technologien die früher stringente »Welt der symbolischen Formeln« so sehr bedrohen, auch radikal verändern, sieht sich die kulturelle Elite mehr denn je Zweifeln und Verdächtigungen ausgesetzt. Das kratzt nicht nur am früher recht gefestigten Selbstbewusstsein, sondern berührt auch das Selbstverständnis dieser Führungsgruppe. Die Verunsicherung, wie sie allenthalben bei den Intellektuellen auszumachen ist, lässt sich nicht allein mit dem Einbruch neuer Technologien in der Kultur begründen. Diese Entwicklung bildet gleichsam nur die Oberfläche, die Konsequenzen wurzeln weitaus tiefer.

Als eine Grundparadoxie der Moderne benennt der Medientheoretiker Norbert Bolz die »Notwendigkeit der Kontingenz« und formuliert: »Damit wir modern leben können, ist es notwendig, dass nichts, was ist, notwendig so ist, wie es ist; dass das, was ist, nicht alles ist und für immer ist. Kontingenz heißt: Es geht auch anders, und auch der andere könnte auch anders, aber nicht beliebig anders – und nicht besser.« Bolz postuliert daher für unsere Gegenwart den »Verlust der Gewissheit«. Beim Philosophen Jürgen Habermas sind es die »neuen Unübersichtlichkeiten«.

Solche gesellschaftlichen Zusammenhänge tangieren erheblich die kulturelle Elite, sieht sie sich und befindet sie sich doch eher auf Treibsand als auf gesicherten Fundamenten. Die veränderte Konstellation ist vor allem an der Rolle der Intellektuellen in der heutigen Gesellschaft festzumachen. Noch Mitte der siebziger Jahre hatte der Soziologe Helmut Schelsky ihnen eine »Priesterschaft« unterstellt, wenngleich es eine eher polemisch begründete Kritik darstellte. Denn aus einer geschlossenen Institution heraus, was eine »Priesterherrschaft« voraussetzt, haben deutsche Intellektuelle nie agiert. Aber ihr Einfluss ist kontinuierlich und spürbar zurückgegangen. »Die Intellektuellen haben es sich heute in ihren Nischen bequem gemacht, als Spezialisten für Erbauung und geistreiche Unterhaltung, geduldet, belächelt, aber ohne ernst zu nehmende demokratische Funktion«, so drückt es der Publizist Johanno Strasser aus, immerhin lange Jahre an der Spitze der deutschen Sektion der internationalen Schriftstellervereinigung P. E. N., also ein Kritiker mit Einblick. Bolz konstatiert sogar, Funktion und Position der Intellektuellen seien heute »unhaltbar geworden«.

Die Geschichte der Bundesrepublik vermag solche Thesen durchaus zu stützen. In den Anfangszeiten des Bonner Staates hat sich die kulturelle Elite vehement in gesellschaftliche Vorgänge eingemischt, kritisiert und polemisiert, appelliert und moralisiert. Da es sich häufig um Linksintellektuelle handelte, waren die Reaktionen aus der Politik entsprechend böswillig. So sprach Bundeskanzler Ludwig Erhard von »Pinschern«, CSU-Chef Franz Josef Strauß nannte sie »Ratten und Schmeißfliegen«.

Aber wie hätte sich die Bonner Republik entwickelt ohne die Einsprüche und den Einsatz etwa von Karl Jaspers, Walter Dirks, Walter Koeppen, Heinrich Böll, Hans-Werner Richter, Josef Beuys, Rudolf Augstein, Martin Niemöller, Helmut Gollwitzer, Günter Grass, Rolf Hochhuth, Alexander und Margarete Mitscherlich, Luise Rinser, Marion Gräfin Dönhoff, Carl Friedrich von Weizsäcker, Carola Stern, Ralph Giordano, Wilhelm Hennis, Johannes Gross, Ralf Dahrendorf, Georg Picht, Walter Jens, Peter Glotz, Alice Schwarzer? Es ist kaum denkbar, dass ohne sie der westdeutsche Staat seine muffigen bis reaktionären Züge verloren und sich schlussendlich beachtlich liberalisiert und emanzipiert hätte. Es bildete auch die Voraussetzung für neue soziale Bewegungen, von den Ökologen bis zu den Atomkraftgegnern, von den Frauen bis zu den Schwulen, ein Protestpotential, aus dem sich schließlich die Partei der Grünen herausfilterte.

Bemerkenswert ist auch, dass im anderen Deutschland ebenfalls Intellektuelle kritische Spuren zogen, trotz und gerade wegen der perfiden geistigen Pressionen des DDR-Staates. Im Westen wurde dies eher beiläufig oder unzureichend wahrgenommen. Bertolt Brecht, Wolfgang Harich, Walter Janka, Stefan Heym, Robert Havemann, Christa Wolf, Rudolf Bahro, Wolf Biermann, Jürgen Fuchs, Jurek Becker, Nina Hagen, Sarah Kirsch, Oskar Brüsewitz, Manfred Krug, Erich Loest: Sie repräsentieren eine kulturelle Elite, die sich nicht über den Kamm der stupiden SED-Parteilinie scheren ließ – für viele sogar zum persönlichen Nachteil.

Zwar gab es im anderen, dem totalitären deutschen Staat auch die intellektuellen Verstrickungen, ähnlich wie in der Zeit des Nationalsozialismus. Aber Widerspruch und Auflehnung waren stets ein unundrückbarer Bestandteil der DDR, wenn auch für eine kleine Minderheit. Diese geistige Opposition hat schließlich das Ende des erstarrten und borniertens SED-Regimes 1989 vorbereitet und beschleunigt, zuletzt hartnäckig unterstützt von Amtsträgern des Protestantismus. Dass dies nach dem Schicksalsjahr der Wende alles so schnell in sich zusammenfiel, ist eine bedauernswerte historische Erfahrung. Sie markiert eben auch den Bedeutungsverlust der kulturellen Elite im unbefriedigenden Vereinigungsprozess, der doch so nötig eine kritische intellektuelle Begleitung gebraucht hätte.

Der öffentliche intellektuelle Diskurs in Deutschland ist heute weitgehend verebbt. Die gesellschaftlichen Veränderungen finden ohne wesentliche Beiträge der kulturellen Eliten statt, die Diskussion wird beherrscht von Technokraten und Experten. Gewiss, es gibt einzelne Stimmen von Intellektuellen, die sich Stimmungen und Tendenzen wortreich entgegenstemmen. Aber wo ist der kollektive Einspruch, wo sind Aufschrei, Protest gegen die Folgen der Globalisierung, die Auswirkungen des Klimawandels, die Konsequenzen der Arbeitslosigkeit, die Reduzierung des Sozialstaats, die Diskrepanz zwischen Arm und Reich, die Versäumnisse der Integration, den Chancennachteil der jungen Generation? Für die kulturelle Elite keine übergreifende, durchgängige Thematik.

Auch bekannte Namen, die früher geistige Impulse gaben, sind immer weniger zu vernehmen. Hans-Magnus Enzensberger, der bekannte Essayist, hat sich sichtlich zurückgezogen. Günter Grass, der eigensinnige Trommler und selbstbewusste Moralist, ist leiser geworden und verschleißt sich in Abwehrkämpfen gegen die Vorwürfe wegen seiner spät eingeräumten Jugendsünden bei der Waffen-SS. Jürgen Habermas, der scharfsinnige Querdenker, der früher Diskussionen gerne zuspitzte, bringt sich nur noch selten ein. Allenfalls entfacht noch Martin Walser mit seinen egozentrischen, aber öffentlichkeitswirksamen Dissonanzen, wie jener unsäglichen »Sonntagsrede« in der Frankfurter Paulskirche 1998, eine kurzweilige Polemik.

Zuweilen stellen sich solche flüchtigen Wallungen, erst recht mit der knalligen Schubkraft von Boulevard-Medien, als hingeworfene Billigware für geistige Wühltische heraus. Nachhaltige Handreichungen zum gesellschaftlichen Diskurs entstehen daraus so gut wie nie. Auch die zahlreichen Talkshows und Quasselrunden, bei denen Intellektuelle oft als beflissene Flüsterer oder provozierende Trompeter fungieren, sind fast nur Alibi-Veranstaltungen. Eher denkt man an seichte Schnitzeljagden für ein unterhaltungsbegieriges Publikum. Drängende gesellschaftliche Problematiken verkommen da leicht zu oberflächlicher Spielmasse von Moderatoren.

Traurig, aber wahr: Innerhalb der kulturellen Elite waltet zuweilen ein menschenverachtender Zynismus. Der stellt, in einem gar nicht geringen Teil, eine Reaktion auf die vielen Unsicherheiten dar, denen heute die intellektuelle »Oberschicht« ausgesetzt ist. Allerdings steht dies häufig im Gegensatz zu den ethischen, auch moralischen Ambitionen, die gerade die kulturelle Elite wie ein Schmuckstück vor sich her trägt. Anspruch und Wirklichkeit klaffen da oft spaltenbreit auseinander.

Dieser Zynismus erscheint dann oft wie eine Kompensation dafür, dass die Kultur-Verantwortlichen sich immer stärker der Ökonomisierung und Kommerzialisierung ausgesetzt sehen. Mit unterschiedlichen Effekten zwar, was jedoch die Auswirkungen nicht angenehmer macht. Einerseits fallen bestimmte Bereiche, die Domänen der Kulturelite sind, unter rigide Sparzwänge der Politik. Ein Theater, eine Bibliothek, ein Multi-Kulti-Haus nach betriebswirtschaftlichen, gar kameralistischen Prinzipien zu führen, schränkt kreative Möglichkeiten in der Regel abschnürend ein. Doch seitdem Beratungsunternehmen wie McKinsey und Co. in kulturellen Betrieben Einzug halten – wie beispielsweise beim Goethe-Institut, der offiziellen Organisation zur Förderung deutscher Kultur im Ausland, oder bei der Evangelischen Kirche –, werden solche Vorgaben zu Regelsätzen. Darin äußert sich nicht selten eine tiefe Verachtung für die künstlerische Selbstbestimmung. Die finanziellen Kürzungen, die viele Institutionen in den letzten Jahren hinnehmen mussten und künftig weiterhin verkraften müssen, belegen dies nur zu deutlich.

Gleichzeitig erfahren andere Kultur-Einrichtungen eine externe Förderung. Der Maßstab dafür ist jedoch nicht deren geistige Qualität, sondern die wirtschaftliche Ertragslage. Die Profitorientierung wird auch hier zum Treibsatz, die Gewinnmargen als Beweggrund für Innovationen. So werden etwa die Bild-Zeitung aus dem Springer-Verlag oder die RTL-Group im Bertelsmann-Konzern eher am Bilanzergebnis gemessen denn am kulturellen Niveau. Da hilft kein Jammern, nur Auflagen und Quoten zählen.

Teile der kulturellen Elite sind daher auch eher als Wirtschaftsmanager zu betrachten. Dass diese Verschiebung besonders in den Medien zu beobachten ist, die vielfach eine Leitfunktion für die geistig-kulturelle Orientierung der Gesellschaft besitzen, schränkt die Rolle einer kritischen Intelligenz beträchtlich ein. Das Vordergründige, das Seichte, das Flüchtige, U(nterhaltung) vor E(rnst): Dies hat leider durchgängig Methode. Wenn für den Intellektuellen häufig das Bild des »Narren« benutzt worden ist, dann erfüllt es sich heute in betrüblicher Weise. Die einen trimmen die Kultur auf Geld und Erlös, die anderen treiben dazu ihre Späßchen.

Dahrendorf hat einmal formuliert, dass diejenigen, die mit dem Wort umgingen, ihre »eigene Kohärenz« bräuchten, um dies lebendig und fruchtbar betreiben zu können, »sie brauchen das intellektuelle Gemeinwesen«. Dass dies auf die Wirklichkeit zu Beginn des 21. Jahrhunderts immer weniger zutrifft, liegt auf der Hand. Und das macht die innere Zerrissenheit im Kulturbetrieb und der kulturellen Elite aus.

9. Der kleine Unterschied
Wenn Prominenz Elite spielt

Die Debatte steigerte sich von Woche zu Woche, auch die öffentliche Erregung nahm ständig zu. Die Medien überboten sich in Spekulationen, Gerüchten und Mutmaßungen. Die Diskussion wurde mit einer solchen Ausdauer und Hingabe geführt, als hinge von dieser Personalie das Schicksal des ganzen Landes ab, gleichsam das Amt des Bundeskanzlers, des Deutsche Bank-Chefs, des ZDF-Intendanten und des Präsidenten des FC Bayern in einer Person. Dabei stand nur zur Frage, ob Günter Jauch im Herbst 2007 Sabine Christiansen als Moderator der sonntäglichen ARD-Talkshow ablösen würde. Der smarte Jauch, vor allem bekannt durch sein TV-Quiz »Wer wird Millionär?«, ließ die Nation und die ARD-Gewaltigen lange zappeln. Doch dann sagte der bestbezahlte Mann im deutschen Fernsehgeschäft ab. Er wolle sich, so seine Begründung, nicht von den ARD-Chefredakteuren in seine Sendung hereinreden lassen. Auch passte ihm die Exklusiv-Verpflichtung für die ARD nicht, weil er auch künftig weitere Moderatoren-Tätigkeiten ausüben wollte. »Bild« klotzte nach dieser Jauch-Absage mit dem Wort »Drama«. Aber immerhin rief deren Kolumnist Franz Josef Wagner dem primadonnenhaften Jauch nach, seine Weigerung, nicht »Herr Christiansen« zu werden, sei »nicht mehr als ein Fliegenschiss in der Geschichte unserer Republik«.

Der ganze Hype um diese Medienpersonalie, für den Medienforscher Lutz Hachmeister das »Amalgan von Publizistik, Politik und Entertainment«, wirkt wie eine Bestätigung für jenen Begriff, den der Soziologe Gerhard Schulze als Zeitdiagnose gewählt hat: nämlich dem der »Erlebnisgesellschaft«. Die Überlebensorientierung früherer armuts- und krankheitsbestimmter

Jahrhunderte und Jahrzehnte, so Schulze, sei in Folge des wachsenden Wohlstandes einer Erlebnisorientierung gewichen. Daher sei die heutige Gesellschaft »relativ stark durch innenorientierte Lebensauffassungen geprägt«. ›Erlebe dein Leben!‹ sei der kategorische Imperativ der Zeit, das »Projekt des schönen Lebens« verlange ständig nach neuen Arrangements und Spielarten. Eben Events, wie es gerne neudeutsch heißt. Natürlich klassenstrukturiert und schichtenspezifisch, dem sozialen Milieu entsprechend. Was dem Einen die Richard-Wagner-Festspiele in Bayreuth und die Art Cologne in Köln, sind dem Anderen das Fußballspiel auf Schalke und das Münchner Oktoberfest. Oder auf der heimischen Couch der Nervenkitzel bei Jauchs Millionärsquiz. Gerade das Fernsehen macht in dieser Hinsicht Vieles möglich, vor allem für Bevölkerungsgruppen, die früher an der Erlebniskultur weniger teilnehmen konnten.

Diese Erlebnisgesellschaft hat, zumal bei den heute so zahlreich vorhandenen Möglichkeiten, einen »Erlebnismarkt« geschaffen, wie Schulze ausführlich beschreibt. Er ist inzwischen zu einem wichtigen Bestandteil des alltäglichen Lebens geworden. Denn »er bündelt enorme Mengen an Produktionskapazität, Nachfragepotential, politischer Energie und gedanklicher Aktivität und Lebenszeit. Längst sind Publikum und Erlebnisanbieter aufeinander eingespielt. Routiniert handhaben die Produzenten die ungeschriebenen Erlebnismarketings, wobei sie immer mehr zu Techniken der Suggestion greifen. Nach wie vor ist der Erlebnismarkt eine Wachstumsbranche«, urteilt Schulze.

Vor über zwei Jahrzehnten hat ein amerikanischer Wissenschaftler, nämlich Neil Postman, sich eingehend mit dem Hang zum Erlebnis beschäftigt, dies besonders an dem Medium Fernsehen festgemacht. Alles deute darauf hin, so schrieb er 1985, dass »unsere Kultur begonnen hat, ihre Angelegenheiten, vor allem ihre wichtigen Angelegenheiten, auf eine neue Art und Weise zu regeln. Das Wesen ihres Diskurses verändert sich, wenn es mit jedem Tag schwieriger wird zu erkennen, wo das Schaugeschäft aufhört und etwas anderes beginnt.« Postmans Folgerung war, dass man sich mit hohem Tempo in eine Informationsumwelt hinein bewege, »die man mit vollem Recht als trivial pursuit, als trivialen Zeitvertreib bezeichnen kann. Unsere Nachrichtenmedien gehen mit den Tatsachen genauso um wie das Spiel dieses Namens – sie benutzen sie zum Amüsement.«

Ist Postman mit einer solchen Einschätzung vom heutigen Erlebnismarkt mit seinen vielen Helfern so weit entfernt? Von den Entertainern, Animateuren, Freizeitgestaltern, Unterhaltungsmoderatoren, Dampfplauderern, Folkloretypen, Werbetextern, Showmastern, Discjockeys, Produktdesignern? Immerhin wurde Postmans Buchtitel »Wir amüsieren uns zu Tode« nicht nur zu einem geflügelten Wort für den Strukturwandel der Öffentlichkeit, sondern zu einer Metapher für gegenwärtige Gesellschaftsverhältnisse.

Aber zur Erlebnisgesellschaft gehört, darauf weist Schulze ausdrücklich hin, die »Unsicherheit als Begleiterscheinung der Erlebnisorientierung«. Mit dem Erlebnisanspruch, dem Erlebnishunger korrespondieren das Erlebnisrisiko und die Erlebnisenttäuschung. Die »neuen Unübersichtlichkeiten«, von denen Habermas spricht, beziehen sich zwar eher auf die immer komplexer werdenden gesellschaftlichen Themen, aber sie können durchaus auch für andere gesellschaftliche Bereiche verwendet werden. Wer kann heute noch genau sagen und bestimmen, welche Tendenzen sich in der Gegenwart durchsetzen? Dies gilt erst recht für die Zukunft.

Aus diesem Grunde wächst in der heutigen Gesellschaft, die in starkem Maße von den Medien beeinflusst und geprägt wird, die Bereitschaft und Neigung, sich an Prominenten zu orientieren, eben jenen Personen, die in der Öffentlichkeit stets präsent sind, weil sie – wie auch immer definiert – einen hervorragenden Platz einnehmen. Dies erklärt auch, warum in unserer erlebnishungrigen Zeit ein ständiger Bedarf an Prominenten besteht, an liebenswürdigen wie bösartigen, an angenehmen wie fragwürdigen, an tatsächlichen wie eingebildeten. Wichtig ist nur, dass das Publikum meint, an diesen Personen Maß nehmen zu können, positiv wie negativ. Es ist keineswegs so, dass diese Prominenten einen Idealtyp oder ein Wunschbild abgeben müssen; sie können auch als Reflexionsfläche und Prellwand dienen für Ablehnung und Abgrenzung, für Animosität und Ressentiment. Die Exzesse der Hotel-Erbin Paris Hilton mögen hier als Bespiel dienen. Aber auch Fernsehserien setzen häufig auf den gleichsam institutionalisierten Fiesling, wie in der Familiensaga »Dallas«.

Für die milliardenschwere Bewusstseins- und Soap-opera-Industrie, die sich der Pflege der Prominenten widmet, steigern sich allerdings auch die Gelegenheiten für Machenschaften und Manipulationen. Die Klagen von Prominenten über Gerüchtemacherei und Verfälschung, über Erfindung und Schwindel sind längst sprichwörtlich, auch wenn die Stellungnahmen der Prominenten zuweilen zweifelhaft erscheinen. Aber das liegt in der Natur der Sache. Den Boulevard-Zeitungen und Illustrierten, der Regenbogenpresse und den Klatschblättern, den TV-Formaten und Schlüsselloch-Sendungen, den Promi-Agenturen und Unterhaltungsbetrieben, die unaufhörlich über mehr oder weniger große Stars schreiben und berichten, sie fotografieren und filmen, sie managen und vermarkten, natürlich sie auch hochjubeln und fallen lassen, sie hofieren und rüffeln: Für sie alle gilt das Verwertungsprinzip. Dem Zuschauer, dem Rezipienten, dem Konsumenten fällt es zuweilen schwer, zwischen Suggestion und Autosuggestion zu unterscheiden. Konzerte von Rockstars oder Pop-Größen, etwa von Madonna oder Robbie Williams, von U2 oder Tokio Hotel vermitteln da zuweilen einen Einblick, wenn beispielsweise fanatisierte Fans außer Rand und Band geraten.

Die Erlebnisgesellschaft verlangt, nicht zuletzt wegen ihrer hoch kommerzialisierten Form, permanent nach anderen Namen und neuen Gesichtern. Und nur wenn sich das Karussell ständig dreht, behält es seine Anziehungskraft und Attraktivität – damit auch seine wirtschaftlichen Konstellationen. Wenn man bedenkt, dass der Moderator Johannes B. Kerner für seine abendlichen TV-Talkrunden jährlich etwa 500 Prominente »verschleißt«, lässt sich ermessen, wie groß inzwischen die Nachfrage, aber auch das Druckpotential ist.

Allerdings gelingt es einigen Größen der Promi-Szene, sich erstaunlich lange auf einem Spitzenplatz zu halten. Der elegante Fußballspieler und erfolgreiche Trainer Franz Beckenbauer zählt dazu, ebenfalls der stets blondgelockte Schwiegersohn-Typ Thomas Gottschalk. Beckenbauer, in den Medien fast nur noch als »Kaiser« bezeichnet, hat es sogar geschafft, einflussreiche gesellschaftliche und persönliche Funktionen zu erreichen. Auch Boris Becker, das einstige Tenniswunder, versucht auf Höhenflug zu bleiben, auch wenn ihm der Abstieg in die Besenkammer viel von seinem Nimbus als Rasenhelden in Wimbledon geraubt hat. Daneben auch einige Dauerbrenner, wie der ausgebuffte Musik-Entertainer Dieter Bohlen, dem manche Gazetten den zweifelhaften Titel eines »Pop-Titan« verliehen haben und den auch vielfache Eskapaden offenbar nicht aus der Bahn werfen können. Daneben gibt es »Eintagsfliegen«, die für wenige Wochen oder Monate im Rampenlicht stehen. Wer redet heute noch über Daniel Küblböck, jenes kreischende Geschöpf aus einem Gesangswettbewerb, der eine Weile für Schlagzeilen sorgte? Welche Wirkung vom stressigen Dauerverschleiß ausgeht, hat Entertainer Harald Schmidt erlebt – und er selbst hat es wohl längst erkannt. Immerhin wählte er sich bereits Oliver Pocher zum Show-Kompagnon. Ein Abschied auf Raten? »Solange das Fernsehen noch läuft, ist das ganz nett«, gestand Schmidt der »Zeit« in einem Interview, »aber ich möchte nicht mehr 160 Sendungen im Jahr machen. Mir reichen 22. Ich brauche ein halbes Jahr Abstand, um mich vom Fernsehen zu entgiften. Es ist quälend.«

Wer kommt, wer geht? So heißt es in den einschlägigen Medien. Die Tops und Flops aus der Welt der Stars und Sternchen, lautet es in einer deutschen Illustrierten. Und deshalb blüht das Geschäft mit den bunten Film- und Fotostrecken, auf denen sich die Prominenten nur so tummeln – ein endloses Glamour-Universum. Zur Welt der Stars, des Jetset, der Selfmade-Reichen drängt es zunehmend auch Manager und Politiker, die sich davon Image-Vorteile versprechen. Kanzler Gerhard Schröder fand sich auf Gottschalks Couch ein, SPD-Chef Kurt Beck bei Jörg Pilawa. Und wenn die Mixtur immer noch nicht reicht, dann hilft gerne alter Adel aus. Prinzessinnen und Herzöge geben stets vornehme Würze ab, die den Promis oft fehlt. Die rührige Fürstin Gloria von Thurn und Taxis ist darin bestens geübt.

Allerdings sind die Grenzen inzwischen fließend geworden, offen nach unten und oben. So erhält ein Udo Walz, der Hof-Friseur von Kanzlerin Angela Merkel, ein Mann, der früher in den Kulissen geblieben wäre, nunmehr Gelegenheit, nicht nur über das Styling seiner prominenten Kundin zu reden, sondern auch über gesellschaftlich komplexe Themen. Eine andere Spezies erlebte eine noch größere Aufwertung: die Köche der Prominenten, die selbst längst Promis geworden sind, wie die Beispiele von Eckart Witzigmann, Johann Lafer und Alfons Schuhbeck zeigen. Sie hantieren nicht mehr allein an Kochherden, sondern rangeln sich durch die diversen Talkshows oder reisen mit Zirkusaufwand durch die Lande. Geschickte Selbstinszenierung und einträgliches Marketing gehen da Hand in Hand.

Obwohl diese Promi-Szene in der heutigen Gesellschaft dauerhaft präsent ist, nicht zuletzt dank der Hilfestellung durch die Medien: Elite ist das nicht, auch wenn sich einige Vertreter so aufspielen. Denn die wenigsten dieser Prominenten sind Entscheidungsträger, deren Wort, deren Entscheidung für viele Menschen verpflichtend sind, von ihrer engen Entourage und Mannschaft einmal abgesehen. Sie verantworten nicht politische, wirtschaftliche oder soziale Willensakte, an die andere Personen obligatorisch gebunden sind. Damit stehen sie auch nicht in unmittelbarer gesellschaftlicher Verantwortung – was eben der entscheidende Unterschied zu den Eliten ist. Im Handeln der Führungsgruppen reflektiert immer der formell-funktionale Hintergrund, bei den Prominenten dagegen deren öffentliche Popularität. Für das individuelle Engagement, das viele Prominente für diverse Organisationen politischer, sozialer oder karitativer Art eingehen, kann dies von großem Vorteil sein. Denn sie vermögen kraft ihrer Person Thematiken zu transportieren, die selbst die Eliten unter Druck setzen können. Aber solche Tätigkeiten ergeben sich nicht zwangsläufig aus einer Promi-Rolle.

Die meisten Prominenten arbeiten, wenn es um ihren Status und ihr Image geht, zum eigenen Vorteil und auf persönliche Rechnung. Dies allerdings häufig nicht schlecht. Popstars, Filmschauspieler, Entertainer, Fußballer: Sie stellen mit ihren Millionen-Einkünften die Wirtschaftsmanager mit ihren oft kritisierten exorbitanten Bezügen nicht selten in den Schatten. Was ist die Barvergütung von Deutsche Bank-Chef Josef Ackermann von knapp 15 Millionen Euro gegenüber dem geschätzten 100-Millionen-Einkommen von Formel 1-Rennfahrer Michael Schumacher während seiner aktiven Zeit?

Damit soll nicht gesagt werden, dass die Prominenten keinen Einfluss auf unsere Gesellschaft besitzen. Dieser kann, zumindest in der äußerlichen Wirkung, sogar recht bestimmend sein.

Auch hier wirken die Medien, heute mehr denn früher, als Vermittler und Verstärker. Es ist nun einmal so: Der Habitus und das Verhalten, der Stil und die Sprache, die Kleidung und die Gewohnheiten, auch die Allüren und Macken von Promis sind für nicht wenige Menschen Fixbilder und Muster, die sie in das eigene Leben zu transportieren versuchen, so weit dies eben zu verwirklichen ist. Auch darin drückt sich unsere Erlebnisgesellschaft aus.

Allerdings finden Prominenz und Eliten immer öfter zusammen, präsentieren sich auch zunehmend auf gemeinsamer Bühne. Ob es mehr bedeutet als ein Zweckbündnis, das die Eitelkeit befriedigt, vielleicht zusätzlich Bonus verleiht auf Gegenseitigkeit, lässt sich schwer bestimmen. Aber auf jeden Fall wird es stärker zum Kalkül. Exemplarisch ist es vor allem bei der politischen Klasse zu beobachten. Viele Vertreter dieser Elite hängen sich an die Promi-Szene an, nicht um darüber ihre Botschaften zu verkünden, sondern um den Kegel der Aufmerksamkeit leuchtkräftiger auf sich zu richten. Von den Besuchen der Spitzenpolitiker wie Gerhard Schröder und Kurt Beck in TV-Unterhaltungsformaten war schon die Rede. Aber es geht noch eine Stufe tiefer, etwa wenn der FDP-Vorsitzende Guido Westerwelle im »Big Brother-Container« beim Privatsender RTL erscheint oder Norbert Blüm, Kohls treuester Sozialpaladin, in einer Rudi Carell-Gedächtnisshow den Pausenfüller mimt.

In dieser Entwicklung schlägt sich selbstverständlich der Wandel der Politik und das veränderte Verständnis der Politiker nieder, nämlich die »konsequente Transformation von der Richtlinienkompetenz in Medienkompetenz«, wie es Kommunikationsforscher Norbert Bolz benennt – eben jenes Handwerk, das Prominente beherrschen müssen, um nicht schnell »out« zu sein. Auch der Journalist Richard Meng stellte nach der ersten Legislaturperiode von Rot-Grün fest: »Der Medienerfolg wurde endgültig zum alleinigen Maßstab für den Erhalt politischer Macht.« Die Verhältnisse in der Hauptstadt beschreibt Tissy Bruns, die als langjährige Vorsitzende der Bundespressekonferenz Erfahrungen am Rhein und an der Spree sammeln konnte: »Berlin-Mitte liefert der Politik die große Bühne und die imposanten Kulissen – und den Medien damit Stoff für eine Bildhaftigkeit, die Bonn, der Regierungssitz ohne Namen und Orte, nie bieten konnte.« Allen diesen Urteilen ist gemeinsam, dass sie ebenso auf die Promi-Szene angewendet werden können. Bruns folgert denn auch, dass nicht mehr Inhalte und Programme die Politik beherrschten, sondern »der Politiker ist die Botschaft«. Das entspricht genau dem Verhalten der meisten Prominenten.

Exemplarisch praktiziert es augenblicklich Berlins Regierender Bürgermeister Klaus Wowereit, zuweilen auch als »Regierender Partymeister« bezeichnet, der sich offenbar für allerhöchste Aufgaben berufen fühlt. Mit einer Autobiografie, die der Deutschland-Korrespondent der britischen »Times«, Roger Boyes, eine »Wahlkampfbiografie« nennt, empfiehlt sich Wowereit als Möchtegern-Kanzlerkandidat nicht mit politischen Inhalten, sondern mit belanglosem Geplauder aus seinem regenbogenbunten Lebenslauf, ähnlich wie bei Stars aus dem »showbiz«. Boyes spottet denn auch über den SPD-Politiker: »Wowereit ist der Homo ludens, der Spieler, der König des Berliner Monopoly, der regierende Zocker der deutschen Hauptstadt.« Beschreibung eines Politikers? Zur Erinnerung: Zu Wowereits Vorgängern zählten Ernst Reuter, Willy Brandt, Hans-Jochen Vogel und Richard von Weizsäcker.

Die Entkernung der Politik von Inhalten und die Vermischung mit Prominenten-Repräsentanz haben längst institutionelle Rahmen gewonnen. Als Prototyp dafür kann die jahrelange sonntägliche Talkrunde von Sabine Christiansen in der ARD betrachtet werden. Diese Sendung, die immerhin fast zehn Jahre, von 1998 bis 2007, über die Fernsehschirme lief, ist beschrieben und untersucht worden wie kaum ein anderes TV-Format. Die Kritik an der Sendung »Sabine Christiansen« – die Moderatorin wurde zum Markenzeichen – fiel zumeist bissig bis vernichtend aus. »Wie uns das Palaver regiert«, hieß es im Untertitel eines eher polemischen Buches von Walter van Rossum über die Talkshow. Andere urteilten zurückhaltender wie der Politikwissenschaftler Andreas Dörner, der von »Politainment« spricht. Dennoch herrschte weitgehende Einigkeit darüber, dass es bei »Sabine Christiansen« immer weniger um die Vermittlung von politischen Vorhaben und Entscheidungen ging, sondern um die ungebremste Selbstdarstellung einiger politischer Größen, ergänzt durch einige »Experten« sowie Repräsentanten aus Wirtschaft, Wissenschaft, Kultur und der Promi-Szene. Dass durch die Sendungen ein neoliberales »Grundrauschen« waberte, so Medienforscher Hachmeister, zumeist reflektiert an Negativthemen und Untergangsszenarien, war ein anderer Einwand. Dabei zeigte sich die Moderatorin häufig überfordert, weil es ihr an Erkenntnisprofil und Gesprächstalent mangelte, um ihre Talkrunde sinnvoll zu führen.

Es war Friedrich Merz, für einige Jahre der neoliberale Hoffnungsträger der CDU, der Sabine Christiansen das Kompliment zu Füßen legte, ihre Show sei wichtiger, als das Parlament: »Diese Sendung bestimmt die politische Agenda in Deutschland mittlerweile mehr als der Deutsche Bundestag.« Schließlich war es Bundespräsident Horst Köhler, als amtierendes Staatsoberhaupt auch eine Premiere, der der Moderatorin in ihrer Abschiedsvorstellung nachrufen durfte, sie habe »Fernsehgeschichte« geschrieben. Aber welche? Dass die Verdichtung von Politik und Prominentenpalaver immer engmaschiger wird bis zum »trivialen Zeitvertreib«, wie es Postman charakterisiert, dass »Entertainment auf dem Bildschirm zur Metapher für jeglichen Diskurs wird«? Oder für die thematische Dramatisierung gesellschaftlicher Entwicklungen und sozialer Zustände in Deutschland, um sie dann verbal sogleich in die Banalisierung zu wenden?

Wie auch immer: Die politische Klasse, so konstatiert Hachmeister, hat sich völlig auf diese Talksendungen fixiert, »weil sie hohe formale Reichweiten und positive Wirkungen miteinander verwechseln«. Dass diese Formate bei allen Sendern und auf allen Kanälen als Quotenköder genutzt werden, macht die Sache nicht besser. Medienforscher Hachmeister bilanziert diese Tendenz: »Besser irgendwie im Fernsehen, als gar nicht. Das Präsentieren des Gesichts ist zunächst wichtiger als jede inhaltliche Aussage; Präsenz verleiht politische Legitimität.« Allerdings wird diese Legitimität leicht verspielt, wenn sie im »Politainment« unter Dauerverschleiß gerät – siehe Harald Schmidt. Für die Christiansen-Nachfolgerin Anne Will war dies wohl Anlass, ihrer sonntäglichen Talkrunde ein anderes Konzept zu geben.

Neuerdings versuchen allerdings Größen aus der Promiszene, den Politikern in der Öffentlichkeit mit seriösen Themen den Rang abzulaufen. Repräsentanten aus Showgeschäft und Popkultur gerieren sich gleichsam als politische Supervisoren. Dies war mehrfach zu beobachten. So wurden die politischen Nachrichten vom G8-Gipfel in Heiligendamm Mitte 2007 von musikalischen Darbietungen überlagert, wie etwa den Rockkonzerten von Herbert Grönemeyer und Bono, mit denen sie ihre Gegenbotschaften verbreiten wollten. Wenig später wiederholte sich dies beim Diana-Memorial-Konzert der beiden Prinzen William und Harry im Londoner Wembley-Stadion. Dabei ging es nicht nur um die Erinnerung an die Mutter, wie einer der Söhne eingestand, sondern auch um deren »Charity«. Schließlich fanden die Live-Earth-Konzerte, die der ehemalige US-Vizepräsident Al Gore mit 150 Stars und Sängern initiierte, eine weltumspannende Verbreitung.

Mit solchen Veranstaltungen der Erlebnisgesellschaft erfährt die Rolle der Prominenz eine andere Qualität. Ihr Engagement für gesellschaftlich-politische Zielsetzung muss dabei mit denen der Eliten längst nicht übereinstimmen. Der Journalist Tobias Kniebe spricht in diesem Zusammenhang von einer »Diana-Politik« und meint damit die »schizophrene Aufgabenverteilung« der Gegenwart: »Für die schmutzigen Jobs, die wir insgeheim erledigt wissen wollen (Verteidigung unseres Wohlstandes, Abschottung unserer Grenzen, Terrorbekämpfung), nehmen wir die gewählten Regierungen in die Pflicht. Für die Darstellung unserer besseren Seiten, wie Großmut, Mitgefühl und globaler Verantwortung, suchen wir uns die Stellvertreterfiguren jenseits der Politik.«

So wie es sich in London neben Prinzessin Diana an Promi-Namen wie Elton John, Rapper Diddy, Take That und David Beckham festmachte, waren es bei Al Gore Stars und Bands wie Leonardo DiCaprio, Madonna, Bon Jovi, Genesis und James Blunt. Immerhin empfing Bundeskanzlerin Angela Merkel vor dem Beginn des G8-Gipfels in Heiligendamm die Pop-Größen Bob Geldof, Yousson N'Dour und Bono, die die Politiker auf eine größere Hilfe für Afrika festzulegen versuchten.

Prominenz als neue gesellschaftliche und politische Avantgarde? Als Visionäre einer besseren Welt, wofür sie allerdings nicht in direkter Verantwortung stehen? Vielleicht sogar ein Establishment anderer Art? Herbert Grönemeyer erteilt solchen Überlegungen eine klare Absage: »Für mich war Rockmusik immer gegen das Establishment, nie mit dem Establishment. Meine Wurzeln verbieten es mir, mit Angela Merkel Kaffee zu trinken.« Grönemeyers subversiver Ansatz in Ehren, der sicher von vielen anderen Künstlern geteilt wird: Die Verhältnisse sind nicht mehr so.

Welche Einflüsse von solchen Vermischungen zwischen Eliten und Prominenz ausgehen werden, ist gegenwärtig noch nicht einschätzbar. Aber es ist durchaus denkbar, dass die medial gut verortete Prominenz mit ihrer gesellschaftlichen Resonanz den Gestaltungsanspruch und den Durchsetzungswillen der Eliten sowohl befördern und stützen als auch aushöhlen und unterlaufen kann. Die bisherigen Führungsgruppen werden Entscheidungskompetenz und Wertebestimmung nicht mehr als Alleinvertretungsrecht beanspruchen können. Prominenz wird, gewollt oder ungewollt, zu einem unverzichtbaren Partner. Die Verleihung des Friedensnobelpreises 2007 an Al Gore, der mit seinen Klimaschutz-Kampagnen immer die Nähe und Verbindung zur Prominenz gesucht hat, gibt davon eine Ahnung. Daraus werden sich sicher neue gesellschaftliche wie personelle Konstellationen entwickeln.

Alles nur kulturpessimistische Unkenrufe? In den Vereinigten Staaten brachte es der nur mäßig begabte Filmschauspieler Ronald Reagan zum Präsidenten im Weißen Haus. Und Filmstar Arnold Schwarzenegger avancierte zum viel beachteten Gouverneur in Kalifornien, der seinen Staat sogar zum umweltfreundlichen Muster der USA machen möchte. Wer hätte das vor Jahren schon gedacht, als Schwarzenegger Muskel bepackt noch durch die Leinwand stiefelte? Im Übrigen: Die Mehrheit der Deutschen wäre mit einem »Kaiser« Franz als Hausherrn des Berliner Schlosses Bellevue wohl eher versöhnt, als mit einem Horst Köhler.

II.
Deutsche Eliten in der Vergangenheit

Willige Helfer bei Brüchen und Katastrophen

1. Der »Zauberlehrling« Bismarck
Retter für verschlissene Eliten

Die beiden Herrschaften spazieren ungewöhnlich lange im Park. Sie beschreiten Wege um Wege, mal gemächlich, mal flott, dem Tempo ihres Dialogs angepasst. Dabei wird die Unterredung lebhaft, auch kraftvoll, keineswegs nachdenklich und besinnlich geführt. Allerdings steht bei dem engagierten Gespräch viel auf dem Spiel: Für den einen, schon im Seniorenalter von 65 Jahren, die Rettung einer jahrhundertealten Institution, wie er selbst glaubt; für den anderen die Erfüllung eines Lebenswunsches, auf den er schon etliche Jahre gelauert hat.

Es ist die schicksalhafte Begegnung des preußischen Königs Wilhelm I. mit dem Grafen Otto von Bismarck-Schönhausen am 22. September 1862 in Schloss Babelsberg zwischen Berlin und Potsdam. Die neugotische Anlage an der Havel diente den preußischen Königen als Sommerresidenz, und der Monarch hat Bismarck, derzeit preußischer Gesandter in Paris, zu sich gebeten, weil er hoffnungslos in die Sackgasse geraten ist. Der Streit zwischen König und Abgeordnetenkammer um die preußische Heeresreform hat zu einem schier unlösbaren Konfliktknäuel geführt, nicht zuletzt wegen der Starrheit und Kompromisslosigkeit Wilhelms. Er sieht sein ererbtes Gottesgnadentum als Monarch, wie er meint, durch den Mitspracheanspruch des Parlaments so sehr bedroht, dass er bereits ein Abdankungsschreiben aufgesetzt hat, bevor er den Grafen von Bismarck empfängt. Ob aus Taktik, um Regierung und Abgeordnete zu schikanieren, oder aus Befürchtung um den Bestand der traditionellen Hohenzollern-Monarchie – das bleibt historisch offen. »Parlamentsregierung, Volksbewaffnung, hinter dem Parlament der König nichts als Präsident – zu dieser Rolle erniedrige ich mich nicht«, so das Verständnis Seiner Majestät.

Bei dem Treffen in Babelsberg an einem herbstlichen Montagnachmittag wollte Wilhelm I. herausfinden, ob dieser märkische Junker Bismarck, gegen den er bislang eine innere Aversion besaß und dabei von seiner Frau Augusta bestärkt wurde, als Konfliktmanager taugte. Natürlich hatten da auch andere Kräfte ihre Hände im Spiel, wie der Kriegsminister Albrecht von Roon, der hinter den Kulissen längst mit Bismarck eine Allianz geschmiedet hatte. Sie hatten ihn als Retter in der Not immer mehr in die Nähe des Monarchen bugsiert, als einen Mann, der ohne Wenn und Aber zur Krone stand.

Beim Spaziergang im Park ahnte Bismarck bereits, dass er die Partie gewonnen hatte. Denn beim ersten Teil der Unterredung im Schloss hatte er Wilhelm versichert, die Heeresreform auch gegen Mehrheitsbeschlüsse der Abgeordneten durchsetzen zu wollen, in einer »Periode der Diktatur«. Wilhelm reagierte schließlich mit den Worten: »Dann ist es meine Pflicht, mit Ihnen die Weiterführung des Kampfes zu versuchen, und ich abdiziere nicht.« Im Park wollte der Monarch den künftigen Ministerpräsidenten auf ein bestimmtes Regierungsprogramm festlegen – was jedoch Bismarcks Intentionen zuwider lief. Er konterte geschickt mit einer absoluten Loyalitätsbekundung: »Ich fühle wie ein kurbrandenburgischer Vasall, der seinen Lehnsherr in Gefahr sieht. Was ich vermag, steht Euer Majestät zur Verfügung.« Wilhelm zerriss sein Exposé, Bismarck fühlte sich am Ziel: Er war nicht nur Ministerpräsident und Außenminister, sondern er hatte auch freien Spielraum.

Es gibt geschichtliche Daten, die sich erst im Nachhinein als Geschichte machend herausstellen. Was am 22. September 1862 an der gemächlich dahin fließenden Havel passierte, ist dazu zweifellos zu zählen. Bismarck prägte beinahe drei Jahrzehnte erst die preußische, dann die deutsche Politik. Und wie er dies zu handhaben gedachte, das plauderte er, wohl eher ein Missgeschick, recht unverblümt bereits am 30. September 1862 vor der Budgetkommission des Abgeordnetenhauses aus: »Nicht auf Preußens Liberalismus schaut Deutschland, sondern auf seine Macht ... Nicht durch Reden und Majoritätsbeschlüsse werden die großen Fragen der Zeit entschieden – das ist der große Fehler von 1848 und 1849 gewesen –, sondern durch Eisen und Blut.«

Otto von Bismarck gilt in der Historiographie nach wie vor als eine Titanengestalt der deutschen Geschichte. Sein Biograf Lothar Gall nennt ihn nicht nur den »weißen Revolutionär«, sondern auch wegen seines geschichtlichen Agierens, vor allem in der Außenpolitik, einen »Zauberlehrling«. Aus solchen Bezeichnungen, die sich ähnlich bei vielen Bismarck-Apologeten finden lassen, spricht der Respekt, gar die Bewunderung für die Reichsgründung 1870/71 dieses Kanzlers, aber auch für die außenpolitischen Balanceakte des aufstrebenden Preußen und des »saturierten« Reiches. Dem Alptraum der ›cauchemar des coalitions‹, also der Bündnisse gegen Deutschland, konnte der gewiefte Taktiker durch ein raffiniertes Spiel mit fünf Bällen, noch entgehen. Aber es ist eine offene historische Frage, ob das System Bismarck nach seinem Sturz 1890 noch langfristig getragen hätte, also der »Zauberlehrling« seine hypnotischen Kräfte endlos hätte ausüben können. Und dies nicht allein wegen der mittelmäßigen Nachfolger im Amt des Reichskanzlers. Bismarck besetzt einen Mythos, dessen enorme Wirkung durchaus zweischneidiger Natur ist.

Der Historiker Robert Gerwarth hat profund nachgewiesen, dass der Bismarck-Mythos, von den traditionellen und konservativen Eliten getragen und forciert, zur Zersetzung der demokratischen Strukturen in der Weimarer Republik nachhaltig beigetragen hat. Denn er huldigte massiv einem diffusen

Führerkult – ein Umstand, den sich die Nazis mit Hitler in ihrer Propaganda geschickt zunutze gemacht haben.

Bismarck war, als er zum Ministerpräsidenten ernannt wurde, in seiner Person Programm, auch ohne dass ihn der Monarch ausdrücklich darauf festlegen musste. Bei seinem Amtsantritt stand die preußische Monarchie auf Messers Schneide, nämlich »königliches Regiment oder Parlamentsherrschaft«, wie Bismarck es selbst bezeichnet hat. Wilhelm I. hatte sich mit seiner konstanten Weigerung, die Verfassung höher als die Krone zu setzen, immer mehr in eine Sackgasse manövriert. Bismarck teilte im Grunde die Auffassung des Königs. Deshalb wurde er zum Mann der Stunde.

Denn in dem preußischen Junker steckte, wie Gall schreibt, »eine genuine, in ungebrochener Tradition verwurzelte monarchische Gesinnung, verbunden mit einem inneren Bedürfnis nach einer festen, im letzten metaphysisch verankerten Ordnung«. Hinzu kam ein ausgeprägter persönlicher Machtwille, der vor Haltlosigkeit und Skrupellosigkeit nicht zurückschreckte. Den jahrelangen Verfassungskonflikt zwischen konservativer Regierung und liberalem Abgeordnetenhaus hat er mit brachialer Härte geführt. Es kümmerte ihn nicht, Jahre ohne bewilligtes Budget zu schalten und zu walten, in dieser Zeit sogar bedenkenlos kriegerische Auseinandersetzungen zu führen.

Natürlich benutze er – konstellationsbedingt – den Monarchen häufig gleichsam als Schutz für seine eigenen, oft undurchschaubaren Ziele. Aber so gelang es ihm, neben dem Vertrauensverhältnis, das er zu Wilhelm I. aufzubauen vermochte, auch seine »charismatische Herrschaft« zu etablieren, von der Historiker gern sprechen. Allerdings erwies diese sich, zumindest gegen Ende seiner Amtszeit, als höchst verhängnisvoll, weil selbstzerstörerisch, für seine Person wie für seine Politik.

Bismarcks Nimbus bezieht sich bis heute auf zwei geschichtliche Fakten: die deutsche Reichseinigung und die damit eng verbundene »Revolution von oben«, wie es die Historiker bezeichnen. Als Bismarck nach seinem Amtsantritt bald merkte, dass er im preußischen Verfassungskonflikt nicht schnell mit Erfolgen würde aufwarten können, verlegte er sich alsbald auf eine andere Taktik, nämlich die Forcierung der Außenpolitik. Das hieß bei ihm nicht nur Diplomatie, sondern eben »Eisen und Blut«.

1864 zog er zusammen mit Österreich in den Krieg gegen Dänemark, wegen der beiden Herzogtümer Schleswig und Holstein, die der König in Kopenhagen für sich beanspruchte. Dass Bismarck in diesem Krieg Österreich, mit dem er sich dann die Beute teilte, an seine Seite bringen konnte, zeugt von fuchsiger Schläue. Denn seit Jahr und Tag hatte er das strategische Ziel, die Wiener Monarchie als Hegemoniemacht aus Deutschland herauszudrängen und den Deutschen Bund, jenes jammervolle Erbe des Wiener Kongresses von 1815, zu zerstören zugunsten der Vormacht Preußens. So war es nur konsequent, dass Preußen nur zwei Jahre später gegen Österreich in die Schlacht zog, zugleich auch den militärischen Konflikt in dessen Verbündete Sachsen, Hannover, Bayern, Württemberg und Baden trug.

Als dieser Kriegszug, beendet mit einem Sieg des preußischen Heeres gegen die österreichischen Truppen am 3. Juli 1866 im böhmischen Königgrätz, Bedenken und Befürchtungen bei den europäischen Nachbarn weckte, vor allem Russland und Frankreich, zückte Bismarck die Karte der nationalen Volksbewegung. Er drohte mit der Proklamierung einer Reichsverfassung. »Soll Revolution sein, so wollen wir sie lieber machen als erleiden«, lautete sein Standpunkt. Nachdem die Habsburger Monarchie aus Deutschland gedrängt worden war – 1867 war der Norddeutsche Bund unter Preußens Führung entstanden –, entfachte Bismarck 1870 einen kriegerischen Konflikt mit Frankreich. Abermals siegreich, schaffte er am 18. Januar 1871 mit der Kaiserproklamation im Spiegelsaal des Schlosses von Versailles die Gründung des preußisch-deutschen Reiches – unter Einschluss der süddeutschen Königtümer. Der »eiserne Kanzler« war am Ziel, Preußen zur Hegemonialmacht Deutschlands aufgestiegen.

Aber welche Hegemonie? Der Philosoph Helmuth Plessner bemängelt, dass sich im alten Preußen kein Gefühl für den Staat herausgebildet habe, erst recht nicht für einen Rechtsstaat um des Schutzes der Freiheit willen. Es gab nur den »Sinn für das Formale wie Disziplin, Unterordnung, Gehorsam, ohne zu fragen warum, für die Apparatur der Verwaltung, Organisieren und Organisiertwerden«. Als dieses Preußen nach 1871 im neuen Reich aufging, entstand nach Plessner »eine Großmacht ohne Staatsidee« in Europa. Hierin liegen auch die Gründe, warum dieses preußisch-deutsche Reich einen »Sonderweg« ging.

Mit seinem Glück der Reichsgründung, der »Revolution von oben«, wurde Bismarck endgültig der Vollstrecker der bürgerlich-liberalen Revolution von 1848/49. Diese »unvollendete Revolution«, wie sie vielfach bezeichnet wird, bedeutete für die preußische Monarchie und die sie tragenden Eliten aus Adel, Militär und Beamtentum – zu der Bismarck gehörte – einen historischen Alptraum. Da stand die Ehrung der 200 »März-Gefallenen« durch König Friedrich Wilhelm IV. am 19. März 1848. Mit der Königin Elisabeth am Arm, erwies der Monarch den im Berliner Schlosshof aufgebahrten Leichen barhäuptig seine Reverenz. Die Aufständischen waren in tagelangen Kämpfen auf den Barrikaden von den Militärs getötet worden. Da war auch der Ritt des Königs mit einigen Prinzen und Generälen am 22. März 1848 durch Berlin, bei der er und seine Begleiter die schwarz-rot-goldene Kokarde der Aufständischen am Arm trugen. Friedrich Wilhelm IV. versprach in einem »Aufruf an mein Volk und an die deutsche Nation« nicht nur die Einberufung eines gesamtdeutschen Parlaments, das eine Verfassung ausarbeiten sollte. Er verkündete: »Preußen geht fortan in Deutschland auf.« Plötzlich ein Bürgerkönig par excellence?

Die alten Eliten Preußens – Adel, Militär, auch verschreckte Teile der Bourgeoisie – sahen in diesem Moment der Revolution gleichsam in den Abgrund. Sie mussten um den Verlust ihrer Macht und ihrer Privilegien fürchten. Die »rote Republik« glühte am Horizont. Es erstaunt wenig, dass der junge, draufgängerische Bismarck während jener unruhigen Tage in Berlin sondierte, ob der erst schwankende, dann kompromissbereite König nicht durch einen anderen Aristokraten ersetzt werden könne. Nicht um die bürgerlich-liberale Revolution voranzutreiben, sondern um Preußens alte Ordnung zu retten.

Ein überflüssiges Unterfangen, wie sich bald herausstellte. Denn die Konterrevolution in Preußen schritt schnell voran, die alten Eliten konnten bald aufatmen. So kam es, dass Friedrich Wilhelm IV. am 3. April 1849 die ihm von einer Deputation der Frankfurter Nationalversammlung, jenem urdemokratischen deutschen Parlament in der Paulskirche, die ihm angebotene Kaiserkrone ablehnte. Ganz schon wieder im Gottesgnadentum, war sie für ihn ein »Reif, gebacken aus Dreck und Lehm«, an dem der »Ludergeruch der Revolution« hafte, wie er sagte. Er wollte die Krone nur aus der Hand von seinesgleichen, den Fürsten, entgegennehmen.

Es ist genau die Konstellation, die Bismarck 1871 mit der Reichsgründung präsentierte: ein erlauchter Fürstenbund vordemokratischen Zuschnitts. Das lag gewiss im Sinn seines Schöpfers, aber auch den ihn tragenden Repräsentanten des »Ancien Regime«. Denn Bismarcks Politik seit seiner Amtsübernahme hatte bewirkt, Adel, Militär und Beamtentum, 1848/49 abstiegsgefährdet, wieder zu selbstherrlicher Kraft und reaktionärer Willensstärke zu verhelfen. Durch die drei vom Zaun gebrochenen

Kriege – mit ihrem siegreichen Verlauf – gelangten die traditionellen Führungsschichten erneut zu Glanz und Gloria. So wurde der »eiserne Kanzler« zum Retter für längst verschlissene Eliten. Von der politischen Leistung Bismarcks, des »größten aller Junker«, konstatiert der Historiker Hans-Ulrich Wehler, »ging eine eminente Legitimationskraft zugunsten der gesamten Adelswelt aus«.

Das preußisch-deutsche Reich entsprach gewiss nicht den Vorstellungen und Wünschen der demokratisch-liberalen Mehrheit der Frankfurter Nationalversammlung, in der die gebildeten und geistreichen Sachwalter des aufgeklärten Bürgertums gesessen hatten. Aber auch hier erreichte Bismarck das Erstaunliche: Infiziert von der überbordenden Nationalbewegung, mit der der Kanzler geschickt zu jonglieren wusste, ließen sich weite Teile des aufsteigenden Bürgertums mit der von oben arrangierten Reichseinigung ihren Schneid abkaufen. Sie wandelten sich, sogar in einem erstaunlichen Tempo, zu stabilen Stützen des preußischdeutschen Kaiserreiches mit reaktionären Strukturen und borniertem Habitus. Unbekümmert und botmäßig passten sie sich in den Obrigkeitsstaat ein.

Es ist unstrittig, dass nach der Reichseinigung 1870/71 das Bürgertum »immer weiter aus den Freiheitspositionen von 1848 desertierte«, wie der Politikwissenschaftler und Publizist Christian Graf von Krockow schreibt. Ein Zeitgenosse Bismarcks, der Dichter Theodor Fontane, der so urpreußisch zu erzählen vermochte, meinte bereits, das Bürgertum hätte sich immer mehr »verassesort und verreserveleutnantet«. Ein solches Bündnis aus alten und neuen Machteliten war bezeichnend für die innere Verfassung des Reiches. Durch die oberen Führungsschichten ging, was die Loyalität zu Kaiser und Staat betraf, kein tiefer Riss mehr. Es entstand, so Wehler, »ein marktwirtschaftliches Klassensystem mit ständischem Überhang«. Diese Sozialhierarchie hatte weit reichende Folgen für die gesellschaftliche Formierung und innere Konstitution der Bismarckschen und Wilhelminischen Epoche, ebenso für Darstellung und Auftritt des Reiches nach außen. Die Hypotheken reichten bis in die Weimarer Republik.

Den Nationalstaat unter Preußens Führung durchgesetzt, die Eliten auf die Bewahrung der alten Ordnung festgelegt: Das waren die Voraussetzungen dafür, dass Bismarck sich in eine verbissene Konfrontation mit den »Reichsfeinden«, wie er sie sah, versteigen konnte. Zunächst traf es im »Kulturkampf« die Katholiken, ein Schlagabtausch, der von 1872 bis 1878 ablief. Dabei ging es Bismarck einmal darum, das Verhältnis von Staat und Kirche neu zu definieren, was letztlich darauf hinauslief, Einfluss und Rechte der katholischen Kirche einzuschränken. Ganz gewiss hatte der ultramontane Scharfmacher auf dem Papstthron, Pius IX., mit seinem umfassenden, fundamentalistisch-religiösen Herrschaftsanspruch viel Munition zum Ausbruch dieses Konfliktes beigetragen. Etwa im Unfehlbarkeitsdogma des Vatikans von 1870, aber auch in der radikalen Abgrenzung von allen Modernisierungstendenzen in Staat und Gesellschaft.

In einer Reihe von Kampfgesetzen wurden im Reich die Befugnisse des katholischen Klerus beschnitten. Zum anderen beabsichtigte Bismarck, die Zentrumspartei als politische Vertretung des katholischen Bevölkerungsteils so zu schwächen und zu diffamieren, dass sie sich niemals als Regierungspartner würde profilieren können. Er diskreditierte sie – hierin lebhaft unterstützt von den Liberalen im Reichstag – kurzerhand als Gegner des Staates. In dieser Auseinandersetzung fiel dann auch der seitdem immer wieder zitierte Satz: »Nach Canossa gehen wir nicht – weder körperlich, noch geistig.« Ein Schlachtruf, den sich die Antipapisten immer wieder zu Eigen machten. Damit spielte der Reichskanzler auf die Unterwerfungsgeste von Kaiser Heinrich IV. vor Papst Gregor VII. im Jahr 1077 an.

Trotz solcher Verve: Bismarck hat sein Ziel, das Zentrum zu schwächen, wenn nicht gar zu vernichten, nie erreicht. Im Gegenteil. Der politische Katholizismus – hinter dem Zentrum standen Gemeinden und Vereine, Korporationen und Honoratioren – rückte unter dem Eindruck der staatlichen Attacken des Kanzlers und der ihn unterstützenden, sogar anfeuernden Liberalen immer enger zusammen, er etablierte sich als beständige politische Kraft. Wenn Bismarck nach 1878 einlenkte, Kampfgesetze revidierte oder zurücknahm, um dann aus dem politischen Kalkül mit dem Zentrum – gewissenlos, skrupellos, bedenkenlos wie er war – eine neue konservative Mehrheit im Reichstag schmieden zu können. Warum dann dieser Irrweg? Der Mainzer Bischof Wilhelm von Ketteler, ein Pionier der christlich-sozialen Bewegung, hat als Bismarcks Ziel benannt,»die preußische Staatsverfassung wieder von allen freiheitlichen Elementen vollständig zu säubern und das alte monarchisch-absolutistische-militärische Preußen in seiner ganzen Integrität wiederherzustellen«.

Dann traf es mit den Sozialistengesetzen die Sozialdemokratie. Bismarck hegte als konservativer Aristokrat bereits seit der bürgerlich-liberalen Revolution von 1848/49 tiefes Misstrauen, ja Feindschaft gegenüber den Linken, wobei er von Kommunisten, Sozialisten und Sozialdemokraten unterschiedslos sprach. Er sah in ihnen eine Bedrohung der staatlichen und gesellschaftlichen Ordnung und Hierarchie. Die Erlebnisse der Pariser Kommune von 1871 mit ihrer antibürgerlichen und radikalen Zielsetzung bestärkten ihn in seiner fast hasserfüllten Ablehnung. Sozialdemokraten waren für ihn »rote Reichsfeinde« und »vaterlandslose Gesellen« – eine Unterstellung, die sich lange in konservativen Kreisen hielt. »Sie sind die Ratten im Lande und sollen vertilgt werden«, so Unmenschliches ließ Bismarck vernehmen. In die Kampagnen mischten sich allerdings auch bereits antisemitische Töne.

Zwei fehlgeschlagene Attentate auf Wilhelm I. im Mai 1878 nahm der Kanzler, nach einigen vorher fehlgeschlagenen Anläufen, dann zum Anlass, das »Gesetz gegen die gemeingefährlichen Bestrebungen der Sozialdemokratie« im Reichstag durchzusetzen. Dieses »Sozialistengesetz« verbot alle sozialdemokratischen, sozialistischen und kommunistischen Vereine, ihre Versammlungen und Druckerzeugnisse wurden unter Strafe gestellt. Der Polizei wurde eine verschärfte Kontrolle gestattet. Zwar konnten Sozialdemokraten weiterhin in den Reichstag gewählt werden, wo weiterhin eine Fraktion bestand. Aber die Sozialdemokraten im Land sahen sich über ein Jahrzehnt einer permanenten Verfolgung und einer brutalen Justiz ausgesetzt.

Die alten und neuen Eliten haben – wie vorher bei der Denunziation religiöser Überzeugungen – auch diese Hatz keineswegs nur gebilligt, sondern sich an den Schikanen und Repressionen aktiv beteiligt: bei Prozessen und Verurteilungen, mit Entlassungen und Kündigungen, auch Hetze und Ausweisungen. Doch Bismarcks Rechnung ging abermals nicht auf. Aufgrund der Unterdrückung durch den Obrigkeitsstaat wuchsen der Sozialdemokratie immer mehr Sympathien und Solidarität zu. Sie etablierten sich, dem Zentrum ähnlich, ebenfalls als eigenständige politische Kraft.

Kulturkampf und Sozialistenverfolgung besaßen Züge von Irrationalität und Absurdität. Denn weder von den Katholiken noch von den Sozialdemokraten ist jemals eine ernsthafte Umsturzgefahr für das wilhelminische Reich ausgegangen. Sie wurde von Bismarck nur genährt, um darüber seine rigorose Repressionspolitik leichter betreiben und die Forderungen nach echter Parlamentarisierung und voller Demokratisierung besser abblocken zu können. Das mag machiavellistisch schlau gedacht gewesen sein. Doch waren die langfristigen Folgen verheerend: Bismarck spaltete die Gesellschaft tief, er riss Gegensätze auf, wo Integration angebracht gewesen wäre, er zementierte überkommene Strukturen, wo Öffnung und Modernisierung nötig gewesen wären.

Diese fast rambohafte Indolenz relativiert jene Sozialgesetzgebung, für die Bismarck bis heute gerühmt wird: 1883 Krankenversicherungsgesetz, 1884 Unfallversicherungsgesetz, 1889 Gesetz zur Alters- und Invalidenversicherung. Dahinter stand die Absicht, mit einer staatsinterventionistischen Sozialpolitik die wachsende Zahl der Arbeiterschaft der Sozialdemokratie zu entfremden – und sich damit weiter dankbare und willige Untertanen zu erhalten. Nicht die soziale Not der Unterschicht, auch nicht eine tiefgründige Barmherzigkeit des frömmelnden Protestanten waren Motive dieser Sozialfürsorge. Einzig der ruhelose Machtmensch, der politische Erschütterungen heraufdämmern sah, bequemte sich zu dieser Staatsfürsorge.

Bezeichnenderweise suchte Bismarck, als sich sein Verhältnis zu Kaiser Wilhelm II. – er war 1888 nach dem Tod seines Großvaters Wilhelm I. und der 99-tägigen Amtszeit seines krebskranken Vaters Friedrich III. auf den Thron gekommen – immer mehr eintrübte, noch einmal Zuflucht zu seiner extremen Konfliktstrategie zu nehmen. Im Unterschied zu 1862, als er gerufen wurde, inszenierte er jetzt selbst eine Krise, um seine Unentbehrlichkeit unter Beweis zu stellen. Dabei verrannte er sich nicht nur in eine Verlängerung des Sozialistengesetzes auf unbestimmte Dauer. Gleichzeitig bastelte er an einem veränderten Wahlmodus für den Reichstag. Das allgemeine Wahlrecht sollte durch ein Drei-Klassen-Wahlrecht – wie im Land Preußen – ersetzt werden, um gefügige Mehrheiten zu erreichen. Für diese Intentionen Bismarcks verwendet der Historiker Wehler den harten Begriff des »Staatsstreiches«, auf den er, »sozusagen als die Machtressource letzter Instanz«, zurückzugreifen gedachte. Auf dieses riskante Spiel wollte sich Wilhelm II. jedoch nicht einlassen. Er erzwang

Bismarcks Rücktritt, den dieser dann am 18. März 1890 förmlich einreichte. Zwei Tage später verschwand er aus Berlin auf sein Schloss Friedrichsruh, von wo er fortan als der bösartige »Alte aus dem Sachsenwald« die Hauptstadt-Politik mit zwieträchtigem Spiel und intrigenreichen Machenschaften bis zu seinem Tod 1898 begleitete.

Der renommierte Historiker Theodor Mommsen hat geklagt, Bismarck habe »der deutschen Nation das Rückgrat gebrochen. Der Schaden der Bismarckschen Periode ist unendlich viel größer als ihr Nutzen, denn die Gewinne an Macht waren Werke, die bei dem nächsten Sturm der Weltgeschichte wieder verloren gehen. Aber die Knechtung der deutschen Persönlichkeit, des deutschen Geistes, war ein Verhängnis, das nicht mehr gutgemacht werden kann.« Und Wehler resümiert, für die zeitweilig blendenden Erfolge Bismarcks »wurde dem Land ein hoher Preis auferlegt, der seine politische Kultur bis weit in das 20. Jahrhundert hinein schwer belastet hat«. Dass alles so kam, dazu haben die Eliten der Bismarck-Zeit einen entscheidenden Beitrag geleistet.

2. Das Großmaul auf dem Thron
Wilhelm II. und seine verblendeten Eliten

Wohl keine Karikatur hat die wechselvollen Zeitläufe so lange in ihrem treffsicheren Aussagewert überstanden, wie die Strichzeichnung, die 1890 in der englischen Satirezeitschrift »Punch« erschienen ist. Da steigt ein sichtlich alter Mann im Militärhabit außenbords eine schmale Treppe hinab. Oben räkelt sich ein grinsender Kerl gegen die Reling, mit einem keck verrutschten Krönchen auf dem Haupt. Wie die Karikatur, so hat auch die Titulierung als geflügeltes Wort Schule gemacht: »Der Lotse geht von Bord.« In diesem Bild fasste der Zeichner die Entlassung des Reichskanzlers Bismarck durch Kaiser Wilhelm II. im März 1890 zusammen: eine keineswegs höhnische, sondern eher sorgenvolle Reaktion auf die Personalentscheidung in Berlin.

Doch Wilhelm wusste genau, was er tat, als er den Kanzler aus dem Amt trieb. Selbstverständlich hatte ein Zusammenschluss aus Adel, Militär und Höflingen, also der Spitzen der damaligen Eliten, im Hintergrund den Sturz eifrig mitbetrieben, weil sie der immer rigoroser betriebenen »Kanzlerdiktatur« überdrüssig waren. Aber dem Monarchen ging es zuerst darum, endlich den Gang der Politik allein bestimmen zu können. Der nörgelnde, intrigante Bismarck hatte den jungen Herrscher zunehmend genervt, ja sogar provoziert. Das Verhältnis der beiden Plutokraten entpuppte sich nach kaum zwei Jahren des Zusammenwirkens als restlos zerrüttet. Das lag sicher an den unterschiedlichen Charakteren, die da diametral aufeinander prallten. Dieses Gespann erwies sich als nicht funktionsfähig, weil Wilhelm einer Auffassung von Kaiser- und Königtum frönte, nämlich einem überkommenen Gottesgnadentum, das niemanden auf Augenhöhe neben sich duldete. Der letzte Hohenzollern-Kaiser am

Schnittpunkt von Industrialisierung und Modernisierung war mit diesem längst überlebten Amtsverständnis ein historischer Anachronismus angesichts der wirtschaftlichen, technischen, sozialen und kulturellen Umwälzungen jener Zeit.

Hinzu kamen die Eigenschaften, die allein in der Person dieses Monarchen zu suchen sind. Wilhelm war ein Aufschneider und Blender, ein Prahlhans und Großmaul, eitel und selbstgefällig, unbeherrscht und unsensibel, anmaßend und kritikunfähig. Seine Zeitgenossen haben ihm eine schnelle Auffassungsgabe und technisches Interesse bescheinigt. Jedoch kritisierten sie stets seine Sprunghaftigkeit und Oberflächlichkeit. Sich Sachverhalte kontinuierlich und intensiv anzueignen, war ihm nicht von Interesse. Eine konstante Beschäftigung mit politischen Prozeduren lag ihm ebenfalls nicht. Die Verfassung wollte er nie gelesen haben, wie er sich rühmte.

Vor allem trieb ihn eine ungeheuerliche innere Unruhe. Das drückte sich nicht nur in seinen häufig abrupten Entscheidungen aus, sondern auch in seiner unermüdlichen Reiselust. Staatsvisiten, Besichtigungen, Truppenbesuche, Segelreisen, Jagden ließen ihn zumeist die Hälfte des Jahres unterwegs sein. Sowohl Zeitgenossen als auch Historiker konstatieren, der Kaiser habe sich ständig auf der Flucht vor sich selbst befunden. Nicht wenige führen dies auf geistige Fehlfunktionen zurück, die möglicherweise bei seiner Geburt am 27. Januar 1859 entstanden sein könnten. Die Erörterung, ob er im Kopfe ganz normal gewesen sei, ist jedenfalls nie völlig abgerissen. Tatsache bleibt, dass durch die schwierige Geburt der linke Arm um 15 Zentimeter kürzer geriet – ein Handicap, das Wilhelm zeitlebens zu überspielen versuchte.

Vor allem eine Eigenart erwies sich als fatal: Wilhelm betrachtete, was die politische Perspektive betraf, beinahe alles aus militärischer Sicht. Dies erklärt nicht nur seine häufig martialische Sprache, sondern ebenso sein Draufgängertum, wenn er sich in überlegener Stärke glaubte. Dazu passt eine Vorliebe für Uniformen, Orden, Paraden, Manöver. Auch fühlte er sich, wie er oft bekundet hat, in der Umgebung von Offizieren am wohlsten, vor allem seinem Potsdamer Garde-Regiment. Gern schwärmte er von den schmucken »Lieutenants«, die es ihm besonders angetan hatten. Dieser Hang zum Militärischen hat das Denken und Handeln Wilhelms in einem solchen Maße geprägt, dass hierin die Gründe für viele Patzer und Pannen der deutschen Politik zu suchen sind, die diesem Monarchen anhaften.

Die Regentschaft Wilhelms hat in der Historiographie verschiedene Klassifizierungen erfahren. Mal ist vom »sozialen Kaisertum« oder »Nationalkaisertum« die Rede, mal vom »imperialen Kaisertum« und »Volkskaisertum«. Das Merkwürdige: Wilhelm II. hat, zumindest zeitweise, von allem etwas verkörpert. Nach Bismarcks Entlassung setzte er zunächst auf mehr Fürsorge und Rechte für die Arbeiterschaft. Als sich die Unterschichten nicht mit Bruchteilen zufrieden gaben und ihre politische Repräsentanz, nämlich die Sozialdemokratie, bei Wahlen immer mehr Bedeutung errang, ließ Wilhelm enttäuscht von der Sozialpolitik ab. Durch das »Nationalkaisertum« sollte die Einheit Deutschlands endgültig gesichert, mit dem »imperialen Kaisertum« Deutschlands Weltgeltung vergrößert werden.

Das »Volkskaisertum« betonte schließlich die Verbundenheit des Monarchen mit der Bevölkerung – was auch teilweise gelang. Denn Wilhelm II. genoss durchaus in weiten Kreisen Popularität. Sein zumeist pompöses Auftreten fand Beifall, weil darin das Ansehen und die Stellung Deutschlands nach außen erblickt wurden.

So wie die Regentschaft hat auch der Herrschaftsstil Wilhelms unterschiedliche Interpretationen erhalten. Allen voran rangiert der Begriff des »persönlichen Regiments«. Das war bereits zu

Wilhelms Zeiten üblich. So empfahl sich der spätere Kanzler Bernhard von Bülow – von dem sich Wilhelm versprach, dass er »sein Bismarck« werden solle – »als ausführendes Werkzeug Sr. Majestät« und gewissermaßen als sein »politischer Chef des Stabes«. Und: »Mit mir würde in gutem Sinne, aber tatsächlich ein persönliches Regiment beginnen.« Wahrlich: Wilhelm standen so viele Möglichkeiten zur Verfügung, dass er ein »persönliches Regiment« aufziehen konnte. Denn in seiner Hand lag eine immense Macht. Neben der Kaiser- und Königswürde besaß er das Oberkommando über das Militär. Daneben verfügte er über das Hausministerium, war Chef des Zivil-, Militär- und Marinekabinetts. Ihm allein oblag die Ernennung und Entlassung des Reichskanzlers, der dem Reichstag nicht verantwortlich war.

Zudem wurden alle höheren Chargen der Offiziere und Beamten von ihm berufen. Auch bestand ein enger Zirkel von Freunden und Beratern: mit dem Kreis um den Fürsten Philipp von Eulenburg; dem Vortragenden Rat Friedrich von Holstein, der grauen Eminenz im Außenministerium, der unmittelbaren Vortrag bei ihm halten konnte; dem Staatssekretär des Marineamtes, Admiral Alfred von Tirpitz; dem Generalstabschef Alfred Graf von Waldersee; dann den Industriellen Krupp, Stumm, Henckel von Donnersmarck sowie dem Reeder Ballin. Dazu addieren sich noch seine General- und Flügeladjutanten, die ständig um ihn herum schwirrten. Dass Wilhelm einige von ihnen zuweilen wie eine heiße Kartoffel fallen ließ, weil sie ihm nicht mehr passten oder weil sie ihm unangenehm aufgefallen waren, fügt sich nur zu gut in das Bild des unsteten Regenten.

Der englische Forscher John C. G. Röhl, der – bezeichnenderweise – die bislang einzige Wilhelm II.-Biographie geschrieben hat und damit zu den besten Kennern dieser Persönlichkeit zählt, beharrt weiterhin auf seiner Klassifizierung des »Königsmechanismus«. Gewiss, Röhl schneidert seinen Befund eng auf die Person des Kaisers zurecht. Das mag eine Verengung sein, dennoch ist es nicht abwegig. Zwischen dem Monarchen und den ihn tragenden Eliten aus Adel, Militär, Beamtentum und der oberen Bürgerschicht bestand nämlich durchaus ein System der kommunizierenden Röhren. Sie sahen sich mit dem Regenten einig in der Vorstellung und dem Ziel, die bestehende traditionelle Gesellschaftsordnung zu verteidigen, der Kaiser wiederum bestärkte sie mit seinem überdrehten Habitus in ihren Überzeugungen. Natürlich benutzten die Eliten den Monarchen als Vorwand und Schutzschild, um ihre Vorrechte zu verfolgen und zu sichern. So funktioniert eben das Prinzip der Gegenseitigkeit.

Die Gefährdungen ihres Elitestatus durch die wirtschaftlichen, technischen und sozialen Umwälzungen waren den alten und neuen Führungsgruppen durchaus bewusst. Der Weg der politischen Demokratisierung, eben einer echten Parlamentarisierung und Machtlegitimation, lehnten sie kategorisch ab. Wilhelm nannte den Reichstag eine »Schwatzbude«, den Wallot-Bau noch abfälliger »Reichsaffenhaus«. Ein typischer Vertreter des preußischen Junkertums, Erhard von Oldenburg-Januschau, betrachtete es als eine ›alte Tradition‹, dass der König und Kaiser jeden Moment imstande sein müsse, »zu einem Leutnant zu sagen: Nehmen Sie zehn Mann und schließen Sie den Reichstag!« Bülow wiederum äußerte schon 1897 in einem Brief die Befürchtung, »dass seine Majestät im kritischen Moment die Nerven verlieren und dann ein wirklich parlamentarisches Regime hereinbrechen könnte«. Dies war das Janusgesicht des späten wilhelminischen Kaiserreiches: wirtschaftlich progressiv und erfolgreich, politisch engstirnig und reaktionär.

In einem solchen neoabsolutistischen und neofeudalen System, gepaart mit einem sturen, militaristischen Obrigkeitsstaat, reiften viele Fehlentscheidungen heran, die in die Katastrophe des Ersten Weltkrieges mündeten. Dies gilt zunehmend für das außenpolitische Feld, auf dem das Reich immer deutlicher in imperialistischer Manier auftrat. Die Motive dafür hat Bernhard von Bülow, noch im Amt des Staatssekretärs des Auswärtigen Amtes, auf die griffige Formel gebracht: Deutschland beanspruche auch einen »Platz an der Sonne«. Um von den innenpolitischen Friktionen und Bedrohungen abzulenken, verlegte sich die Berliner Politik zunehmend auf eine aggressive internationale Politik. Da glaubten sich die einflussreichen Eliten Erfolge und damit Pluspunkte im »persönlichen Regiment« Wilhelms verschaffen zu können, für die Blendergestalt auf dem Thron ebenso wichtig wie für die eigene Befindlichkeit.

Auch hier funktionierte wiederum das Zusammenspiel. Wilhelm ließ sich für Interessen manipulieren, die ursprünglich nicht seine eigenen gewesen waren, er ließ sich in Auftritte und zu Handlungen hineinreißen, die ihm andere eingeflüstert hatten. Die Liste der Peinlichkeiten und Fehlleistungen, die auf Wilhelms Konto gehen, ist reichlich lang: seine Parteinahme beim Burenaufstand in Südafrika, der missglückte Versuch der Expansion in Nahost über den Bau der Bagdad-Bahn, die tollpatschige Marokko-Krise, der unglückselige Tonfall beim Boxeraufstand in China, die verworrene Affäre um ein Interview mit dem »Daily Telegraph«, um nur einige zu nennen. Überall handelte der Monarch nach dem Motto, das er nach Bismarcks Entlassung forsch verkündet hatte: »Volldampf voraus!«

Dabei erwies sich seine so genannte Hunnen-Rede als besonders peinliche Episode. Auf die Ermordung des deutschen Gesandten in Peking, die Wilhelm als persönlichen Affront betrachtete, reagierte Berlin mit der Entsendung eines militärischen Interventionscorps. Bei dessen Verabschiedung am 27. Juli 1900 erklärte Wilhelm: »Kommt ihr vor den Feind, so wird er geschlagen! Pardon wird nicht gegeben. Wer euch in die Hände fällt, sei in eurer Hand. Wie vor tausend Jahren die Hunnen unter ihrem König Etzel sich einen Namen gemacht, der sie noch jetzt in der Überlieferung gewaltig erscheinen lässt, so möge der Name Deutschland in China in einer solchen Weise bekannt werden, dass niemals wieder ein Chinese es wagt, etwa einen Deutschen auch nur scheel anzusehen.«

Pardon wird nicht gegeben: Das hätte auch als Motto über das verhängnisvolle Flottenprogramm stehen können, das der Kaiser, zusammen mit dem Admiral Alfred von Tirpitz, seit 1896 emsig betrieben hat. Es war gegen Englands Vormacht auf den Weltmeeren gerichtet, auch wenn Wilhelm selbst dies immer wieder beschwichtigend gegenüber seinen engen britischen Verwandten herunterzuspielen versuchte. Deutschlands nachgeholte Kolonialpolitik und Imperialattitüde brachte dieses ehrgeizige, doch zwiespältige Projekt auf den Weg. Wenn es auch nicht möglich wäre, Großbritanniens Flotte zu überflügeln, so die ursprüngliche Überlegung, wolle man zumindest ebenbürtig sein. Auf diese Weise sollte Deutschland, wie England, Weltgeltung verschafft werden. »Reichsgewalt bedeutet Seegewalt, und Seegewalt und Reichsgewalt bedingen sich gegenseitig, so dass die eine ohne die andere nicht bestehen kann«, rechtfertigte Wilhelm seine maritimen Gelüste. Von Tirpitz gelang es nicht nur, die anspruchsvollen, weil kostspieligen Flottenvorlagen, einschließlich des bedenklichen Schlachtschiffbaus, durch den Reichstag zu peitschen. Er schuf sich im Laufe der Jahre zudem ein breites geistiges Unterstützerfeld in den vielen Kolonial-, Flotten-, Wehr- und Nationalvereinen, die sich ungehemmt und schneidig imperialistischen Utopien hingaben. Die Führungsgruppen dieser nationalistischen Agitationsverbände, die in weiten Bevölkerungsgruppen eine Stimmung von Geltungssucht, aber auch Selbstüberschätzung erzeugten, waren Domänen der Eliten.

Zudem agierte die deutsche Außenpolitik, zumal in der Kanzlerschaft Bülows, immer unglücklicher. Man wollte keine engen

Bindungen an England und Russland eingehen, erst recht nicht mit Frankreich. Die Berliner Diplomatie fand nicht zu einem stichhaltigen Konzept, um die wachsenden Bedrohungen durch ausländische Mächte aufzufangen. Von Bülow und von Tirpitz nutzten zudem immer mehr die Stellung des Kaisers, um dahinter ihre höchst eigensüchtigen Ziele zu verfolgen. Mit seinen übertriebenen Reden verstärkte Wilhelm allerdings in der Öffentlichkeit die fatale Wirkung der häufig dilettantisch und grobschlächtig daherkommenden Berliner Außenpolitik. Dass Wilhelm mit seinem großspurigen und großtönenden Verhalten die Mentalität führender Kreise traf, nimmt nichts von ihrer betrüblichen Wirkung. Der Nationalökonom und Soziologe Max Weber hat geargwöhnt, dass »die Einigung Deutschlands ein Jugendstreich war, den die Nation auf ihre alten Tage beging und seiner Kostspieligkeit halber besser unterlassen hätte, wenn sie der Abschluss und nicht der Ausgangspunkt einer deutschen Weltmachtpolitik sein sollte«. Genau diesen Fehler hat das Kaiserreich mit Wilhelm und seinen ihn stützenden Eliten begangen.

Die deutschen Eliten haben es sich deshalb selbst zuzuschreiben, wenn das Deutsche Reich immer mehr in die Isolation geriet, ja schließlich selbst beklommen die »Einkreisung« wahrnahm. Großbritannien, Frankreich und Russland verbündeten sich gegen Deutschland. Bismarcks Alptraum war Wirklichkeit geworden. Aber in dieser Situation besannen sich die Eliten nicht auf Verständigung und Kompromiss, um aus der Sackgasse herauszukommen, sondern entschlossen sich zur Flucht nach vorn. Durch viele Köpfe der Führungsgruppen geisterten lange vor dem Beginn des Ersten Weltkriegs die Pläne eines Präventivschlages, also das militärische Potential als Mittel zur Durchsetzung politischer Ziel einzusetzen, vor allem gegen Russland.

Im Herbst 1913, als sich die Situation auf dem Balkan verschärfte, weil sich die Ordnungsmacht Österreich-Ungarn dort immer schwerer tat, verkündete Wilhelm: »Jetzt oder nie.« Von Tirpitz wollte den Krieg noch ein bis zwei Jahre hinausschieben, bis sein Flottenprogramm abgeschlossen sei; aber grundsätzlich lehnte er den Waffengang nicht ab. Zwar warnte die zivile Reichsleitung, mit dem Kanzler Bethmann Hollweg an der Spitze, nachdrücklich vor einer militärischen Auseinandersetzung. Selbst Wilhelm, schwankend, wie man ihn kannte, schreckte in diesem zugespitzten Moment zeitweise vor einer Risikostrategie zurück. Aber die Kriegsidee hatte sich längst zu einem Selbstläufer in der Gesellschaft entwickelt. Die Zivilisten wurden in den Führungsgruppen von den bedenkenlosen Militärs mehr und mehr an die Wand gedrückt. Selbst Wilhelm geriet in den Kriegsjahren durch das Übergewicht der Militärstrategen an den Rand des Geschehens. Mit der 3. Obersten Heeresleitung unter Generalstabschef Paul von Hindenburg und seines Generalquartiermeisters Erich Ludendorff gelang es schließlich den Militärs, ein autoritäres Regiment aufzurichten, in dem der Kaiser faktisch keine Rolle mehr spielte.

Als im Sommer 1914 die »Urkatastrophe« begann, wie der amerikanische Diplomat George F. Kennan den Ersten Weltkrieg bezeichnete, waren alle Sicherungen längst durchgebrannt. Mit Hurra-Patriotismus zogen die Eliten, getragen vom Beifall großer Bevölkerungsteile, bereitwillig in den Kampf. Wilhelm tönte: »Ich kenne keine Parteien mehr, ich kenne nur Deutsche.« Und: »Wenn uns unsere Nachbarn den Frieden nicht gönnen, dann hoffen und wünschen wir, dass unser gutes deutsches Schwert siegreich aus dem Kampf hervorgehen wird.«

Eine Stimme, nämlich die von Thomas Mann, soll die damalige Atmosphäre illustrieren: »Krieg! Es war eine Reinigung, Befreiung, was wir empfanden, und eine ungeheure Hoffnung. Was den Dichter begeisterte, war der Krieg an sich selbst, die Heimsuchung, als sittliche Not. Es war der nie gehörte, der gewaltige und schwärmerische Zusammenschluss der Nation in der Bereitschaft zur tiefsten Prüfung.« Ernst Jünger, dem Helmut Kohl noch im hohen Alter seine Aufwartung machte, hat noch viel ärgere Kriegsprosa von sich gegeben. Er wertete Feind, Kampf und Tod zum Mythos auf; der Geist der Materialschlacht und des Grabenkampfes, rücksichtslos und brutal ausgefochten, habe Männer erzeugt, wie sie die Welt bisher nie gesehen habe. »Eine ganz neue Rasse, verkörperte Energie, mit höchster Wucht geladen. Überwinder, Stahlnaturen, eingestellt auf Kampf in seiner grässlichsten Form. Wenn ich sie beobachte, erstrahlt mir die Erkenntnis: Das ist der neue Mensch.«

Doch die anfängliche Euphorie verflog schnell. Denn die vorher hinaus posaunten militärischen Erfolge blieben aus. Nach dem Durchmarsch der deutschen Truppen durch Belgien und Frankreich fraß sich schon im Spätherbst 1914 die Front an der Marne nordöstlich von Paris fest. Die Folge war ein verbissener Stellungskrieg, ein Grabenkampf mit hohem Blutzoll und entsetzlichem Materialverschleiß. Daran änderte sich bis zum Ende des Krieges nichts wesentlich. Offensiven wie an der Somme und in Verdun wurden zu mörderischen Schlachtfeldern. Trotzdem wollten Wilhelms Eliten von ihren annexionistischen Plänen nicht lassen. Einen »Verständigungsfrieden« schlossen sie kategorisch aus, der »Siegfrieden« blieb das Ziel, auch wenn sich die Aussichten dafür permanent verschlechterten.

Das Militär sattelte sogar noch drauf. Im Januar 1917 setzten sie den uneingeschränkten U-Boot-Krieg durch, obwohl sich die zivile Reichsregierung energisch dagegen gestemmt hatte. Als ein Beamter nach dieser Entscheidung Reichskanzler Bethmann Hollweg deprimiert in einem Sessel vorfand, fragte er ihn, ob es schlechte Nachrichten von der Front gebe. »Nein«, erwiderte der Angesprochene, »aber finis Germaniae«. Es war nämlich klar, dass dieser Beschluss den Eintritt der USA in den Krieg nach sich ziehen würde – was im April 1917 dann auch geschah. Damit zerrann jeder militärische wie diplomatische Erfolg für Deutschland zwischen den Fingern.

In diesen krisenhaften Jahren erwies sich ein über das andere Mal, dass der Kaiser von seiner Aufgabe überfordert war, eben ein verantwortungsloser Schwadroneur. Nicht nur, dass Wilhelm sich hauptsächlich nur noch im militärischen Hauptquartier fern von Berlin aufhielt, auch liefen dort die Entscheidungen immer mehr an ihm vorbei, nicht zuletzt auch wegen zunehmender Depressionen und Nervenleiden. Er wurde nur noch als nützliche Galionsfigur von und für seine Umgebung gebraucht. Und die steuerte sehenden Auges in die Katastrophe: Wilhelms verblendete Eliten.

3. Die Totengräber der Demokratie
Eliten in der Weimarer Republik

Majestät ließ wieder einmal auf sich warten: Zwar spürte er im belgischen Spa, wohin er aus dem unruhigen Berlin geflüchtet war, zunehmend den politischen Druck, endlich auf seinen Thron zu verzichten. Doch da er sich immer realitätsferner verhielt, wies er solche Forderungen höchst beleidigt von sich. Einen Staatsminister, der aus der brodelnden Hauptstadt in den Ardennen-Kurort eilte, wo sich das Große Hauptquartier befand, fertigte der Monarch ziemlich rüde ab. Er danke nicht ab, denn »es würde dies mit den Pflichten, die ich als preußischer König und Nachfolger Friedrich des Großen vor Gott, dem Volk und meinem Gewissen habe, unvereinbar sein«. Aber die Zeit arbeitete gegen ihn. In immer mehr Städten und Regionen des Reiches züngelte die Revolution. Die hohen Offiziere um den Kaiser in Spa, die noch einige Tage vorher zum Erhalt der Monarchie Staatsstreichpläne erörtert hatten, sahen sich in ausweglosen Lage. Selbst der treue Gefährte Hindenburg drängte den Kaiser zur Aufgabe.

Schließlich signalisierte Wilhelm II. nach Berlin, zwar als deutscher Kaiser zurücktreten, aber König von Preußen bleiben zu wollen – ein aussichtsloser Wunsch. Deshalb zögerte der Monarch die Unterschrift unter das entsprechende Dokument hinaus. Prinz Max von Baden, der letzte von Wilhelm ernannte Reichskanzler, handelte dann eigenmächtig und verkündete gegen Mittag des 9. November 1918 die Abdankung des Kaisers. Etwa eine halbe Stunde später erschien eine Delegation mit dem SPD-Vorsitzenden Friedrich Ebert bei Prinz Max und verlangte die Übergabe der Macht an die Sozialdemokraten. Eberts Parteifreund Philipp Scheidemann rief gegen zwei Uhr nachmittags vom Reichstag die »Deutsche Republik« aus, kurze Zeit später Karl Liebknecht vom Balkon des Berliner Schlosses die »Freie Sozialistische Republik Deutschland«. Der Monarch hingegen, am Ende von allen aufgegeben, zog im Morgengrauen des folgenden Tages ins holländische Exil. Das längst überkommene Herrschaftssystem in Deutschland war schmählich zusammengebrochen.

Der neue Staat, der später die Bezeichnung »Weimarer Republik« erhielt, weil in der thüringischen Residenzstadt deren Verfassung ausgearbeitet und verabschiedet wurde, ist den Sozialdemokraten gleichsam auf die Füße gefallen. Die ehemals »vaterlosen Gesellen«, wie sie von Bismarck, Kaiser Wilhelm II. und den sie tragenden Machteliten diskriminiert, drangsaliert und kriminalisiert worden waren, sollten nun den Karren aus dem Dreck ziehen: Die »Reichsfeinde« von einst als Retter in der Not – eine Absurdität deutscher Geschichte.

Allen Unterstellungen und Verdächtigungen zum Trotz waren die Sozialdemokraten keine revolutionäre Partei wie etwa die Bolschewiki in Russland. Sie waren, selbst in den finsteren Zeiten der Unterdrückung und Hetzjagd, eher zu loyalen, wenngleich auch reformbestrebten Untertanen des Kaiserreiches herangewachsen. An der Abschaffung oder Eliminierung der Hohenzollern-Macht haben sie, von einigen linken Hitzköpfen abgesehen, niemals aktiv mitgearbeitet. Es war eine höchst zwiespältige Position, in die sie – je länger, desto mehr – hineinwuchsen: einerseits aus oppositioneller Haltung zur bestehenden Gesellschaftsordnung auf mehr Partizipation und Emanzipation hinarbeitend, mit legitimen Mitteln selbstverständlich; andererseits sich aber auch als eine tragende politische Säule empfindend, trotz des demokratisch amputierten Reichstags. Diese Ambivalenz hat die deutsche Sozialdemokratie, bei allen ihren Bemühungen und Erfolgen bei Arbeiterrechten und Sozialgesetzgebungen, nie abgelegt. Mit einer solchen Zwiespältigkeit startete sie auch in das Experiment der Weimarer Republik.

So ist es erklärbar, dass die »Revolution von 1918« diesen Namen eigentlich nicht verdient. Historiker wie Heinrich August Winkler sprechen, etwas bedächtig, von einer »gebremsten Revolution«. Da wird einiges kaschiert. Es kam, im Gegensatz etwa zu Russland, nicht zu einer vollständigen Umwälzung in Deutschland. Gewiss, das Fürstensystem war passé, die Ungehörigkeit des Drei-Klassen-Wahlrechts, das in Preußen bis 1918 bestanden hatte, abgeschafft. Die Hochnäsigkeit des sächsischen Königs Friedrich August III., der sich aus seiner Verantwortung mit dem zynischen Spruch »Dann macht doch Euren Dreck allene« verabschiedete, dokumentierte am Ende noch einmal die Arroganz und Ignoranz der verbrauchten Oberschicht.

Die alten Machteliten verloren zwar ihre traditionell privilegierten Stellungen in Staat und Verwaltung, Diplomatie und Justiz. Aber ihr persönlicher Besitz wurde nicht enteignet, ihr Kapital nicht sozialisiert, ihre Konten wurden nicht gesperrt. Selbst die Titel konnte der Adel, wenngleich mit einer Neuregelung, über die Zeiten hinweg retten – im Gegensatz etwa zum Herrschaftsbereich der Habsburger Monarchie. Diese Umstände sind für den Verlauf der Weimarer Republik keineswegs nebensächlich. Im Blick auf die späte Phase dieses Staates wirkte dieses Davonkommen der alten Oberschicht beinahe wie eine Ermunterung, gar als Schubkraft: nämlich als sie in der Umgebung des Reichspräsidenten Paul von Hindenburg wieder Tritt gefasst hatten und dann durch Destruktion die Republik innerlich zersetzten. Die alten Eliten hatten sich, nach ihrem Status- und Einflussverlust bei Kriegsende, in eine »verbissene Defensive« und »gefühlsgeborene Republikfeindschaft« begeben, wie Wehler schreibt. Und davon haben sie sich nie verabschiedet. Von Anfang an umgab die Republik ein tragischer Moment, der aus alten Wunden rührte.

Im Januar 1919, nach den Wahlen zur Verfassung gebenden Nationalversammlung, hatte Ebert von den Sozialdemokraten als den »Konkursverwaltern des alten Regimes« gesprochen, die nun den neuen Staat zu organisieren hatten. Zu ihnen gesellte sich bei der ersten Regierungsbildung eine weitere Partei, deren Mitglieder im Kaiserreich ebenfalls jahrelanger Verfemung ausgesetzt waren, nämlich das katholische Zentrum. Wenngleich sich diese Partei, ähnlich wie die Sozialdemokraten, in staatstragender Funktion übte, steckte in ihr ein Zug von Verbitterung.

Dennoch: Als SPD und Zentrum, zusammen mit der Deutschen Demokratischen Partei, Erbe der alten Fortschrittlichen Volkspartei, die »Weimarer Koalition« bildeten, kam ein zukunftsweisendes schwarz-rot-goldenes Bündnis zustande. Es war allerdings eine Einigung unter Unterlegenen; denn bereits 1917 hatten die drei Parteien im Reichstag sich neuen Kriegskrediten verweigert und für einen »Verständigungsfrieden« votiert – ohne Erfolg. Diese politische Konstellation hätte Weimar, wäre sie von Bestand gewesen, sicherlich stabilisieren können. Doch schon ein Jahr später wurden die Karten neu gemischt. Bei den Reichstagswahlen 1920 verlor sie ihre Mehrheit und gewann die Macht nie wieder zurück. Es dauerte bis 1923, ehe eine große Koalition aus Sozialdemokraten, Zentrum, Deutscher Volkspartei und Deutscher Demokratischer Partei gebildet werden konnte. Diese Formation sah sich ebenso ständig Erschütterungen ausgesetzt, was die häufigen Kabinettswechsel – von 1919 bis 1932 insgesamt zwanzig – bewiesen. Am Ende ging auch dieses Bündnis kläglich in die Brüche.

In dieser Konstellation bildete sich nicht eine neue und verantwortungsbewusste politische Elite heraus. Die alten Führungsgruppen verharrten in störrischer Distanz, ja hasserfüllter Ablehnung zum Parlamentssystem. Der Adel verbiss sich in seine Besitzstände. Das Wirtschaftsbürgertum verfolgte seine eigenen

Interessen. Das Bildungsbürgertum, im Kaiserreich die aufgestiegene verlässliche Stütze der Monarchie, gab sich angesichts des Untergangs der Feudalordnung kulturpessimistischen Neigungen hin. Es fühlte sich nach dem Zusammenbruch der alten Ordnung, die es nach oben gebracht hatte, desorientiert und an den Rand gedrückt. Im Zuge der Wirtschaftskrise während der zwanziger Jahre trat außerdem eine beängstigende Verarmung dieser Teileilite hinzu, was das Misstrauen weiter förderte. Ein Austausch der kaiserlichen Beamtenschaft in Verwaltung und Justiz – den stählernen Hütern des Obrigkeitsstaates – fand nicht statt. Später hat die Exil-SPD bedauert, dass nach 1918 der alte Staatsapparat fast unverändert übernommen worden sei, »es war der schwere Fehler, die die während des Krieges desorientierte Arbeiterbewegung beging«.

Dennoch gab es, über die Grenzen der Sozialhierarchie hinweg, ein gemeinsames Erlebnis, das zu einem Trauma auswuchs: den Vertrag von Versailles vom 28. Juni 1919. Deutschland und seinen Verbündeten wurde die Alleinschuld am Ersten Weltkrieg gegeben, damit wurden gewaltige Reparationsleistungen sowie empfindliche Gebietsabtretungen aufgebürdet. Der Vertrag wurde von der Regierung in Berlin nur akzeptiert, um – wie man glaubte – größeren Schaden abzuwenden. Doch der Vertrag traf bei den Führungsgruppen wie in der Mehrheit der Bevölkerung auf einhellige Ablehnung, er wurde als »Diktatfrieden« verstanden. Das galt besonders für die einstigen Machteliten, deren Nein bis zum Ende unversöhnlich blieb.

Dabei gab es Ausnahmen, wie Walther Rathenau und Gustav Stresemann, der eine Außenminister, der andere Reichskanzler und Außenminister. Ihre Beispiele leuchten bis heute in der Geschichte, weil sie sich mit Weimar identifizierten. Rathenau wurde 1922 ermordet, Stresemann verschliss sich im Amt und starb 1929 an einem Schlaganfall. Aber es gibt eben auch verheerende Gegenbeispiele, die Weimar intellektuell diffamierten und bekämpften. Dazu ist vor allem der Staatsrechtler Carl Schmitt zu zählen, der das politische Denken auf die Freund-Feind-Gruppierung zuspitzte und damit seine Verachtung für die Demokratie unterlegte. Mit seinen Einlassungen hat Schmitt später an der juristischen »Versäulung der NS-Herrschaft«, so der Historiker Dirk Blasius, einen gehörigen Anteil. Dafür stieg er auch zum »Staatsrat« auf. Neben der Geringschätzung der Demokratie lasteten solch konservativ-rückwärtsgewandte Köpfe, von denen es nicht wenige gab, den neuen politischen Akteuren die Unterzeichnung des Vertrags von Versailles als schändlichen Verrat an.

In der Gesellschaft der Weimarer Republik sammelten sich eine Menge Aggressionsgefühle an. Die Bürden durch Versailles, psychologisch wie ökonomisch, verbunden mit wirtschaftlichen Krisenerscheinungen wie Inflation, Depression, Arbeitslosigkeit, zunächst Mitte der zwanziger Jahre, dann das vehemente Ende dieser Dekade: All dies höhlte die Weimarer Strukturen in ihrer demokratischen Substanz immer mehr aus. Dennoch stellt sich die Frage, ob trotz der historischen Geburtsfehler und der politischen Gebrechen die Republik an diesen Übeln hätte scheitern und in die Hände der Nazis hätte fallen müssen. Die Destabilisierung der ersten Demokratie musste nicht, so steht heute fest, zwangsläufig in die Diktatur Hitlers münden. Einige Besonderheiten, die nicht zuletzt auf das Verhalten einflussreicher Gruppen zurückzuführen sind, haben den Untergang von Weimar vorangetrieben.

Viele Geschichtsforscher setzen die Unheilsszenarien Anfang der dreißiger Jahre an, als Verzweiflung, Geldentwertung und Jobmangel überhand nahmen und darüber die Nationalsozialisten zur stärksten Partei aufsteigen konnten. Doch das Datum für die schleichende Zerrüttung ist weitaus früher anzusetzen: Es ist der 26. April 1925. An diesem Tag wurde der ehemalige Generalfeldmarschall Paul von Beneckendorff und Hindenburg, wie er mit vollem Namen hieß, als Nachfolger des früh verstorbenen Friedrich Ebert zum Reichspräsidenten gewählt. Der Historiker Wehler erklärt diesen Vorgang in seinen langfristigen Konsequenzen sogar als »eine Umgründung der Republik im Sinne eines Rechtslagers«.

Mit Hindenburg, damals fast 78 Jahre alt, trat ein Prototyp der alten Machtelite des Kaiserreichs an die Spitze der Weimarer Republik. Ihn umwehte der Mythos des »Siegers von Tannenberg«, des militärischen Erfolgs gegen die Russen in Ostpreußen zu Beginn des Ersten Weltkriegs im August 1914. Allerdings hatte er auch, zusammen mit Ludendorff seit 1916 an der Spitze der 3. Obersten Heeresleitung, Deutschland bis zum Kriegsende 1918 mit einem diktatorischen Regime überzogen – nicht gerade ein Ausweis demokratischer Gesinnung. Betrieben hatte die Kandidatur dieses »Volkshelden« ein alter Bekannter im Geiste, nämlich der ehemalige Admiral von Tirpitz, bekannt durch sein besessenes Flottenprogramm unter Wilhelm II., das den Weg in den Ersten Weltkrieg beschleunigt hatte. Bevor Hindenburg das höchste Staatsamt in der Republik annahm, entpuppte er sich zudem als unverbesserlicher Royalist. Denn zuvor hatte er seinen ehemaligen kaiserlichen Oberbefehlshaber im holländischen Exil um Erlaubnis für die Amtsübernahme ersucht.

Hindenburgs Wahl, so analysiert Winkler, sei »ein Volksentscheid gegen die parlamentarische Demokratie« gewesen, genährt aus der Enttäuschung über den grauen republikanischen Alltag. Enthüllend auch die Inschrift für die Gedenkmünze, die nach dieser Entscheidung für den Reichspräsidenten geprägt wurde: »Für das Vaterland beide Hände, aber nicht für die Parteien.«

Mit Hindenburg im Präsidentenpalais fanden auch die alten preußisch-deutschen Machteliten wieder Gehör. Denn Adel, Militär und Junker hatten wieder unmittelbaren Zugang zur Reichsspitze. Im Laufe der Jahre kam es zur Bildung einer keineswegs legitimierten, dennoch einflussreichen Günstlingspartei um den Reichspräsidenten. An der Spitze stand der Sohn Oskar von Hindenburg, der als »rechte Hand« seines Vaters agierte, ein keineswegs legitimiertes Amt, sowie der »ewige« Staatssekretär Otto Meissner, der sein Amt sogar bis in die spätere Hitler-Zeit retten konnte. In diesem Kreis wuchs gegen Ende der 20er Jahre die Neigung zur Ablösung der parlamentarischen Demokratie und zur Etablierung eines autoritären Präsidialsystems. Die Weimarer Verfassung hatte dies allerdings nur für den Notfall vorgesehen.

Als im April 1930 die große Koalition zerbrach, glaubte diese sinistre Gefolgschaft um den greisen Reichspräsidenten, die Stunde sei gekommen, um für eine rechts-konservative Kurskorrektur zu sorgen. Die Präsidialkabinette des Zentrumspolitikers Heinrich Brüning, des Herrenreiters Franz von Papen und des Generals Kurt von Schleicher, die das Land weitgehend mit Notverordnungen regierten, waren gleichsam ein Testlauf für die Machtübernahme Hitlers. Vor allem Papens Preußenschlag am 20. Juli 1932, als er – unter dem Vorwand gefährdeter Sicherheit und Ordnung – die demokratisch legitimierte Regierung absetzte und als Reichskommissar selbst die Geschäfte übernahm, war eine Probe aufs Exempel. Dem verfassungswidrigen Zugriff folgte kein Massenprotest. »Alles rollt wie am Schnürchen ab«, notierte Joseph Goebbels in sein Tagebuch. »Die Roten haben ihre Stunde verpasst. Die kommt nie wieder.« Hindenburg, der alle diese Maßnahmen mit seiner Amtsautorität abdeckte, obwohl sie häufig Verfassungsbrüche darstellten, avancierte auf diese Weise zum Komplizen bei Hitlers Aufstieg.

Sicher, Hindenburg hat sich lange der Ernennung des »böhmischen Gefreiten«, wie er Hitler bezeichnete, zum Reichskanzler widersetzt. Die Historiographie strotzt nur von solchen Hinweisen. Auch hätte der Reichspräsident, wie man längst weiß,

Alternativen gehabt – wenn er sie denn wirklich gewollt hätte. Die Auslieferung des Staates an Hitlers Nationalsozialisten, die ein gerütteltes Maß an dem eskalierenden blutigen Bürgerkrieg zwischen Roten und Braunen auf den Straßen zu Beginn der 30er Jahre trugen, erfolgte keineswegs als zwangsläufiger Akt. Aber Teile der konservativen Machtelite, für die der durchtriebene Franz von Papen häufig als Brückenkopf zu Hindenburg einerseits, zu Hitler andererseits diente, hatten ihre Entscheidung längst vor dem 30. Januar 1933 getroffen. Die Begegnung Papens mit Hitler im Haus des Kölner Bankiers Kurt von Schröder am 4. Januar 1933, immer wieder als entscheidende Wende hervorgekehrt, ist nur ein Mosaikstein. Die Vorgeschichte lief weitaus länger.

Die Machtübergabe an die Nazis vollzog sich, zumindest am Anfang, nicht gegen den Willen großer Teile der damaligen Führungsgruppen, sondern mit deren Gunst und Sympathie. Großagrarier und Gutsbesitzer, die klassische ostelbische Klientel, aber auch Militärs und Industrielle, die das Ohr Hindenburgs hatten, erblickten in einem Kabinett Hitler, eingerahmt von einer konservativen und deutschnationalen Mehrheit, ein kalkulierbares Risiko. Strippenzieher von Papen, der nach seiner kurzen unglückseligen Kanzlerschaft nun wieder als Vizekanzler zum Zuge kam, drückte es so aus: »In wenigen Wochen haben wir Hitler an die Wand gequetscht, dass er quiekt.«

Zudem hatte sich gegen Ende der 20er, auch zu Beginn der 30er Jahre um Hitler und seine NSDAP ein breites Feld von potenten Förderern und agilen Unterstützern aufgebaut. Dabei fallen vor allem prominente Vertreter der Wirtschaftselite auf. Dazu zählten Emil Kirchdorf, Chef des Kohlesyndikats an der Ruhr, der Konzernherr Fritz Thyssen, Albrecht Voegler, Generaldirektor der Vereinigten Stahlwerke Bochum. Es waren aber nicht nur Vertreter des rechten Flügels der Schwerindustrie, die

Hitlers Aufstieg mit Wohlwollen begleiteten. Auch Repräsentanten der Deutschen Bank, der Dresdner Bank, der Commerzbank, der I.G. Farben, der Hamburg-Amerika-Linie und der Allianz-Versicherung gehörten zur Sympathisanten-Szene. Das exklusive Sortiment wurde ergänzt durch den Münchner Kunsthändler Ernst Hanfstaengl, den Münchner Verleger Hugo Bruckmann und den Berliner Klavierfabrikanten Carl Bechstein, deren beide Frauen in anhimmelnder Verehrung Hitler in die feine Gesellschaft einführten und großzügig mit Geld und Geschenken ausstaffiert hatten.

Auch vom Adel erhielt Hitler reichlich Zulauf. Der Berliner Historiker Stephan Malinowski hat in einer umfangreichen Studie nachgewiesen, dass bereits im Jahr 1930 »ein massiver Strom« von Adeligen in die NSDAP, die SA und die SS einsetzte, also nicht erst zum Zeitpunkt der nationalsozialistischen Machtübernahme. In der NSDAP sei der Adel bereits im Januar 1933 überrepräsentiert gewesen, stellt Malinowski fest. »Hinzu kamen die Arrangements der Machtapparate in Militär, Landwirtschaft und Bürokratie, in denen die adeligen Mitglieder der Funktionseliten den NS-Staat auch ohne Parteimitgliedschaft stützten.« Die Motive waren recht unterschiedlich. Natürlich winkten neue Karrierechancen. Aber es gab auch einen anderen Zugang. Nach 1918 war es gerade der Adel, vor allem der ostelbische, der Republik und Demokratie aggressiv bekämpfte. In der Ablehnung von Weimar ging er bereitwillig Bündnisse mit anderen rechtskonservativen Gruppen ein, beispielsweise den radikalisierten Freikorps, die vielerorts tiefe Mordbrenner-Spuren hinterlassen haben.

Auf das Konto solcher Freikorps ging 1919 der Mord an den linken Agitatoren Karl Liebknecht und Rosa Luxemburg, von der die immer wiederholte Metapher stammt, Freiheit sei stets die Freiheit der Andersdenkenden. Aus den Freikorps kamen auch die Mörder des Außenministers Walther Rathenau, der 1922 den Rapallo-Vertrag mit der Sowjetunion abgeschlossen hatte. Und aus der rechten Terrorismusszene dieser Jahre stammten die Mörder des Zentrumpolitikers Matthias Erzberger, der 1918 den Waffenstillstand in Compiègne unterschrieben hatte und 1921 von Freischärlern erschossen wurde. Aus dieser trüben Masse haben die Nazis gehörig gefischt.

Schließlich machte Hitler im Bildungsbürgertum fette Beute. Diese Schicht, die sich zunehmend als tragende Säule des wilhelminischen Kaiserreiches empfunden hatte, verlor 1918 Halt und Orientierung. Der Verlust der Staatsnähe, die oft den Kern ihres Status ausmachte, hatte das Bildungsbürgertum hart getroffen. Durch die wirtschaftlichen Depressionen der zwanziger Jahre vielfach verarmt und gesellschaftlich teilweise ins Kleinbürgertum abgerutscht, dann von Arbeitslosigkeit und Not bedroht, fasste es zur Republik und Demokratie wenig Vertrauen. Diese Tendenzen verstärkten sich noch durch die Gewaltexzesse der späten Weimarer Jahre. Diese Bürgerschicht wandte sich der braunen Bewegung zu, weil sie sich von Hitler wieder stabile Verhältnisse versprach. Auch glaubte sie, in der von den Nazis propagierten »Volksgemeinschaft« aufgrund ihrer Bildung aufsteigen und in der Gesellschaftshierarchie wieder mehr zur Spitze aufschließen zu können. Über solche Wünsche wurden viele Bildungsbürger, die zu Hitler gefunden hatten, später willenlosen Gefolgsleute für dessen Terror und Verbrechen.

So hart das Urteil ausfällt: Weimar ist an den überkommenen Machteliten gescheitert, an deren abgrundtiefer Verachtung und mangelnder Unterstützung für den demokratischen Wandel, aber auch deren maßlosen Gruppenegoismen und reaktionären Herrschaftsansprüchen. »Das Minimum an geistigen Konsens, das kein lebendiger Staat entbehren kann, blieb versagt«, urteilt der Politologe Kurt Sontheimer, der sich eingehend mit dem antidemokratischen Denken in der Weimarer Republik beschäftigt hat.

Spätestens seit von Hindenburgs Wahl 1925, noch einmal 1932 bestätigt, fühlten sich die alten Eliten im Auftrieb. Über die Günstlingspolitik verschafften sie sich Zugang zum zuletzt noch einzig funktionierenden Entscheidungszentrum, nämlich dem Reichspräsidenten, nachdem sie zuvor alle berufenen demokratischen Institutionen behindert, blockiert und lahm gelegt hatten. Die Vertreter der Schwerindustrie wollten die Fesseln der Tarifpolitik loswerden, die Großagrarier die Subventionen durchsetzen, die Bildungsbürger den sozialen Status verbessern, die Reichswehrgeneräle ihre Rüstungs- und Expansionspläne verfolgen. Als die Experimente mit den autoritären Regimen von Brüning, von Papen und Schleicher scheiterten, setzten sie, da sie selbst zu einer gemeinsamen stabilen Konstruktion unfähig waren, auf die rigorose Führergestalt Hitler. Eingerahmt von rechtsnationalen und konservativen »Dompteuren«, wie Wehler es nennt, erschien er ihnen als das kleinere Übel. »Wir haben ihn uns engagiert«, in solchen Formulierungen gefiel sich der smarte von Papen.

Über diese arrogante Selbsttäuschung der Eliten ging nicht nur die Republik in die Brüche, sondern am Ende eine ganze Kulturnation.

4. Hitlers braune Diktatur
Die Eliten im Schlepptau der Nazis

Am Abend des 30. Januar 1933 leuchtete Berlin im Widerschein tausender Fackeln. Stundenlang zogen in der Wilhelmstraße Formationen der SA, SS, des Stahlhelm und der Partei an dem greisen Reichspräsidenten Paul von Hindenburg und dem neuen Reichskanzler Adolf Hitler vorbei – ein gespenstiger Aufmarsch, von Joseph Goebbels auf die Beine gebracht. »Aufbruch! Spontane Explosion des Volkes. Unbeschreiblich. Immer neue Massen. Hitler ist da. Sein Volk jubelt ihm zu. Sinnloser Taumel der Begeisterung. Alles im Rausch«, schrieb Goebbels, der im neuen Kabinett – noch nicht – seine Funktion als Propagandatrommler übernehmen durfte. Hermann Göring hingegen, nun schon in beängstigender Mehrfachfunktion, verglich die Stimmung »mit jenem August 1914, da ebenfalls eine Nation bereit ist, alles, was sie besaß, zu verteidigen«. Die schauerliche Inszenierung in Berlin wiederholte sich in diesen Tagen mit ähnlichen Umzügen in vielen deutschen Städten. Kein Regierungswechsel in der Weimarer Zeit ist mit einem solchen Brimborium in Szene gesetzt worden wie die Machtübernahme Hitlers. Die Nazis wollten eben eine historische Zäsur markieren, ihre »nationale Revolution«.

Diese braune Theatralik, die die Bevölkerung in einen Zustand der Mobilisierung und der Erregung versetzen sollte, wurde in den kommenden Wochen erheblich gesteigert. »Täglich Umzüge, Massenweihestunden, Dankkundgebungen für die nationale Befreiung, Militärmusik von früh bis spät, Heldenehrungen, Fahnenweihen«, so hat Sebastian Haffner diesen öffentlichen Budenzauber beschrieben. Viel entscheidender war jedoch, was sich hinter der inszenierten Jubelstimmung abspielte. Und auch da zeigte sich Haffner als scharfer Beobachter. Die europäische Geschichte, so schrieb er, kenne zwei Formen des Terrors, den revolutionären, den er als einen zügellosen Blutrausch einer losgelassenen, siegestrunkenen Masse betrachtete; dann den repressiven Terror, eine kalte, überlegte Grausamkeit eines siegreichen, auf Abschreckung und Machtdemonstration bedachten Staatsapparates. »Den Nazis ist es vorbehalten geblieben, beides zu kombinieren.«

Auch ein anderer sensibler Tagebuchschreiber, der Dresdner Romanist Victor Klemperer, hat – fern der Hauptstadt – die Doppelbödigkeit der ersten Monate der Nazi-Herrschaft genau registriert. »Die wilden Verbote und Gewaltsamkeiten«, notierte er Anfang März 1933. »Und dazu Straße, Radio etc. die grenzenlose Propaganda. Am Sonnabend hörte ich ein Stück der Hitlerrede aus Königsberg. Eine Hotelfront am Bahnhof, erleuchtet, Fackelzug davor, Fackelträger und Hakenkreuz – Fahnenträger auf den Balkons und Lautsprecher. Ich verstand nur einzelne Worte. Aber der Ton! Das salbungsvolle Gebrüll, wirklich Gebrüll eines Geistlichen.« Und dann: »Alle Gegenkräfte wie vom Erdboden verschwunden. Dieser völlige Zusammenbruch einer eben noch vorhandenen Macht, nein, ihr gänzliches Fortsein (genau wie 1918) ist mir so erschütternd.« Schon am 20. März heißt es bei Klemperer recht prophetisch: »Ich halte es für ganz unwesentlich, ob Deutschland Monarchie oder Republik sei – aber dass es aus den Händen der neuen Regierung gerettet werde, kann ich gar nicht erwarten. Ich glaube übrigens, dass es die Schmach, ihr anheim gefallen zu sein, niemals abwaschen kann. Ich für mein Teil werde niemals Vertrauen zu Deutschland haben.«

Der pseudoreligiöse Firlefanz auf der Straße, der in jenen Anfangsmonaten 1933 aufgeführt wurde, präsentierte sich gleichsam als braune Neuauflage von ›Brot und Spiele‹ für die Masse. Er stellte ein Instrument dar, um die »charismatische Herrschaft« des Führers, wie der Historiker Wehler es klassifiziert, über das gesamte Volk zu etablieren. Denn bislang besaß Hitler den absoluten Zugriff nur über seine Partei, die NSDAP. Dies galt es nun, in der gesamten Gesellschaft durchzusetzen. Aber daneben lief auch ein anderer Strang, und der offenbarte sich weit weniger bombastisch und deklamatorisch, sondern unterdrückend und eliminierend. Die Nazis haben mit dem Beginn ihrer Herrschaft, getreu der Devise von Goebbels, die Macht nie wieder aus den Händen geben zu wollen, von Stund und Tag an ihre Repressions- und Unterwerfungsmechanismen in Gang gesetzt. Innerhalb weniger Monate okkupierten sie den Staatsapparat, die Partei- und Gewerkschaftsorganisationen, das Verbände- und Vereinswesen in so absoluter Weise, dass sie eine unumstößliche Alleinherrschaft errichten konnten.

Es gab Umstände, die ihnen das fanatische Handwerk erleichterten. Der Reichstagsbrand am 27. Februar 1933 war beispielsweise ein solcher Fall, ein willkommener Anstoß, um die Verfolgung der Linken zu forcieren. Ob der holländische Anarchist Marinus van der Lubbe auf eigenes Konto oder das der Kommunisten handelte, ob er gar Mittäter aus nationalsozialistischen Reihen hatte: Darüber streiten sich Historiker bis heute. Für die Folgen damals blieb es uninteressant. Die Nazis hatten die Vorlage, um die Linken zu vernichten. Dies gelang dann auch mit Hilfe der Wähler, als die Reichstagswahl vom 5. März 1933, mit 51,9 Prozent für die beiden politischen Formationen NSDAP und die rechtskonservative Kampffront Schwarz-Weiß-Rot, die Mehrheit erbrachte. Die Nazis haben solche Gelegenheiten hemmungslos genutzt, um das Land in ihre totale Gewalt zu bekommen. Ihre Entschlossenheit zur Diktatur demonstrierten sie stahlhart. Wer sich darüber Illusionen gemacht hatte, wie etwa Franz von Papen oder der konservativ-reaktionäre Alfred Hugenberg, beide in Hitlers erstem Kabinett, entpuppte sich als Phantast. Der französische Diplomat André Francois-Poncet schrieb im Februar

1933 hellsichtig, die Deutschen glaubten wohl, »besonders klug zu sein, wenn sie den Wolf dadurch loswerden wollten, dass sie ihn in den Schafpferch sperren wollten«.

Die Etappen der Unterwerfung dokumentieren die Rücksichtslosigkeit: Bereits im Februar 1933 kommt es zur Jagd auf Kommunisten, Sozialdemokraten, Linke, auch auf andere Nazigegner, besonders Intellektuelle. Damit beginnt auch der Exodus bedeutender Persönlichkeiten, Schriftsteller, Künstler, Forscher, darunter viele Juden – ein geistiger Aderlass, von dem sich Deutschland nie wieder erholt hat. Gleichzeitig werden SA, SS und Stahlhelm zur »Hilfspolizei« befördert, die damit ungestraft mordend und plündernd durch die Gegend ziehen können.

Vor der Reichstagswahl im März 1933, erst recht beim Urnengang, werden die Wähler durch Nazi-Aktivisten drangsaliert und eingeschüchtert. Am 23. März 1933 stimmen alle Parteien im Reichstag, außer den Sozialdemokraten, dem Ermächtigungsgesetz zu, das eine uneingeschränkte Willkürherrschaft der Nazis ermöglicht. Am 1. April 1933 inszenieren SS und SA den ersten Boykott jüdischer Geschäfte. Am 7. April kommt es zum Gesetz zur Wiederherstellung des Berufsbeamtentums, das in Wirklichkeit die Entfernung aller jüdischen Beschäftigten im öffentlichen Dienst zum Ziel hat. Gleichzeitig erfolgt die Gleichschaltung der Länder mit dem Reich, was eine Abschaffung der traditionellen föderalistischen Struktur bedeutet. Am 2. Mai 1933 werden die Gewerkschaften verboten, die Unternehmerverbände können dagegen ihre Selbstständigkeit retten. Am 10. Mai 1933 erleben Berlin und andere Universitätsstädte spektakuläre Bücherverbrennungen. Am 21. Juni 1933 ist die Sozialdemokratische Partei verboten, nachdem die Kommunisten – unter Verfassungsbruch – schon drei Monate zuvor ausgeschaltet wurden. Wenige Tage später lösen sich die anderen Parteien selbst auf. In Dachau und Oranienburg richten Behörden die ersten offiziellen Konzentrationslager ein, nachdem NS-Milizen Gegner bereits vorher in Kellern und Verliesen willkürlich gequält und auch umgebracht haben. Zeitungen und Presseorgane werden beschimpft, zensiert, verboten, wenn sie nicht schnell genug auf Nazi-Linie umschalten.

Parallel überzieht die NS-Partei das ganze Land mit einem engmaschigen Überwachungs- und Kontrollsystem, vom Blockwart bis zum Zellenleiter, vom Ortsgruppenleiter bis zum Gauleiter. Dazu bildet sich ein dichtes und flächendeckendes Netz von gleichgeschalteten NS-Organisationen: Hitlerjugend, Ärztebund, Dozentenbund, Lehrerbund, Rechtswahrerbund, Volkswohlfahrt, Reichsbund der Kinderreichen, Frauenschaft, Kraft durch Freude. Am 17. Juli 1933 erklärt sich die NSDAP zur einzigen politischen Partei in Deutschland. Joseph Goebbels, zunächst diabolischer Strippenzieher im Hintergrund, seit April 1933 als Minister skrupelloser Herrscher über den staatlichen Propaganda-Apparat, notiert bereits Ende Juni in seinem Tagebuch: »Der totale Staat lässt nicht mehr lange auf sich warten.« Und Hitler selbst erklärt am 6. Juli: »Wir stehen in der langsamen Vollendung des totalen Staates.« Wie war ein solch schneller Weg in die Gleichschaltung möglich? Es geschah ja alles nicht irgendwo, sondern inmitten der Gesellschaft, für jedermann sichtbar und nachvollziehbar. Die Frage richtet sich nicht nur an jene, die bei den Wahlen für die NSDAP votiert hatten.

Die Reaktion der Eliten auf Hitlers Machtantritt, wenn sie nicht zu seinen erklärten Gegnern zählten und damit der Verfolgung ausgesetzt waren, schwankte zwischen Zustimmung und Stillhalten. Distanz und Ablehnung verzogen sich bald in private und vertraute Kreise. Natürlich gab es im nationalsozialistischen Gedankengut Ansätze und Forderungen, die bestimmten Vorstellungen und Interessen der Führungsgruppen zuwider liefen.

Etwa die von den Nazis propagierte »Volksgemeinschaft«, in der egalitäre Tendenzen steckten. Auch das anti-bürgerliche Auftreten bestimmter Nazi-Chargen irritierte. Aber man tröstete sich damit, dass vieles nicht so heiß gegessen wie gekocht werde.

Im Übrigen waren große Teile der Eliten vom nationalistischen, völkischen, rassistischen, antisemitischen, antikommunistischen, antidemokratischen Denken so durchsetzt, dass die Einen in Hitler den Retter, die Anderen das kleinere Übel erblickten. Als ein Beispiel sei der Dichter Gottfried Benn erwähnt, der im »Dritten Reich« Anfang 1933 »vielleicht die letzte großartige Konzeption der weißen Rasse überhaupt« erblickte. Noch eine Stimme sei zitiert, die des Jura-Professors Ernst Forsthoff, Autor des Buches »Der totale Staat« und nach dem Krieg Hochschullehrer in Frankfurt und Heidelberg: »Das bürgerliche Zeitalter wird liquidiert, und es ist die Verheißung einer besseren Zukunft, dass es mit rücksichtsloser Entschlossenheit und dem Mut zur äußersten Konsequenz geschieht.« Von Carl Schmitt, zum Star-Juristen der Nazis avanciert, ganz zu schweigen: »Der Führer schützt das Recht.«

Zu dieser inneren Aufweichung der Eliten hatte natürlich die Doppelbödigkeit beigetragen, die Hitler nach seiner Haftentlassung in Landsberg Ende 1925 tückisch, aber konsequent verfolgt hatte. Äußerlich gab er sich den Schein der Legalität. Er übte sich in Manieren und Konventionen, geführt und angeleitet durch Angehörige der feineren Münchner Gesellschaft, wie den schillernden Ernst »Putzi« Hanfstaengl, Erbe eines Kunstverlages, und den rührigen Damen Helene Bechstein und Elsa Bruckmann, die Hitler salonfähig machten. Auch ging Hitler zu den Proleten aus den Gründungsjahren der NSDAP, den »alten Kämpfern«, sichtlich auf Distanz, seine unmittelbare Umgebung »verbürgerlichte« immer mehr. Das ließ ihn in Kreisen der Eliten weniger revolutionär und gefährlich erscheinen.

Eine geschickte Doppelstrategie, wie sich herausstellte. Denn auf der anderen Seite hat Hitler nie gezögert, seine Pöbelhorden und Mordbanden loszulassen, wenn er es für notwendig hielt. So war im Frühjahr 1933 von den »unvermeidlichen traurigen Begleitumständen jeder Revolution« die Rede. Später hieß es: »Wenn das der Führer wüsste!« Mit solchen Floskeln ließ sich das Gesicht wahren und das Gewissen beruhigen. Die Doppelbödigkeit haben Hitler und die Nazis zunächst auch nach der Machtübernahme beibehalten.

Beispielhaft dafür ist der »Tag von Potsdam« am 21. März 1933, als in der Garnisonskirche, Grablege der preußischen Könige, der neu gewählte Reichstag feierlich eröffnet wurde. Mit einer theatralischen Zeremonie, von Goebbels arrangiert, sollte eine Brücke zwischen den alten Eliten und den Nationalsozialisten geschlagen werden. Hindenburg in der Uniform eines Generalfeldmarschalls, Hitler im Cut, der dem greisen Reichspräsidenten artig die Aufwartung macht, Paraden, Kränze für die preußischen Könige, Glockengeläut, Militärmusik – als sei mit den Nazis Preußens Glanz und Gloria wieder auferstanden. Aber es handelte sich nur um ein abgefeimtes Spektakel. Zwei Tage später, bei der ersten Sitzung des Reichstags, erschien Hitler in der Kroll-Oper in brauner Uniform unter dem Hakenkreuz. Er begründete dort das »Gesetz zur Behebung der Not von Volk und Reich«, das Ermächtigungsgesetz, den Totenschein der Weimarer Republik.

In jenen Tagen, die so spektakulär wie blutrünstig zugleich waren, sind die Menschen massenhaft zu Hitler übergelaufen, auch und gerade aus den Eliten. Es setzte ein riesiger Andrang auf die Nazi-Parteimitgliedschaft ein. Im Begriff der »Märzgefallenen« hat dieses Phänomen später seinen sarkastischen Ausdruck gefunden. Der Beobachter Haffner hat den Massenzulauf zu den Nazis auf den Nenner gebracht: »Angst. Mitprügeln, um nicht zu den Geprügelten zu gehören. Sodann: ein wenig unklarer Rausch, Einigkeitsrausch, Magnetismus der Masse. Ferner bei vielen: Ekel und Rachsucht gegenüber denen, die sie im Stich gelassen hatten ... Ferner bei einigen (namentlich Intellektuellen) der Glaube, jetzt noch das Gesicht der Nazipartei ändern und ihre Richtung abbiegen zu können, indem man selbst hineinging. Sodann, selbstverständlich, auch echte gewöhnliche Mitläuferei und Konjunkturgenesung.«

Allerdings gab sich Hitler, entgegen vieler Radikalparolen, raffiniert und geschickt genug, um für die Unterstützung der Eliten beim Aufbau des NS-Staates zu buhlen. Er brauchte sie nämlich dringender denn je, sollten die Nazis nicht in kurzer Zeit abgewirtschaftet haben. Und viele ließen sich auch einfangen, weil sie sich davon Vorteile versprachen. Etwa die Unternehmer bei Einkommen und Gewinnen, die Bildungsbürger bei Status und Stellung. Hitler ließ schon bald nach seinem Machtantritt erkennen, dass er die Besitz- und Vermögensverhältnisse nicht einschneidend ändern wollte. Auch nicht die »Herr-im-Haus«-Position der Chefs in Firmen und Unternehmen.

So hielt sich unter Hitler weitgehend das überkommene Sozialgefüge aus Kaiserreich und Weimarer Republik, allen egalitären Parolen der Nazis zum Trotz. Der Historiker Wehler schreibt, dass »die relative Größenordnung zwischen den bürgerlichen Klassen – etwa zwischen dem oberen Wirtschaftsbürgertum, dem Bildungsbürgertum und den Mittelklassen – in etwa dieselbe blieb. Das demonstrierte erneut die Beharrlichkeit einer über Jahrhunderte herangewachsenen Sozialhierarchie« – ein schlechtes Urteil für eine Bewegung, die unter ganz anderen Zeichen angetreten war. Auch der englische Historiker Richard J. Evans meint, dass die Nationalsozialisten »den Ungleichheiten in der Gesellschaft gleichgültig« gegenüber gestanden hätten. Ihnen sei es mehr auf Rasse, Kultur und Weltanschauung angekommen. Für die Eliten somit eine fulminante Bestandsgarantie, wie sie meinten, über alle widrigen Zeitläufe hinweg.

Zugleich lockten die Nationalsozialisten die Wirtschaftsführer mit staatlichen Konjunkturprogrammen, schon bald auch mit Kriegsproduktionen. Dass Juden zunehmend aus dem Geschäftsleben ausgeschlossen wurden, galt keineswegs als abstoßend. Häufig entledigte man sich auf diese Weise der lästigen Konkurrenz; wenn Lücken entstanden, wurden sie schnell von Deutschen gefüllt. Später machte man dann Reibach bei Arisierungen. Auch die verhassten Gewerkschaften, gegen Ende der Weimarer Republik vielen Unternehmern und Geschäftsleuten ein Dorn im Auge, verschwanden von der Bildfläche. Es ging aufwärts, vor allem für die Wirtschaftselite, und wer den Primat der Partei anerkannte, der konnte sich darunter gut einrichten. So sind die Realeinkommen der Unternehmer in den Jahren von 1933 bis 1939 um 130 Prozent gestiegen, während die der Arbeitnehmer gerade wieder den Stand vor der Weltwirtschaftskrise gegen Ende der zwanziger Jahre erreichen konnten. Auch der Exklusiv-Charakter der wirtschaftlichen Elite bei Zusammensetzung und Rekrutierung blieb lange erhalten. Erst in den 40er Jahren begannen die Nazis, verlässliche Parteigenossen in die Chefetagen der Unternehmen zu platzieren.

Daher ist es nicht überraschend, dass sich das Wirtschaftsbürgertum schon früh wohlwollend gegenüber den Nazis zeigte. Bereits Ende Februar 1933 hatte Hitler bei einem Empfang für Industrielle in Berlin das bevorstehende Ende der Demokratie und den baldigen Beginn der Wiederaufrüstung angekündigt. Nach dieser Rede ging Hjalmar Schacht, Reichsbankpräsident und später auch Reichswirtschaftsminister, mit dem Hut im Saal herum: »Ich sammelte drei Millionen Mark.« Wenige Monate später, im Juni 1933, wurde die so genannte Adolf-Hitler-Spende der deutschen Wirtschaft geschaffen, durch die die NSDAP innerhalb von zwölf Monaten 30 Millionen Reichsmark verbuchen konnte. Dabei führend erwies sich Gustav Krupp von Bohlen und Halbach, damals Vorsitzender des Reichsverbandes der Deutschen Industrie und Besitzer einer der größten Waffenschmieden. Krupp hatte beim Aufstieg der Nazis Abstand gewahrt. Aber nach dem Machtantritt bekam er rasch die Kurve. Später stieg er zur Ehre eines »Wehrwirtschaftsführers« auf und wurde mit dem Goldenen Ehrenzeichen der NSDAP ausgezeichnet. Es ließen sich noch viele andere Beispiele nennen.

Für das Bildungsbürgertum taten sich ebenfalls mit den Nazis neue Chancen auf. Das bezog sich konkret zunächst auf jene Stellen, die im Zuge der Säuberungen von Linken, Liberalen und Juden frei geworden waren. Zudem blähte sich der NS-Verwaltungsapparat immer weiter auf, von 750.000 Beamten 1933 in Reich, Ländern und Gemeinden auf 1,28 Millionen zehn Jahre später. Freiberufler wie Ärzte und Anwälte zogen ebenfalls Nutzen aus den Berufsverboten für Juden. Richter und Staatsanwälte, von denen eine Reihe von ihnen zu den übelsten Totengräbern der Weimarer Republik gerechnet werden müssen, überboten sich in vorauseilender Beflissenheit, im »neuen Recht« und »gesunden Volksempfinden«. Bemerkenswert ist auch, dass viele Bildungsbürger leicht den Weg in die Partei-Elite fanden, nämlich zur SS. 1938 gehörten dem »Totenkopf-Orden« rund 12.000 Universitätsabsolventen an. Dies erklärt, warum gerade aus diesen Reihen viele willige Helfer bei Juden-Verfolgung, Euthanasie-Programmen, KZ-Einrichtungen kamen, also bei der unerbittlichen Todesmaschinerie behilflich waren.

Die Wissenschaftselite erwies sich als besonders anfällig für das NS-System, ihre Anpassung und Unterwerfung vollzog sich in atemberaubendem Tempo. Allerdings war in der Hochschullehrerschaft nationalistisch-völkisches, antiliberales und antisemitisches Denken schon während der Weimarer Republik weit verbreitet, so dass der kurze Schritt über die Grenze zur NS-Ideologie vielen nicht schwer fiel. Beispielhaft hier der Philosoph Martin Heidegger, seit Mai 1933 Rektor der Universität Freiburg, im November in einem Aufruf an die deutschen Studenten: »Nicht Lehrsätze und ›Ideen‹ seien die Regeln Eures Seins. Der Führer selbst und allein ist die heutige und künftige deutsche Wirklichkeit und ihr Gesetz.« Die Lehrerschaft an den allgemein bildenden Schulen, in der Weimarer Zeit höchst unzufrieden, lief scharenweise zur herrschenden Partei über. Auch die protestantische Kirche, mit ihrer unseligen Tradition von Thron und Altar im Kaiserreich, zeigte sich nicht immun. Die »Deutschen Christen« mit ihrem »Reichsbischof« Ludwig Müller übten sich in demutsvoller Gefolgschaft: »Baut die neue Kirche Christi im neuen Staat Adolf Hitlers!«

Die hohen Militärs schließlich wusste Hitler schnell und früh auf seine Seite zu ziehen. Nur drei Tage nach seiner Ernennung zum Reichskanzler, am 2. Februar 1933 – man muss sich das einmal vorstellen –, hatte er einer ausgewählten Gruppe von Generälen und Admiralen versichert, sie könnten sich nunmehr ihrer Hauptaufgabe, der baldigen Wiederaufrüstung, zuwenden. Er versprach im Innern eine »straffste autoritäre Staatsführung«, in der Außenpolitik den Kampf gegen Versailles. Auch redete er schon bei dieser Gelegenheit von der »Eroberung neuen Lebensraumes im Osten und dessen rücksichtsloser Germanisierung«. So machte Hitler von Anfang an die Militärs zu Mitwissern und Komplizen seiner Kriegsziele. Und sie folgten bereitwillig, um der Rückgewinnung alten Prestiges und der Verlockung neuer Privilegien und Größe willen. Allerdings verlor die Reichswehr öffentlich bereits im Juni 1934 ihre »Unschuld«, als sie sich in die Röhm-Affäre hineinziehen ließ. Gestützt auf die SS, eliminierte Hitler die SA-Führung in einer brutalen Mordaktion, bei der 85 Personen getötet wurden. Viele davon nur deshalb, weil sie ihm politisch im Wege standen – und die Reichswehr leistete dazu Hilfsdienste. Nicht erst mit den Verbrechen im Zweiten Weltkrieg haben sich die deutschen Militärs diskreditiert.

Dass große Teile der Eliten so schnell vor den Nazis kapitulierten oder mit ihnen paktierten, ist sicher eine der deprimierendsten Erfahrungen der deutschen Geschichte. Der Historiker Götz Aly vertritt die These von »Hitlers Volksstaat«. Für die späten NS-Jahre trifft dies sicher zu, als eine Mehrheit der Deutschen erst durch sozialpolitische Maßnahmen geködert wurde, dann von der »großen Raubmaschine«, von Enteignungen, Plünderungen, Arisierungen profitierte. Aber schwerer wiegt, dass die Eliten dem »Führer« dafür den Weg freigaben.

Hitlers Wirkung, Erfolg und Herrschaft werden zudem häufig als Ergebnis eines Massenphänomens interpretiert, und in der Tat hat die braune Bewegung von solchen Affekten in hohem Maße gezehrt. Mit seinem damals so ungewöhnlich empfundenen Redetalent hat Hitler viele Menschen in den Bann gezogen. Die Bilder von Leni Riefenstahls Filmen über die NS-Parteitage in Nürnberg vermögen solche Thesen eindrucksvoll zu belegen. Aber ohne eine Rückkoppelung zu den Eliten kommt eine Massenbewegung nicht aus. Erst mit dem Gewinn der Führungsgruppen erhält sie Durchsetzungskraft. Diese Entwicklung hatte lange vor 1933 eingesetzt, als Hitler die verstörten Eliten aufzusaugen begann. Typisch dafür Albert Speer, der 1931 NSDAP-Mitglied geworden war, nicht um der Partei beizutreten, sondern weil Hitler ihn »in der ersten Begegnung suggestiv berührt und seither nicht mehr freigegeben hatte«. Speer in seinen Erinnerungen: »Er hatte mich ergriffen, bevor ich begriffen hatte.«

Nach Hitlers Amtsantritt gab es für große Teile der Eliten offenbar kein Halten mehr. Dieses Versagen der Eliten hat dem Dritten Reich zu dem schnellen Durchbruch verholfen. Danach gab es kein Zurück mehr. Sicher, Hitler hat die alten Machteliten, wie Wehler bemerkt, schnell in »abhängige Funktionseliten« umgewandelt. Allerdings ließen sie es auch mit sich geschehen – um den Preis, dass am Ende das deutsche Bürgertum paralysiert, ja zerstört wurde. Allerdings war dies auch eine gehörige Portion Selbstzerstörung, weil viele Angehörige der alten Eliten, die sich doch so lange als eine traditionsverpflichtete Führung mit Tugenden und Werten verstanden hatten, sich dem Terror und dem Frevel Hitlers zuletzt nicht mehr widersetzten. Über einen zügigen Personalumbau, anders als 1918, bei dem die Parteigenossen in jede Institution und Organisation eindrangen und sich der Spitzenposten bemächtigten, bildete sich eine neue Elitestruktur heraus. Die gewandelte Machthierarchie des Dritten Reiches stand unter der Kontrolle der Partei und der SS. Dies bildete eine Voraussetzung dafür, dass Hitler wenige Jahre später ganz Europa mit seinem verbrecherischen Wahn überziehen konnte, mit der Vernichtung und Vertreibung ganzer Völker, Zerstörung weiter Landstriche, mit dem Holocaust an den Juden und anderen Minderheiten, zuletzt mit dem Untergang der eigenen Bevölkerung. Das Versagen der Eliten endete in der »deutschen Katastrophe«.

Natürlich darf nicht übersehen werden, dass es auch Widerstand gab. Dass dabei Angehörige der alten Machteliten oft eine führende Rolle spielten, zeigt die Verzweiflung einiger Weniger über den Irrweg Deutschlands: der Kreisauer Kreis um Helmuth James Graf von Moltke; die Mitglieder der Gruppe «Weiße Rose» in München um die Geschwister Sophie und Hans Scholl sowie Kurt Huber; die Männer des 20. Juli 1944 mit Claus Graf Schenk von Stauffenberg; die Angehörigen der Bekennenden Kirche um Karl Barth und Dietrich Bonhoeffer sowie Martin Niemöller. Aber auch Einzelgänger wie Georg Elser, der am 4. November 1939 im Münchner Bürgerbräukeller eine Bombe gelegt hatte, die Hitler nur um 13 Minuten verfehlte. Es gab andere Personen, die sich zwar nicht dem aktiven Widerstand zuwandten, aber dennoch auf Distanz hielten und Ablehnung wahrten, oft unter schwierigen Lebensbedingungen. Der Publizist Joachim Fest hat seinen Vater, den Volksschulrektor Johannes Fest, bereits im April 1933 aus dem Dienst geekelt, und mit dem Buch »Ich nicht« ein ergreifendes literarisches Denkmal gesetzt, zugleich ein sensibles Bild jener dunklen Jahre geliefert, das weit über den engen Familienkreis hinausweist. Doch es sind Ausnahmen. Für die Mehrheit der Eliten gilt es nicht.

Daher drängt sich die Frage erneut auf: Warum verfielen die Eliten Hitler so sehr? Der protestantische Theologe und Widerstandskämpfer Dietrich Bonhoeffer hat sich gegen Ende seines Lebens – er wurde am 9. April 1945 im KZ Flossenbürg gehängt – intensiv mit der Kapitulation des Bürgertums und dem Überlaufen der Eliten zu den Nazis auseinander gesetzt. Entsetzt und erschüttert über die Verhaltensweisen der Oberschicht, aus der er selbst stammte, kommt er am Ende zu zwei Eigenschaften, die besonders zu dieser Konstellation beitrugen: die Dummheit und die Feigheit. Dummheit ist für Bonhoeffer nicht mangelnde Intelligenz, sondern ein »menschlicher Defekt«, der den Menschen Böses tun, das Böse aber nicht als Böses erkennen lässt. Feigheit ist für Bonhoeffer nicht persönlicher Natur, sondern ein Defizit, das aus dem »Chaos der ethischen Begriffe« rührt. Daraus resultiere, so folgert er, ein Mangel an Zivilcourage gegenüber einem Staat, der »das größtmögliche Böse werden und tun« könne. Bonhoeffer argumentiert, seiner geistigen Verortung gemäß, höchst moralisch. Aber er geht damit über die schnöde persönliche Interessenlage, die für viele Angehörige der Eliten stete Richtschnur ist, als Begründung für deren Versagen in der Nazi-Zeit hinaus. Er sieht die Fehler in den Deformierungen des Charakters der Deutschen. Und ein solcher Charakter wird, aufgrund von Führung und Vorbild, stark von den Eliten geprägt. Vielleicht muss man in diese tieferen Urgründe hinabsteigen, um den Zivilisationsbruch Deutschlands, das sich für die Kulturnation schlechthin hielt, mit und unter Hitler aushalten zu können.

5. Nach der Stunde Null
Alte Eliten in neuen Karrieren

1945 als Stunde Null: Diese geschichtliche Zäsur ist sicherlich von den meisten Funktionsträgern im NS-Regime so empfunden worden. Für viele Nazi-Kader traf dies auch zu. Denn sie waren gesellschaftlich, politisch, existenziell wie psychisch am Ende. Das galt generell für Politiker und Parteibonzen, für Offiziere und Diplomaten, für SS-Chargen und Organisationsleiter; aber auch für den weiteren Kreis der Funktionsträger, die Beamten, Juristen, Mediziner, Unternehmer, Hochschullehrer oder Journalisten.

Alle standen sie, mehr oder minder, vor dem Aus. Und viele mit Ingrimm, ja Zorn in Kopf und Bauch. Denn sie glaubten immer noch, einer vermeintlich guten Sache gedient zu haben, nur von Hitler verraten worden zu sein. Die Publizistin Carola Stern, die später als eine der Ersten die Netze der Vergangenheit zerrissen hat, aber als NS-Jungmädelführerin auf der Urlaubsinsel Usedom braune Luft geschnuppert hatte, beschreibt die damals weit verbreitete Stimmung: »Die Firma Nazi-Deutschland war bankrott. Ihr Gründer hatte Selbstmord begangen und uns inmitten eines Scherbenhaufens zurückgelassen. So hatten wir nicht gewettet! Das war nicht die Geschäftsgrundlage gewesen! Enttäuschung schlug in Zynismus, Hoffnungslosigkeit, ja Gleichgültigkeit! Ich fühlte mich betrogen.«

Doch historisch gibt es keine Stunde Null – auch wenn der amerikanische Historiker Francis Fukuyama nach dem Zusammenbruch des »real existierenden Sozialismus« eilfertig das »Ende der Geschichte« verkündet hatte. Eher trifft die Klassifizierung seines deutschen Kollegen Wehler zu, der für 1945 von einer »Zusammenbruchsgesellschaft« spricht.

Das Kriegsende hieß für Deutschland der Beginn der Besatzungsmacht, und die neuen Herren – zunächst noch alle vier Siegermächte – nahmen es ernst mit ihrem Willen zur Säuberung und Entnazifizierung des vormaligen NS-Staates. Massenhaft wurden von den Alliierten 1945 Nazi-Funktionsträger in »automatischen Arrest« genommen. Bei Jahresende zählte man allein in der amerikanischen Zone rund 100.000 Personen. Bei den anderen beiden Westmächten dürfte die Zahl sicher vergleichbar gewesen sein, in der sowjetischen Zone weitaus höher. Ironie der Geschichte: Viele dieser Internierten wanderten – manche nur für Wochen, andere bis zu mehreren Jahren – in die ehemaligen KZ-Lager, in die sie vorher ihre eigenen Gegner hatten verschleppen lassen. Gleichzeitig begannen Verhöre, Ermittlungen, Entnazifizierungsverfahren, Berufsverbote. In der amerikanischen Zone musste jeder Beamte aus dem Dienst ausscheiden, der vor dem 1. Mai 1937 Parteimitglied geworden war.

Bald zeichnete sich auch ab, dass die Alliierten die wichtigsten Träger des Dritten Reiches vor Gericht stellen würden. Das galt nicht nur für die »Hauptkriegsverbrecher«, deren Prozess am 20. November 1945 in Nürnberg begann und am 1. Oktober 1946 mit zwölf Todesurteilen, sieben Haftstrafen zwischen zehn Jahren und lebenslang sowie vier Freisprüchen endete. Diesem ersten Verfahren folgten zwölf Nachfolgeprozesse gegen andere NS-Eliten wie Juristen, Militärs, Diplomaten, Industrielle, Mediziner, Verwaltungsbeamte. In diesen internationalen Nürnberger Gerichtsverfahren erhielten von insgesamt 177 Angeklagten 24 die Todesstrafe.

In den einzelnen Besatzungszonen wurde NS-Größen ebenfalls der Prozess gemacht. In den westlichen Militärverwaltungen standen etwa 5.000 Beschuldigte vor Militärrichtern. Bei rund 800 endete das Verfahren mit dem Todesurteil. In der östlichen Besatzungszone wurde diese Höchststrafe 750 Mal ausgesprochen. Allerdings ging die Sowjetmacht in ihrem Bereich viel rigoroser gegen Nazi-Funktionäre vor, weil sie sich von Anfang an – im Sinn der kommunistischen Ideologie – einen völligen Elite-Wechsel zum Ziel setzte. Bis heute ist das ganze Ausmaß der dortigen Säuberungen nicht bekannt, da auch unschuldige Opfer unter die juristischen Räder gerieten. Es mangelt sowohl an entsprechenden Unterlagen als auch an historischer Forschung. Der Historiker Winkler nennt zwar die Zahl von 120.000 Lagerinsassen, von denen 42.000 ums Leben gekommen sein sollen. Ob solche Zahlen alles erfassen, bleibt offen.

Daneben lief die gewaltige Maschinerie der Entnazifizierungsverfahren für alle Betroffenen an. Zunächst von den Alliierten selbst betrieben, gingen sie jedoch schon bald mit deutscher Beteiligung weiter. Denn in weiten Kreisen der Bevölkerung rührte sich Unmut, ja Widerwillen gegen die »Siegerjustiz«. Instrumente dieser Entnazifizierung waren die sprichwörtlichen Fragebogen und die Spruchkammern. Mit der Zeit verkamen diese Verfahren vielfach zur Farce, wenn etwa nach mehrmaligen Durchgängen aus »Hauptbeschuldigten« am Ende nur »Mitläufer« wurden. Zudem grassierte ein exkulpierendes Unwesen von »Persilscheinen«, bei denen leider die beiden Kirchen eine unrühmliche Rolle spielten. Gerade mit deren Hilfe, aber auch mit gefälschten Papieren durch andere »karitative« Organisationen, entkamen viele üble Nazi-Schergen über dubiose »Rattenlinien« nach Südamerika oder Nahost. Der Fall Adolf Eichmann belegt exemplarisch diesen Fluchtstrom.

Je mehr sich jedoch der Konflikt zwischen den westlichen Alliierten und der Sowjetunion zuspitzte und sich die Konturen des Kalten Krieges abzeichneten, desto weniger ging es den alten Nazi-Chargen an den Kragen. In Westdeutschland war die Entnazifizierung praktisch längst eingestellt, als in Bonn 1949 die Bundesrepublik aus der Taufe gehoben wurde. Und im Osten hatten die Sowjets durch die systematische Schwächung und Ausschaltung der bürgerlichen Schichten den Boden für die sozialistische Gesellschaftsordnung bereitet. Hannah Arendt, 1933 emigrierte Jüdin, zeigte sich, als sie vier Jahre nach Kriegsende eine Reise durch Deutschland unternahm, entsetzt darüber, keinen einzigen Nazi mehr angetroffen zu haben – und dies bei zuletzt 8,5 Millionen NSDAP-Mitgliedern. Das Verdrängen der Nazizeit – wohl begünstigt durch Trümmer und Chaos, Flucht und Nöte, Hunger und Entbehrung, die es zunächst zu bewältigen galt – griff schnell und umfassend um sich. Der Publizist Hannes Heer bringt es auf den Punkt: »Hitler war's«. Vielleicht hat sich darin auch mancher Reflex über die damals weit verbreitete Kollektivschuld-These niedergeschlagen.

Dennoch hält der Geschichtsforscher Norbert Frei, einer der besten Kenner deutscher Vergangenheitspolitik, die Säuberungsaktion für nicht sinnlos. Denn sie habe eine klare normative Abgrenzung vom Nationalsozialismus bewirkt, »hinter die es kein Zurück mehr gab«. Aus diesem Grund seien die Jahre der Besatzung »keine Zeit der Kontinuität« gewesen, weder bei den Eliten, noch bei der deutschen Gesellschaft insgesamt.

Dennoch eröffneten sich für viele Angehörigen der alten NS-Eliten wieder Chancen und damit neue Karrieren, als im Westen die Bundesrepublik gegründet wurde. Denn wie Frei schreibt, standen in Bonn »vom ersten Tag die Zeichen auf Amnestie und Integration«. Ganz in diesem Sinne hatte der erste Bundeskanzler Konrad Adenauer in seiner ersten Regierungserklärung im September 1949 gesagt, mit der »Denazifizierung« – wie er es nannte – sei viel Unglück und viel Unheil angerichtet worden. Daher sollte man »Vergangenes vergangen sein lassen«. Und es dauerte dann gerade einmal drei Monate, bis der erste Bundestag im Eilverfahren zu Silvester 1949 (!) ein erstes Straffreiheitsgesetz verabschiedete. Ein Jahr später, im Dezember 1950, folgte die Empfehlung zur Beendigung der Entnazifizierungsverfahren, die in der Kompetenz der Länder lagen. 1951 schloss sich das so genannte »131er-Gesetz« an, das die Wiedereinstellung und Versorgung jener Beamten und Offiziere mit sich brachte, die 1945 aus dem öffentlichen Dienst entlassen worden waren. 1954 schließlich kam das Zweite Straffreiheitsgesetz. Es bildete praktisch den Schlusspunkt unter die »Phase der Vergangenheitspolitik« (Frei).

Mit diesem Gesetz verbanden die rechtsnationalen Parteien FDP und DP wie der BHE (Bund der Heimatvertriebenen und Entrechteten), die mit Adenauers CDU in einer Koalition saßen, die Amnestie der von den Alliierten verurteilten Nazi-Verbrecher. Beispielhaft hier ist der Fall des ehemaligen Generalfeldmarschalls Erich von Manstein, der den Westfeldzug geplant und im Osten Heerestruppen befehligt hatte. Von Hitler 1944 kaltgestellt, verurteilte ihn dennoch 1949 ein britisches Militärgericht zu 18 Jahren, später 12 Jahren Haft. Manstein zählte immer zu jenen Offizieren, die die Legende einer fair kämpfenden Wehrmacht verbreitet haben, während sie für die Verbrechen die SS und den SD verantwortlich machten. Allerdings hat Manstein selbst Vergeltungsmaßnahmen gegen die Zivilbevölkerung, gegen Kriegsgefangene und gegen Juden legitimiert. Nach seiner Verurteilung Anfang der 50er Jahre entwickelte sich bald eine öffentliche Kampagne zu seiner Freilassung, die dann 1953 erfolgte, angeblich wegen Krankheit. Adenauer empfing Manstein nach seiner Entlassung in Bonn. Schließlich wirkte dieser Mann später als Berater des Kanzlers und der Bundeswehr. Eine Ausnahme? Keinesfalls.

Viele hohe Militärs wurden im Laufe der 50er Jahre aus der Haft entlassen, andere bastelten bereits im Auftrag Adenauers am Aufbau neuer Streitkräfte wie Hermann Foertsch, Hans Speidel, Adolf Heusinger, Wolf Graf Baudissin, die sich ab 1951 in der

»Dienststelle Blank«, der Keimzelle der Bundeswehr, einfanden. Dort waren bald annähernd 200 ehemalige Berufsoffiziere beschäftigt. Von den bis 1957 ernannten 44 Generälen und Admiralen stammten alle aus der Wehrmacht. 12.360 Offiziere von 14.900 hatten bereits in der NS-Zeit ihre militärische Karriere gestartet, davon 300 sogar im Führerkorps der SS.

Was den Militärs recht war, die am längsten auf ihre Wiederverwendung bis zur Bildung der Bundeswehr 1955/56 warten mussten, das war führenden Vertretern der anderen NS-Eliten längst billig. Am schnellsten hatten die Unternehmer und Wirtschaftsführer ihren Anschluss gefunden, wurden doch ihre Fähigkeiten und Kenntnisse beim Wiederaufbau der Industrie und der Ankurbelung der Produktion dringend benötigt. Zwar waren einige prominente Industrielle wie Alfried Krupp von Bohlen und Halbach – für seinen erkrankten Vater Gustav –, Friedrich Flick, Fritz ter Meer und andere in Nürnberg zu Haftstrafen verurteilt worden. Aber Anfang der 50er Jahre kamen sie alle wieder frei und in neue Funktionen. Zwei besonders aktive Hitler-Förderer entzogen sich der Verantwortung: Albrecht Voegler von den Vereinigten Stahlwerken starb im April 1945 in US-Haft durch Suizid; Fritz Thyssen sagte sich früh von Hitler los und emigrierte schon 1939 in die Schweiz. 1941 wanderte der Stahlbaron nach der Verhaftung in Frankreich ins KZ, 1948 ging er nach Argentinien.

Anderen erging es weit kommoder, etwa dem Spitzenbankier Hermann Josef Abs. »A man for all seasons«, so hat der Historiker Lothar Gall über ihn getitelt. Und in der Tat: Das Deutsche Bank-Vorstandsmitglied – später Vorstandssprecher – hat zeitlebens die Legende eines fairen Geldmanagers gepflegt. Nach seinem Tode 1994 kamen missliche Fragen über Arisierungsgeschäfte auf, auch über die Beschäftigung von KZ-Häftlingen beim IG-Farben-Werk in unmittelbarer Nähe von Auschwitz. Abs hatte ein persönliches Netzwerk geknüpft, das ihn das NS-System ziemlich unbeschadet überleben ließ und – wen wundert's – nach dem Krieg schon bald an die Seite Adenauers trieb. Für den Bonner Kanzler fungierte er – neben dem Kölner Bankier Robert Pferdmenges – nicht nur als wirtschaftspolitischer Berater, sondern auch als Delegationschef bei den Londoner Schuldenberatungen Anfang der 50er Jahre.

Eine ganz andere Riege war nach 1945 ebenfalls bald wieder oben auf, nämlich Speers »Kindergarten«. Albert Speer, zunächst Hitlers Lieblingsarchitekt, dann von 1942 an Reichsminister für Rüstung und Kriegsproduktion, hatte um sich ein junges, arbeitswütiges Team von 30ern gesammelt. Mit Fantasie und Dreistigkeit hielt es, trotz aller Widrigkeiten von innen und außen, die Waffenproduktion ständig am Laufen. Um diesen engen Kreis legte sich eine Entourage von Industriellen und Managern, die in der Nazizeit ihre erfolgreichen Karrieren starteten und nach Kriegsende in Spitzenstellungen der westdeutschen Wirtschaft aufstiegen. Ihre Namen haben bis heute einen guten Klang, weil das Wirtschaftswunder im ersten Jahrzehnt der Bundesrepublik mit ihnen verbunden wird. Eine Auswahl: Carl Friedrich Wilhelm Borgward, Otto A. Friedrich, Ulrich Haberland, Hans Ludwig Merkle, Ernst Wolf Mommsen, Josef Neckermann, Willy Hermann Schlieker, Hans-Günther Sohl, Karl Winnacker, Carl Wurster, Wilhelm Zangen. Hinter diesen Namen stehen Unternehmen wie Thyssen, Mannesmann, BASF, Hoechst, Bosch, Bayer, Krupp – alles Adressen bester Güte. Die Industriellen waren häufig Mitglieder der NSDAP, zuweilen auch Wehrwirtschaftsführer, eine exklusive NS-Auszeichnung. Die Journalistin Nina Grunenberg hat diesem Zirkel, den sie »Männer mit Vergangenheit« nennt, wohlwollende Porträts als »Wundertäter« gewidmet. Am Ende fragt sie allerdings, was denn von ihnen in der Erinnerung bleibe, und sie gibt selbst die ernüchternde Antwort: »Der Respekt vor einer enormen Aufbauleistung und das Erschrecken über ihre völlige moralische Unempfindlichkeit.«

Von Juristen bis Journalisten, von Beamten bis Diplomaten: Sie alle fanden schnell wieder Anschluss, nachdem ihnen die Bonner Amnestiegesetze die Rückkehr in vertraute Amtsstuben, Positionen und Metiers ermöglicht hatten. Vor allem der Bereich der Verwaltung und Justiz ist ärgerlich wie blamabel zugleich. Damit zog in den neuen demokratisch verfassten Staat nicht nur altes obrigkeitsstaatlich-autoritäres Denken wieder ein, auch wurde die Aufarbeitung der schrecklichen Vergangenheit behindert und blockiert, verdrängt und vermieden. »Nicht nur ›Mitläufer‹ und ›Minderbelastete‹, auch ›Belastete‹ durften nach Ablauf einiger Jahre hoffen, nicht mehr mit ihrer politischen Vergangenheit konfrontiert zu werden«, schreibt der Historiker Winkler. Kein Richter des Volksgerichtshofs, der Terrorurteile gesprochen hatte, wurde je verurteilt; bei vielen Medizinern, die sich der NS-Rassenpolitik und Euthanasie sowie den KZ-Vernichtungsprogrammen zur Verfügung gestellt hatten, wurde der Prozess verschleppt oder sie fanden neuen Unterschlupf; zahlreiche Hochschullehrer, vormals glühende Nazi-Apologeten, zogen wieder in die Universitäten ein; belasteten Schreibern, lange skrupellose Goebbels-Sirenen, gelang mit gewendeter Wortwahl und publizistischer Camouflage der schnelle Wiedereinstieg im Mediengeschäft.

Für alle diese Sparten gibt es repräsentative Belege, auch prominente Namen: Hans Globke, langjähriger Staatssekretär Adenauers und Kommentator der Nürnberger Rassegesetzgebung; Theodor Oberländer, Volkstumsforscher und Gauamtsleiter wie später Bonner Vertriebenenminister; Hans Filbinger, der unnachgiebige Marinerichter und »furchtbare« Jurist, der es zum Ministerpräsidenten des Landes Baden-Württemberg schaffte und über den einer seiner Nachfolger, Günther Oettinger, wegen einer dumm-dreisten Trauerrede auf ihn Jahrzehnte später fast gestolpert wäre; Theodor Maunz, Rechtsprofessor und Grundrechtskommentator sowie bayerischer Kultusminister, schließlich Berater des rechtsradikalen Verlegers Gerhard Frey; Werner Höfer, abgestumpfter »Reich«-Autor und so angesehener Gastgeber des politischen TV-Frühschoppens; Giselher Wirsing, anbiedernder SS-Schreiber und später Redaktionsleiter der evangelischen Wochenzeitung »Christ und Welt«.

Es gab allerdings auch Karrieren im Stillen, die nicht so sehr in die Öffentlichkeit gezerrt wurden. Wer redet etwa darüber, dass der Vater des Wirtschaftswunders, wie Ludwig Erhard gern bezeichnet wird, jahrzehntelang einen Staatssekretär und Minister beschäftigt hat, nämlich Ludger Westrick, der vormals NS-Wehrwirtschaftsführer war? Oder über Wolfgang Immerwahr Fränkel, der zuerst als Bundesanwalt, dann sogar 1962 für einige Monate als Generalbundesanwalt amtierte, obwohl er im NS-System als »Fanatiker der Todesstrafe« galt – Beurlaubung übrigens mit vollen Bezügen? Wer kennt den Pharmakologen Wolfgang Heubner, in Menschenversuche während der Nazizeit involviert, nach dem Krieg Ordinarius und Dekan an der Freien Universität Berlin?

Dass viele NS-Karrieren in der Bundesrepublik aufgedeckt wurden, geht in zahlreichen Fällen auf den Absender Ostberlin zurück. Die SED-Führung, mit Agitationschef Albert Norden an der Spitze, lancierte immer wieder Namen und Fakten, veröffentlichte Dokumentationen und »Braunbücher«, versorgte Journalisten und Autoren mit Papieren und Unterlagen. So sollte der Beleg erbracht werden, dass die westdeutsche Demokratie faschistisch imprägniert sei. Dabei scheuten die SED-Agitatoren vor Manipulationen und Fälschungen von Akten nicht zurück. Der Widerhall der Ostberliner Vorstöße erklärt sich nur dadurch, dass in der Bundesrepublik die NS-Zeit ausgespart wurde.

Damals installierte sich in der Bundesrepublik das System der »zweiten Schuld«, wie der Publizist Ralph Giordano diese Periode des Verdrängens, Verneinens, Verschweigens oder Vergessens beschrieben hat. Auf die Ambivalenz dieses Phänomens hat allerdings der Essayist Hans Magnus Enzensberger hingewiesen. Denn er vertritt die Ansicht, diese Bewusstlosigkeit sei die Bedingung für den Erfolg der westdeutschen Gesellschaft gewesen. Unter den Historikern brandet der Streit, ob diese Epoche mit dem Etikett »reaktionär« oder »restaurativ« versehen werden soll, weil die alt-neuen Eliten so vorherrschend waren. Die langen Adenauer-Jahre, von 1949 bis 1963, laden zu solchen Disputen geradewegs ein. Wie sehr sich vordemokratische Denkweisen erhalten hatten, zeigte sich exemplarisch an der »Spiegel«-Affäre im Oktober 1962, als mit zweifelhaften, sogar strafwürdigen Methoden einem kritischen Presseorgan der Garaus gemacht werden sollte.

Bezeichnend bleibt zudem, dass die großen KZ-Prozesse, die der breiten Öffentlichkeit die Absurdität und Perversion des nationalsozialistischen Verbrechens- und Vernichtungsapparats vorführten, erst knapp zwei Jahrzehnte nach Kriegsende stattfanden: Auschwitz 1963 bis 1965, Belce 1965, Treblinka 1964/65, Sobibor 1965/66. Inzwischen war die Figur des »Beschweigens« längst zum Bestandteil der westdeutschen politischen Kultur geworden.

Daher stellt sich die Frage, warum die damals überragende Gestalt eines Konrad Adenauer, der ja selbst von den Nazis gejagt worden war, so schnell auf den »Frieden mit den Tätern« setzte und seine Pläne für Amnestie und Reintegration der ehemaligen Nationalsozialisten problemlos durchsetzen konnte. Das oberste politische Ziel des ersten Bundeskanzlers war – neben der Schaffung freiheitlicher Strukturen – die Etablierung eines Weststaates. Mit solchen Vorstellungen hatte er als Kölner Oberbürgermeister schon Ende der 20er Jahre geliebäugelt, was ihm den Vorwurf des Separatisten eingebracht hatte. Damit verband er allerdings auch den konsequenten Abschied von den deutschen Sonderwegen, die Deutschland in die Isolation und Katastrophe geführt hatten.

Da sich solche Dispositionen mit einer tiefen Abneigung gegen die Kommunisten paarten, genährt durch die persönlichen Erfahrungen Adenauers während der bürgerkriegsähnlichen Straßenkämpfe Anfang der 30er Jahre, erhielten sie durch die unmittelbare Frontstellung der Bundesrepublik zur DDR eine abermalige breite Unterfütterung. Der preußisch-protestantische und nun rote Osten, für Adenauer immer nur die »Sowjetzone«, war ihm zeitlebens fremd geblieben. In dieser Hinsicht fühlte er sich von den alt-neuen Eliten, die durch antikommunistische Feindbilder während der Zeit des Nationalsozialismus geprägt worden waren, wohl nachhaltig unterstützt. Doch der fuchsschlaue Pragmatiker Adenauer wusste genau, dass er seine Westpläne nur mit einer breiten Mehrheit in der Bevölkerung verwirklichen konnte. Um diese zu gewinnen, musste der »Alte« die NS-Vergangenheit schnell einebnen und versiegeln, um Störfaktoren in der Gesellschaft zu beseitigen.

Aber Adenauer konnte noch auf eine Ressource zurückgreifen, die er geschickt zu nutzen wusste. Mit dem Ende des NS-Regimes war die propagierte und kriegsbedingte »Volksgemeinschaft« keineswegs untergegangen. Im Gegenteil: Die Zusammenbruchsgesellschaft, die sich aus Trümmern und Chaos wieder aufrappelte, fand sich nun in einer Not- und Bedarfsallianz wieder, die – etwas sprachlich gewendet – als Volksgemeinschaftlichkeit bezeichnet werden kann. Dieser Eigenschaft, die die Aufbauphase der Bundesrepublik nachhaltig bestimmte, ist ein Großteil des Wirtschaftswunders zu verdanken. Denn letzteres geht sie nicht allein auf die Tatkraft und Energie der Unternehmer und Wirtschaftskapitäne zurück.

So sammelte sich in den 50er und 60er Jahren eine Menge altdeutsch-rückwärtsgewandter Bilder und Begriffe an. Die überlebenden Weimarer konnten, nach Selbstausschluss der alten Nazi-Größen, nach 1945 – erst recht nach Gründung der Bundesrepublik – das Machtvakuum füllen. Die mittlere Generation, die für den Aufbau des neuen Staates benötigt worden wäre, fiel durch den Blutzoll während des Krieges weitgehend aus. Die jüngeren NS-Funktionäre sahen, da ihnen alsbald keine existentiellen Risiken mehr drohten, die Möglichkeiten einer »zweiten Chance«, und unter diesem unerwarteten Schutzmantel haben sie sich gut eingerichtet.

Für die ganz Jungen, die um 1945 und danach Geborenen, blieb angesichts der besetzten Positionen und durch die traditionsorientierten Vorgaben der alt-neuen Eliten wenig Platz und Gestaltungsraum. Der Stau suchte nach einem Ventil. Ein demonstrativer Akt steht dafür beispielhaft: Im November 1968 ohrfeigte die junge Sekretärin des Deutsch-Französischen Jugendwerks, Beate Klarsfeld, auf dem CDU-Parteitag in Berlin Bundeskanzler Kurt Georg Kiesinger. Dessen Lebenslauf wies, bei aller eleganten Bürgerlichkeit, die dieser Mann besaß, die braunen Flecken einer NSDAP-Mitgliedschaft und Tätigkeit in der Propaganda-Abteilung des Auswärtigen Amtes auf. Eine solche Geste von Klarsfeld, so negativ sie auch beurteilt werden muss, kann als ein verzweifelter Hilfeschrei aus der Enge der geistigen und sozialen Milieus der Nachkriegs-Ära gewertet werden, wie sie die alt-neuen Eliten geschaffen hatten.

6. Der Aufstand der Jungen
Kampf gegen Eliten und Hierarchien

Von dem gewölbten Glasdach hängt ein meterlanges, rotes Tuch, einer Fahne ähnlich, in den Raum herunter. Darauf ist, in schwarzen Halbkonturen, unschwer das Gesicht des kubanischen Guerillakämpfers Che Guevara zu erkennen. Auch ein Slogan ist abzulesen: »Verwandelt Euren Hass in Energie«. Unter dem flammenden Tuch befindet sich eine kleine Koje, ausgestattet mit einer braunen Marx-Büste, Fotos von Mao und Ho Chi Minh. In einer Ecke ein Bücherschrank hinter Glas, mit ausgewiesener linker Literatur. Auf einem kleinen Schreibtisch steht eine Flugblattmaschine Typ Ormig 230 MTA. Zu sehen sind noch ein Handmegaphon, Plakate, Fotos, Zeitungsausschnitte. An der Rückwand der Koje laufen auf einer Videowand mit zwölf Bildschirmen in einer Endloswiederholung Filmfetzen von handfesten Zusammenstößen und Straßenschlachten zwischen Polizisten und Demonstranten. Zwei Meter daneben der vordere Teil eines dunkelgrünen »Wasserwerferkraftwagens« LAF 113 von Daimler-Benz, dazu Absperrgitter, Schutzschilde und Helme. Diese Utensilien sind die musealen Erinnerungen an das erregende politische Schaltjahr 1968 im Bonner Haus der Geschichte.

»68« polarisiert weiterhin die deutsche Gesellschaft wie kaum ein anderes Datum der Nachkriegszeit. Dabei pendeln die Urteile, in die häufig ein gerütteltes Maß an Vorurteilen einfließt, zwischen Ablehnung, Negierung, Abwehr und Widerspruch auf der einen Seite, Zustimmung, Einvernehmen, Verklärung und Überhöhung auf der anderen Seite. Die unterschiedliche Wahrnehmung der damaligen Protestbewegung rührt wohl weniger aus einer adäquaten Einschätzung von Aktionen, Demonstrationen, Proklamationen. Da hat die Bundesrepublik – zumindest zahlenmäßig – ganz andere Dimensionen erlebt als 1967/68. Um es mit Zahlen zu belegen: Mitte 1968 war gut die Hälfte der Studierenden in der Bundesrepublik an den Protestzügen beteiligt, von der nichtakademischen Jugend machten gerade einmal fünf Prozent mit. Dabei betrug die damalige Studentenzahl nur rund 300.000 – um es auf ein angemessenes Verhältnis zu bringen.

Die Polarisierung, die 1968 weiterhin hervorruft, begründet sich wohl eher mit den Folgen, die durch diese Bewegung ausgelöst wurden, den politischen, gesellschaftlichen, moralischen, ja bis zu den terroristischen und mörderischen Exzessen mit ihrem Höhepunkt im »deutschen Herbst« 1977. Hieran macht sich gravierende bis maßlose Kritik fest. Auch mit Berechtigung, ging doch die ursprüngliche Trennung, eher theoretisch-deklamatorischer Natur, zwischen »Gewalt gegen Sachen« und »Gewalt gegen Personen« recht schnell in die Brüche. Die Verbindung von 68er-Protest und Gewaltakten, gleichgültig gegen wen oder was, bleibt eine abstoßende Kausalkette, die diese Bewegung historisch immer enorm belasten wird.

Doch abseits solch negativer Reminiszenzen wirkte »Achtundsechzig« – bezogen auf den Gesellschaftsprozess – gleichsam wie ein Katalysator. In überschwänglichen historischen Abhandlungen ist zuweilen sogar von einer »Umgründung der Republik« die Rede. Etwas nüchterner hat es einer der besten Kenner der Szene, Wolfgang Kraushaar, in einem seiner Buchtitel ausgedrückt: »1968 als Mythos, Chiffre, Zäsur«. Mit solcher Begrifflichkeit lässt sich besser, weil eben sachlicher arbeiten.

Die Bielefelder Historikerin Ingrid Gilcher-Holtey hat nachgewiesen, dass die deutsche Studentenbewegung Teil eines weltweiten Protestes war, der sich in den 60er Jahren ausbreitete, vor allem auf dem Campus der Universitäten. Ortsnamen wie Berkeley, Paris, Rom und Berlin stehen dafür. Ursprünglich hatten diese Proteste das Gegenmodell einer partizipatorischen Universität zum Ziel – statt des »Muff von 1.000 Jahren unter den Talaren«, wie einer der bekannten deutschen Sprüche lautete.

Allerdings wäre es zu eng gegriffen, die Vibrationen jener Zeit nur auf die studentische Generation jener Jahre abzuheben. Es gab auch andere Formen der Verweigerung und Auflehnung, die Hippies und Provos, die Beatles und Elvis Presley, die Gammler, Pop-Art-Künstler und Aussteiger. So etablierte sich Mitte der 60er Jahre in München die »Subversive Aktion« mit ihrem geistigen Kopf Dieter Kunzelmann, die die bürgerliche Gesellschaft mit Happenings und Mummenschanz lustvoll provozierte. Später war es in Berlin die Kommune I, wo sich zu Kunzelmann noch Fritz Teufel und Rainer Langhans als Politclowns gesellten. All diese Zirkel und Gruppierungen der Jugendrebellion folgten einem gemeinsamen Nenner: dem antiautoritären Affekt.

Dennoch besaß die deutsche Studentenbewegung, die sich Mitte der 60er Jahre vor allem um den Sozialistischen Deutschen Studentenbund (SDS) formierte, einige Merkmale, die sie von denen anderer Länder unterschied. Diese ergaben sich aus den Besonderheiten der deutschen Geschichte. Gilcher-Holtey schreibt, dass sich ein zentrales Element der Transformationsstrategien der Neuen Linken, »die Bildung von Gegenmacht, auch Gegeninstitution, in der Bundesrepublik mit der Aufarbeitung der Vergangenheit zu einer spezifischen Form der Vergangenheitsbewältigung« verbunden habe. Ihre radikalen politischen Forderungen verbanden die hiesigen Studentenführer mit insistierenden Fragen nach den Verquickungen und Verstrickungen der Elterngeneration im NS-System. »Aufstand gegen die Nazi-Generation«, hieß es krude auf einem Berliner Flugblatt.

Gewiss hatte sich der SDS, eine 1961 von der SPD verstoßene Organisation, vorher lange Zeit das Karrieresprungbrett für

Jungpolitiker, über den von den USA betriebenen Vietnam-Krieg politisch radikalisiert, ähnlich wie amerikanische und europäische Gruppierungen. Auch gehörten Dritte-Welt-Apologien zum Gedankengut, was den Kult für Che Guevara, Fidel Castro, Mao und Ho Chi Minh erklärt. Ebenso sahen sie Herbert Marcuse, den deutschstämmigen, amerikanischen Philosophen, mit seiner Theorie des »eindimensionalen Menschen« als eine geistige Leitfigur der Neuen Linken an. Marcuse hatte nicht mehr die Arbeiterschaft, sondern den akademischen Nachwuchs und deklassierte Randgruppen zur revolutionären Avantgarde erklärt. Der SDS lud ihn als Hauptredner zu seinem Vietnam-Kongress im Mai 1966 nach Frankfurt ein. Aber auch er, wie zwei weitere intellektuelle Leitbilder, die Sozialphilosophen Theodor W. Adorno und Max Horkheimer, riefen in ihren Darlegungen immer wieder Auschwitz ins Gedächtnis, das sich nie wiederholen dürfe. Immerhin hatten Alexander und Margarete Mitscherlich 1967 die Diagnose gestellt, die westdeutsche Gesellschaft leide an der »Unfähigkeit zu trauern« – eine Metapher, die lange nachklang.

Dies geschah alles vor dem Hintergrund einer Großen Koalition in Bonn, die sich neben der Bewältigung einer wirtschaftlichen Rezession vor allem die Verabschiedung der Notstandsgesetze zum obersten Ziel gesetzt hatte. Daher gab es im Herbst 1966 einen SDS-Kongress mit dem Thema »Notstand der Demokratie«. Wie leicht, auch leichtfertig ließ sich von den Bonner Notstandsgesetzen – die später niemals in der Bundesrepublik angewendet wurden – die Brücke schlagen zum »repressiven«, ja »totalitären« Staat, auch zum Faschismus. Aber eine solche Verbindung erscheint höchst zweifelhaft, nicht zuletzt, weil die Studentenbewegung durch »ihr Spiel mit dem Terror« fanatische Implikationen besaß, wie der Philosoph Jürgen Habermas frühzeitig warnte.

Allerdings bleibt zweifelhaft, ob der Studentenprotest jemals solche Ausmaße angenommen hätte, wenn nicht am 2. Juni 1967 bei einer Demonstration gegen den Besuch des Schahs von Persien in Berlin der Student Benno Ohnesorg von einem Polizisten erschossen worden wäre. Danach prägten Demonstrationen, Straßenkämpfe, Besetzungen in den kommenden Wochen und Monaten das öffentliche Geschehen in der gesamten Bundesrepublik. Gleichzeitig entwickelte sich in Springers »Bild« eine unglaubliche Verleumdung, ja sogar hasserfüllte Kampagne gegen Rudi Dutschke – neben Bernd Rabehl einer der Anführer des Berliner SDS. »Enteignet Springer«, lautete daher der Slogan der Studenten, und mit dem Kampfruf gegen den Hamburger Pressezaren verband sich auch die Absage an die Eliten und Hierarchien. Am 11. April 1968 schoss der Gelegenheitsarbeiter Josef Bachmann auf dem Kurfürstendamm Rudi Dutschke nieder. An den Spätfolgen dieses Mordanschlages ist der Studentenführer 1979 gestorben.

Der Rest ist schnell erzählt: Der SDS, seines intellektuellen Kopfes und charismatischen Sprechers verlustig, brach nach dem Attentat bald auseinander. 1970 löste sich der Verband selbst auf. Ein Teil seiner Anhänger schloss sich der dogmatischen Deutschen Kommunistischen Partei (DKP) an, die von Ostberlin gesteuert und finanziert wurde. Andere gingen in maoistische und leninistische Splittergruppen. Ein noch kleinerer Teil wanderte in den Untergrund, aus dem Terroranschläge geplant und begangen wurden, für die die mörderische »Rote Armee Fraktion« (RAF) als Signum stand. Über zwei Jahrzehnte verbreite die RAF Angst und Schrecken. Viele 68er traten jedoch den »Marsch in die Institutionen« an, von denen nicht wenige in der SPD, so mancher auch in der FDP landete, später bei den neuen sozialen Bewegungen und dann bei den Grünen. Einige absolvierten diesen Weg sogar höchst erfolgreich, wie etwa die Karriere von Joschka

Fischer beweist, der es bis zum Vizekanzler und Außenminister schaffte. Gerade Fischers Laufbahn beweist, wie sich eine Person bei diesem Marsch durch die Institutionen verändern kann. Immerhin war er, trotz straßenkämpferischer Vergangenheit, in seiner Berliner Ministerzeit über lange Phasen bei Umfragen der beliebteste Politiker im Land.

Was bleibt? Kenner Kraushaar konstatiert, dass sich keine deutsche Protestbewegung energischer von einem Gesellschaftsbild abgesetzt habe, »das durch Hierarchien, Privilegien und Führungszirkel geprägt« gewesen sei. Die Ablehnung der Eliten habe sich vor allem aus der Tatsache gespeist, dass es »einem erheblichen Teil der NS-Eliten gelungen war, sich nach 1945 erneut in Wirtschaftsunternehmen, Banken, Verbänden und nicht zuletzt im Staatsapparat zu verankern«. Deshalb konstatiert er, dass der SDS und die anderen 68er-Bewegungen antielitär eingestellt gewesen seien. »Diese Haltung führte zu einer grundsätzlichen Eliteverweigerung.« Die Rockband »Ton, Steine, Scherben« drückte es im Titel ihrer berühmten Schallplatte griffig aus: »Keine Macht für Niemand«. Kraushaar bemüht auch den Konkurrenzbegriff zu Elite, nämlich den der Avantgarde. Für ihn ist diese jedoch nichts anderes als die »transistorische Elite«. Habe sie ihre Aufgabe vollbracht, könne sie sich wieder auflösen. Seine Schlussfolgerung: »Die einstmalige Antielite der 68er-Bewegung ist weder zu einer Funktionselite noch zu einer Führungselite, auch nicht zu einer Weltanschauungselite mutiert, sondern zu einer Wertelite anderen Typs.«

Damit spielt Kraushaar auf einen Umstand an, den auch andere Historiker konstatieren: Die 68er-Protestler sind mit ihren politischen Forderungen unmittelbar und total gescheitert. Gerd Koenen, ebenfalls ein 68er-Aktivist, summiert: »Im Nachhinein ist offenkundig, dass wir uns in der Zeit und der Gesellschaft, in der wir lebten, weitgehend vertan und versehen haben.« Wegen ihrer utopischen, sozial-romantischen und linksextremen Forderungen hatten die 68er nie eine Chance der Realisierung. Denn die Mehrheit der Bevölkerung war gegen die Studentenrevolte eingestellt. Zwar werden immer wieder über die 68er-Bewegung viele Bedrohungsszenarien für die westdeutsche Demokratie gezeichnet. Doch wer dies suggeriert, baut unhaltbare Schreckgestalten auf. Denn »68« hat überkommene Elitestrukturen nicht wirklich zerstört.

Ohne Wirkung blieb der Studenten-Protest allerdings nicht. Die anderen Wertvorstellungen, die sie propagierten, drangen tief greifend und langfristig in die Gesellschaft ein. Emanzipation und Partizipation, Legitimierung und Egalisierung, Autonomie und Lebensgefühl, Erziehung und Autorität, Sex und Partnerschaft: Dies alles erfuhr in den 70er Jahren eine andere Qualität. Die gewaltigen Veränderungsprozesse jedoch allein dem Konto der 68er gut zu schreiben, wäre falsch und vermessen. Die vielen Ambivalenzen dieser Bewegung beschreibt Koenen daher so: »Sie war modern und konservativ, zeitgemäß und unzeitgemäß zugleich. Und gerade das machte sie vielleicht so geeignet, als Katalysator jenes großen soziokulturellen Umbruchs zu fungieren, der sich auf viel breiterer Front, eher außerhalb als innerhalb ihres Milieus und zunächst auch eher ohne sie als mit ihr vollzog. Was sie lieferte, waren im wörtlichen Sinne die Anstöße und jene gärenden Elemente von Unzufriedenheit und Unruhe, die die soziale Evolution offenbar brauchte.«

Immerhin setzte 1969 mit dem Beginn der sozialliberalen Koalition Brandt/Scheel jenes Stück »Machtwechsel« ein, das die Bundesrepublik nach außen und innen beachtlich veränderte. Mit ihren anderen Lebensentwürfen – Kraushaar spricht von einer »postmaterialistischen Wertelite« – haben sie die neue politische Konstellation gesellschaftlich nachhaltig unterfüttert.

Die viel zitierte Potsdamer Elite-Studie von 1997 kommt daher zu dem Schluss: »Die Mehrheit der deutschen Führungsschicht kommt heute aus der Protest- und Wohlstandsgeneration. Diese neue Führungsgeneration unterscheidet sich in ihren demokratischen Einstellungen von der Kriegs- und Vorkriegsgeneration. Sie vertritt sowohl in der Wert- als auch in der Normdimension der Politik – also hinsichtlich der Ziele und der Formen der Politik – abweichende Konzeptionen.«

Aber es wäre ein beschränkter Blick auf die 60er Jahre – und damit auf die Neuformierung der Elitestrukturen –, sich nur auf 1968 zu konzentrieren. Insofern ist auch die Erregung und Entrüstung konservativer Kreise, die den Wertewandel auf die 68er fokussieren, ein verbohrter Irrtum. Zwei Beispiele seien hier angeführt, die weit vor 1968 liegen. Das ist einmal die Studie des Heidelberger Pädagogik-Professors Georg Picht über »die deutsche Bildungskatastrophe«, die 1964 erschien; dann sind es die Bücher des Soziologen Ralf Dahrendorf über »Gesellschaft und Demokratie in Deutschland« und »Bildung ist Bürgerrecht«, ebenfalls aus der Mitte der 60er Jahre. Diese Publikationen haben, zumindest in ihrem Niederschlag für die praktische Politik, unter Umständen mehr bewirkt als das ganze »68«.

Picht hatte – die späteren ernüchternden, ja schockierenden Pisa-Studien lassen grüßen – Zahlen der westdeutschen Kultusminister von 1963 ausgewertet, die ein höchst pessimistisches Bild über den Wissensstand von Schülern und Studenten abgaben. Er forderte höhere Anstrengungen für Abiturientenzahlen und Lehrerausbildungen. Dahrendorf verlangte 1965, einer liberalen Demokratie größere Chancen zu eröffnen. Bürgerliche Gleichheitsrechte, Vielfalt von Eliten, Regelung sozialer Konflikte hätten, so der Soziologe, noch längst nicht die demokratisch optimale Form gefunden. Zu den Eliten stellte er ausdrücklich fest, dass das Monopol der Tradition, wie es im Kaiserreich und auch weit hinein in die Weimarer Republik hinein bestand, in Westdeutschland durch ein »Kartell der Angst« abgelöst worden sei. Für ihn war es ein Elitekartell der defensiven Haltung seiner Mitglieder. Zwischen den einzelnen Sektoren der Eliten bestehe eine »deutliche Distanz«. Sein Fazit: »Die Spitzen der deutschen Gesellschaft sind sich im Grunde fremd.«

Solcherlei geistige Anstöße waren weit tragender als die Proteste von 1968. Willy Brandts Motto »Mehr Demokratie wagen«, auch die Bemühungen um eine größere Bildungsexpansion, mit nach Jahren bemerkenswerten Erfolgen, markierten wirklich Wendepunkte, zu denen die 68er-Bewegung eher indirekt beigetragen hatte. Die Eliten mussten sich mit den 70er Jahren auf einen anderen Leistungskatalog einlassen als die alt-neuen NS-Eliten in den Gründerjahren der Bundesrepublik. Die Ereignisse von 1968 wollten es nur, dass jegliche Diskussion über Elitebildung und Eliterekrutierung danach völlig tabuisiert wurde. Man scheute diesen Diskurs wie der Teufel das Weihwasser: ein schmerzliches Versäumnis. Als die Elite-Diskussion unter der Kanzlerschaft Kohls in den 80er Jahren wieder einsetzte, stand sie bereits unter den Zeichen des neoliberalen Denkens. Das rächt sich bis heute. Durch den langen Stillstand einer Debatte, welche Eliten das Land denn brauche, haben sich eher rückwärtsgewandte Vorstellungen verfestigen können.

Es überrascht nicht, dass der 68er-Aktivist Gerd Koenen, sicher auch im Bewusstsein der Erfahrungen und Enttäuschungen der nachfolgenden Jahrzehnte, jener unruhigen Zeit einen beinahe sentimental anmutenden Nachruf hinterherschickt: »Ach, Achtundsechzig! Damals war gerade mal *Halbzeit* gewesen. Der Generationsbruch, der sich um dieses Jahr herum vollzog, war nur eine blinde Reaktion oder ein fernes Echo auf eine Geschichte, die vor unserer bewussten Lebenszeit lag und 1945 so radikal wie nur möglich geendet hat, aber als psychische Realität fortexistierte – nicht nur in Deutschland. Das Rote Jahrzehnt, das sich anschloss – ein großes Spukschloss.«

III.
Eliten ohne Konsens

Wenn der Führungsschicht der Zusammenhalt fehlt

1. Der ausbleibende Dialog
Konsequenzen des Elite-Versagens

Es war die Zeit des Wandels und des Aufbruchs. Die Deutschen West und Ost hatten sich, nach 40 Jahren der Trennung, wieder zu einem Staat vereinigt. Auf europäischer Ebene wurde der Schritt von einer engen Gemeinschaft zu einer multinationalen Union konzipiert, verbunden mit dem Entschluss, eine gemeinsame europäische Währung einzuführen. Gleichzeitig breitete sich, nach dem Ende des Kalten Krieges, ein zugkräftiges Überlegenheitsbewusstsein westlich-kapitalistischer Wirtschaftsformen aus, das bald im Begriff Globalisierung ein so nachhaltiges wie zwiespältiges Etikett erhielt. Es zeichneten sich also neue Parameter ab, die gesellschaftliche Umbrüche bewirken und forcieren würden. Sie ließen kollektive Anstrengungen der Führungsschichten ratsam erscheinen.

In dieser Zeit, Mitte 1992, setzten drei bekannte deutsche Politiker, der SPD-Vordenker Peter Glotz, die ehemalige Bundestagspräsidentin Rita Süssmuth (CDU) und der Diplomat Konrad Seitz, ein weit beachtetes Ausrufezeichen, als sie eine leidenschaftliche Attacke gegen »die planlosen Eliten« (Buchtitel) verfassten. Ihre These: »Die deutschen Eliten kooperieren nicht miteinander. Die Erfahrung aus zwei Weltkriegen hat sie unsicher gemacht, skeptisch gegenüber dem politischen Prozess, übervorsichtig, spezialistisch und furchtsam. Wir registrieren Dialogunfähigkeit, begrenztes Interesse für allgemeine, öffentliche Aufgaben und einen weitverbreiteten Relativismus.« Die drei Autoren, die neben politischem Überblick auch Erfahrung aus Wissenschaft und Verwaltung mitbrachten, räumten offen ein, dass eine freiheitliche Gesellschaft nicht durchgeplant werden könne. Aber wenn die Planlosigkeit zum Programm gerate und die verschiedenen

Interessengruppen jeglichen Mut zur Synthese vermissen ließen, werde es gefährlich. Angesichts der Herausforderungen verlangten sie einen gemeinsamen großen Entwurf, ein »Grand Design«, wie sie es formulierten. Dennoch überwog ihr Argwohn. Denn Glotz, Süssmuth und Seitz erhoben den Vorwurf: »Die deutschen Eliten sind planlos; nicht nur, weil sie nicht zu einem gemeinsamen Szenario kommen – in einer Demokratie wird es immer unterschiedliche ›gemeinsame Szenarios‹ geben müssen –, sondern weil sie sogar die Notwendigkeit eines solchen gemeinsamen Szenarios bewusst oder unbewusst in Abrede stellen.«

Alles Schnee von gestern, da die Klage bereits vor über anderthalb Jahrzehnten aufs Tapet kam? Der Publizist Detlef Grieswelle bedauerte vor einiger Zeit, dass es in Deutschland segmentierte und segregierte Eliten gebe, und fügte dann hinzu: »Ein allzu enger Begriff von Eliten als Experten für Fachbereiche und Vertreter spezifischer Interessen wird nicht den Bedürfnissen unserer Gesellschaft an Gemeinwohlorientierung und Gemeinsinn gerecht. Was Eliten ausmachen sollte, ist vielmehr ihre Fähigkeit, in Systemen und Zusammenhängen zu denken und auf die Gestaltung gesamtgesellschaftlicher Ordnung Einfluss zu nehmen.«

Für die »Berliner Republik« stellt der Sozialforscher Heinz Bude sogar explizit fest, dass sich die gesellschaftlichen, politischen und wirtschaftlichen Eliten auf sich selbst zurückgezogen und den Kontakt zueinander verloren hätten. Deshalb mache sich in Berlin eine »mangelnde Institutionalisierung von Orten und Formen der Elitekommunikation bemerkbar«. Es gebe keine nationale Schule, die sich der gesellschaftlichen Orientierung widme. Dadurch werde in der deutschen Hauptstadt, im Gegensatz etwa zu Washington, kein diskursiver Raum konstituiert, »welcher der Öffentlichkeit vor Augen führt, wie mögliche Konfliktlinien aussehen, welche Einigungschancen bestehen und wie daraus ein Ganzes werden kann«, so Bude. Der Journalist Richard Meng, ein intensiver Beobachter der Berliner Szene, urteilt ebenfalls deprimiert: »Im Merkelland verabschieden sich Politik und Gesellschaft nicht nur vom großen Streit um die Ideale. Es regiert, im geistigen Gewande von Realismus und Machbarkeit, die organisierte Anspruchsarmut. Das reine Gegenwartsdenken.«

In Deutschland fehlt, in einem übertragenen Sinn, der Ort, an dem sich erfahrungssatte Nachdenklichkeit und innovativer Pragmatismus verbinden – eben jene diskursive Elitekommunikation, die die Brüche und Konflikte nicht ausspart, aber auch Sichtweisen und Perspektiven vermittelt, die der ganzen Gesellschaft zugute kommen können. Die inzwischen in Berlin residierende Stiftung für Wissenschaft und Politik hat bislang eine solche Funktion nicht auszufüllen vermocht, vielleicht auch, weil sie in ihrer Arbeit und Finanzierung stark von der Bundesregierung abhängig ist. Die Bertelsmann-Stiftung mit ihrer renommierten Hauptstadt-Adresse Unter den Linden Nr. 1 versucht seit einiger Zeit, dank finanziell großzügiger Ausstattung durch den Gütersloher Medienkonzern, diese Leerstelle auszufüllen. Nicht erfolglos, wie sich längst herausgestellt hat. Denn viele Reformprojekte der letzten Jahre, wie beispielsweise Schröders Agenda 2010, wurden in der Bertelsmann-Stiftung vorgedacht und teilweise akribisch sprachlich durchbuchstabiert. Dabei widmet sich der mediale »Think-Tank« vielen Bereichen, von der Arbeits-, Sozial- und Gesundheitspolitik über das Hochschulwesen bis zur internationalen Verständigung.

Gegenüber den vielfältigen Aktivitäten dieser Bertelsmann-Institution bleibt ein grundsätzlicher Einwand, der in jüngster Zeit in der Öffentlichkeit wiederholt vorgebracht wird, auch schon zu etlichen Friktionen geführt hat. Die beiden Publizisten Frank Böckelmann und Hersch Fischler, die in einem Buch »hinter die Fassade des Medienimperiums« blicken wollten, benennen es so: »Die Stiftung hat nicht nur Gutes für die Gesellschaft, sondern auch für den Konzern im Sinn.« Daraus folgern sie: »Was gut ist für Bertelsmann, ist gut für die gesamte Republik. Und die Methoden sind die Gleichen. Leistungsvergleiche, Modellversuche, Fortbildung, der Aufbau von Netzwerken und die enge Zusammenarbeit mit den staatlichen Instanzen. Alles dreht sich um Leistungskennziffern, Kostenrechnungen und Optimierungsmodelle. Die Gesellschaft der Bundesrepublik soll ebenso effizient funktionieren wie der Konzern aus Ostwestfalen.«

Die negativen Einschätzungen der Elitekommunikation, wie sie schon lange geäußert werden, haben nichts von ihrer Aktualität eingebüßt. Die deutschen Funktionseliten kooperieren auch heute nicht miteinander, sondern agieren getrennt, wenn nicht gar gegeneinander. Die eigene Interessenlage abzusichern, gar zu verbessern, erscheint ihnen wichtiger, als ein gemeinsam zu verantwortendes Ziel anzustreben, das »Ganze«, wie Bude meint, den »Grand Design«, von dem Glotz/Süssmuth/Seitz reden. Die Medien spiegeln dies täglich wider.

Da hinterlassen Politiker den Eindruck, weniger damit beschäftigt zu sein, Ideen und Interessen zu integrieren, Entscheidungen und Lösungen anzubieten, also ihre Gestaltungsaufgabe wahrzunehmen; stattdessen verbeißen sie sich in einen abnutzenden Parteienstreit, der zu Lähmung und Desorientierung führt. Da erheben Wirtschaftsvertreter fortwährend Forderungen und Wünsche an die Politik, die der eigenen Interessenlage entsprechen, aber eine »Gemeinwohl-Pflichtigkeit«, wie es der Unternehmer Bertold Leibinger einmal verlangt hat, wenig erkennen lassen. Deshalb polemisieren die Henkels und Hundts dieser Republik pausenlos gegen Entscheidungen auf politischer Ebene. Da fordern Repräsentanten der wissenschaftlichen Elite eine stärkere Förderung von Forschung und Lehre, ohne sich um machtvolle Verbündete zu kümmern, mit denen solche Anliegen nicht nur im Einzelfall, sondern generell besser durchgesetzt werden könnten. Und schließlich beschäftigen sich die Medien, als Tummelplatz der kulturellen Eliten, mehr damit, nicht die Sachverhalte darzustellen, sondern die Gegensätze und Kontraststellungen zwischen Gruppen und Personen aufzublättern, gar zuzuspitzen, um Quote und Auflage zu steigern. Hier ist wirklich mit dem Ende der »Bonner Republik« eine Konstellation auseinander gefallen, die früher durch einen stärkeren Konsens der Führungsgruppen gekennzeichnet war.

Gewiss erscheint es schwierig, in einer freiheitlich und demokratisch verfassten Gesellschaft zu einem gemeinsamen Konzept zu finden. Zu unterschiedlich sind in einem solchen Gefüge Meinungen, Prinzipien, Haltungen. Eine Gemeinsamkeit kann nur in mühevoller Kompromisssuche erreicht werden. Am Ende wird es wohl auch nur zu einer konzeptionellen Verständigung reichen, für einen Katalog von Maßnahmen, Regelungen, Prioritäten, Zielsetzungen. Aber ein solches Übereinkommen sollte von einer zuverlässigen Gesamtheit der Eliten getragen werden.

Wenn dies unterbleibt, wenn bei den Eliten wenig oder keine Bereitschaft zu Kooperation und Koordination besteht, sind Selbstblockaden der Führungsgruppen eine geradezu zwangsläufige Folge. Der Begriff »Reformstau« stand jahrelang wie ein dumpfes Menetekel über der diffusen deutschen Debattenkultur. Viele sehen dies immer noch so. Doch dass diese Hängepartie auch aus saturierter Selbstgefälligkeit der verantwortlichen Führungszirkel erwuchs, wurde weit weniger erörtert als die permanente Klage über das Beharrungsvermögen und das Besitzstandsdenken der Bevölkerung. Oft hatte es sogar den Eindruck, dass die Formel »Reformstau« instrumentalisiert wurde, zumindest von Teilen der Elite, um von der eigenen Unzulänglichkeit abzulenken, sich auf einen gemeinsamen Zukunftsentwurf zu verständigen. Daran krankt weiterhin die Debatte über den notwenigen Wandel in Deutschland.

Als Bundeskanzler Schröder 2003 mit der Agenda 2010 einen reformorientierten Aufbruch signalisierte, geriet dies zu einer kontinuierlichen Kontroverse – gerade unter den Elite-Angehörigen. Exemplarisch zeigt sich hier, dass es die deutschen Führungsgruppen nicht geschafft haben, nach dem Verlust des Konsensmodells der »Deutschland AG« eine Neujustierung gesellschaftlicher Zusammenhaltskategorien wie Arbeit, Leistung, Bildung, Gerechtigkeit oder Generationenausgleich vorzunehmen. Für eine solche Orientierungsaufgabe haben sich die Eliten bislang nicht legitimiert.

Daher wundert es nicht, dass Deutschland nach wie vor gesellschaftliche Brachflächen aufzuweisen hat, die längst einen zukunftsfähigen Zuschnitt erfordert hätten. Drei Beispiele sollen dafür benannt werden, und sie liegen alle in nationaler Verantwortlichkeit, damit auch in gestalterischer Kompetenz hiesiger Funktionseliten. Es sind dies Bildung und Ausbildung, Migration und Integration sowie die demographische Entwicklung mit den Kernproblematiken Gesundheitsversorgung und Alterssicherung.

Als im Jahr 2001 die erste Pisa-Studie in der Presse die Runde machte, schockierten die Ergebnisse die Öffentlichkeit. Denn Deutschland wurde ein denkbar schlechtes und ineffektives Bildungswesen bescheinigt. Deutsche 15-jährige Schüler landeten im internationalen Vergleich mit 32 Ländern auf den hinteren Plätzen, bei der naturwissenschaftlichen Grundbildung zwischen Rang 19 und 23, bei der mathematischen Grundbildung zwischen Rang 20 und 22 und beim Lesen sogar nur zwischen dem 21. und 25. Platz. Diese Vergleichswerte beinhalten eine katastrophale Aussage. Aber die Studie hielt noch andere unangenehme Resultate parat. Bei den besonders schwachen Schülern bewegte sich Deutschland sogar an der Spitze, bei guten Schülern reichte es nur zum Durchschnitt. Die Untersuchung belegte außerdem, dass schulische Leistungen in Deutschland besonders von der sozialen Herkunft abhängig sind. Kinder mit Migrationshintergrund fielen durch markante Sprachprobleme auf. Solche Bewertungen kommen einem bildungspolitischen Fiasko gleich.

Zwar zeigte die zweite Pisa-Studie von 2004 einige verbesserte Ergebnisse, nicht zuletzt durch Beschlüsse der Kultusministerkonferenz zur Förderung bestimmter Schülergruppen und Qualitätsverbesserungen des Unterrichts. Aber über Durchschnittswerte ging es abermals nicht hinaus. Auch der nationale Pisa-Test von 2005, bei dem die Schüler in Bayern, Sachsen und Baden-Württemberg auf den ersten Plätzen rangierten und der immer wieder Politiker zu haltlosem Selbstlob veranlasste, vermochte Defekte im Unterrichtswesen nicht zu verkleistern. Beispielsweise, dass ein Akademikerkind viermal bessere Chancen besitzt, ein Gymnasium zu besuchen, als ein Arbeiterkind.

Der Bericht des UN-Sonderbeauftragten Vernor Muñoz über das deutsche Bildungssystem, den er nach einer langen Inspektionsreise durch die Bundesrepublik im März 2007 vorlegte, ist ebenfalls wenig schmeichelhaft, um nicht zu sagen niederschmetternd. Denn der UN-Beauftragte erhebt den schweren Vorwurf, Deutschland verletze das Recht auf Bildung in mehrfacher Hinsicht: So würden etwa Kinder mit Migrantenhintergrund oder einer geistigen sowie körperlichen Behinderung durch das dreigliedrige Schulgefüge »systematisch behindert«. Munoz forderte daher die Bildungspolitiker von Bund und Ländern auf, das System der frühen Aufteilung der Schüler auf Gymnasium, Real- und Hauptschule zu überdenken, weil es »sehr selektiv und sicher auch diskriminierend ist«. Der UN-Bericht hat nachdrücklich unterstrichen, dass sich im deutschen Bildungssystem Nachteile und Unzuträglichkeiten aufgrund der sozialen Herkunft der Betroffenen nachhaltig auswirken – ein blamables Zeugnis für die Zukunftsfähigkeit einer führenden Industrienation.

Die jüngste Pisa-Studie vom Dezember 2007, die heftige politische Kontroversen auslöste, weil auch sie unter dem Strich viele negative Ergebnisse zeitigte, nennt zwar Fortschritte, etwa bei den Naturwissenschaften; aber nach wie vor verharrt Deutschland in vielen Bereichen nur im Durchschnitt, so beim Lesen und in der Mathematik. Auch bleibt der Makel der sozialen Herkunft für die Bildungschancen weiterhin signifikant. Allen Versuchen von positiven Interpretationen zum Trotz: Die immer noch vorhandene Bildungsmisere in Deutschland ist ein schwerwiegendes Versagen aller Elite-Gruppen.

Dabei sind die Defizite bei Bildung und Ausbildung in Deutschland sind seit Jahr und Tag bekannt. Bereits vor einem Jahrzehnt forderte der damalige Bundespräsident Roman Herzog, das Bildungssystem von seinen vielfältigen Fesseln zu befeien, beklagte aber gleichzeitig, dass die Debatte nicht in wirkliche Veränderungen münde. »Wir folgen bisher viel zu sehr dem Modell, zuerst viel Reformdruck aufzustauen, der sich dann im Erdbeben einer Großreform entlädt, um anschließend wieder unwillig jeder Neuerung zu trotzen. Künftig müssen wir die Fortentwicklung des Bildungssystems zur Daueraufgabe machen.«

Bundespräsident Herzog, mit reichlich Erfahrung aus Politik, Verwaltung und Wissenschaft, sprach – zumindest teilweise – gegen besseres eigenes Wissen. Die Fortentwicklung von Standards im Bildungssektor ist zu einen gängigen Politiker-Jargon verkommen, aber anders als der Präsident es meinte. Viele Köche verderben den Brei, lautet die oft bestätigte Erkenntnis eines Sprichwortes. Bund, Länder und Gemeinden rangeln in der Bildungspolitik seit Jahr und Tag ununterbrochen um Zuständigkeiten und Kompetenzen. Dabei haben die Länder bei der ersten Stufe der Föderalismusreform 2006 die alleinige Zuständigkeit bei der Kulturhoheit noch ausbauen können – eine verhängnisvolle Fehlentscheidung. Einer Provinzialisierung der

Bildungspolitik, nicht hinsichtlich ihres hohen Ehrgeizes, sondern des brachialen Eigeninteresses, sind so Tür und Tor geöffnet. Die verquere Diskussion etwa um ein Zentralabitur, auf der Grundlage verbindlicher Standards und mit bundesweiter Anerkennung, demonstriert anschaulich die fortbestehende Zerrissenheit in unserer Bildungslandschaft.

Zudem ist kein gesellschaftlicher Bereich nach wie vor so ideologisiert wie die Bildungspolitik. Ob dreistufiges Schulsystem, Gesamtschule, Gemeinschaftsschule, duale Ausbildung: alles in endloser Kontroverse, ohne nachhaltige Verständigung. Parteien, Pädagogen-Verbände, Gewerkschaften, Kirchen, Elternverbände, Erziehungswissenschaftler: Alle liefern sie sich absurde verbale Schlachten. Dabei stehen individuelle Vorteile und handfeste Privilegien, die sich aus der nachweisbar fortbestehenden Klassenstruktur hiesiger Lehr- und Ausbildungseinrichtungen herleiten, zumeist stärker im Vordergrund als ein nutzbringender Disput um angemessene und zeitgerechte Lehr- und Lerninhalte.

Auch leidet das Bildungssystem nicht an zu wenigen, sondern eher an zu vielen Veränderungen und Reformen, und zwar in so knapper zeitlicher Abfolge, dass über diesen rasenden Aktionismus einer pausenlos verordnenden Kultusbürokratie die Betroffenen, nämlich Lehrer wie Eltern, Schüler wie Studenten den Überblick verlieren – und darüber zuweilen auch die Lust. Die überbordenden behördlichen Strukturen erzeugen so viele Frustrationen und Abwehrmechanismen, sodass sie Grundelemente eines guten Erziehungswesens wie Kreativität, Fleiß, Neugierde, Engagement abwürgen und verschütten. Dass sich einzelne Politiker und Pädagogen gegen solche destruktive Überregulierung wehren, auch vereinzelt durchsetzen, nötigt Respekt und Beifall ab. Aber es beseitigt nicht das marode Prinzip formeller Abhängigkeiten.

Nicht zuletzt leidet das deutsche Bildungssystem seit vielen Jahren an notorischer finanzieller Auszehrung. Verantwortliche bestreiten dies vehement, die Praktiker wissen jedoch darüber ein klagevolles Lied zu singen. Die jüngste OECD-Studie über Bildung, im Herbst 2007 vorgelegt, stellt Deutschland in allen Punkten kein gutes Zeugnis aus. So lag die Bundesrepublik 2004 mit 5,2 Prozent des Bruttoinlandprodukts für Bildung unter dem Durchschnitt der OECD-Länder von 6,2 Prozent. Länder wie die USA mit 7,4 Prozent, Dänemark mit 7,2 Prozent, gar Polen mit 6,0 Prozent rangierten weit vor Deutschland. Im Vergleich zu 1995 war der Bildungsanteil am Bruttoinlandsprodukt der Bundesrepublik 2004 sogar noch gesunken, nämlich um 0,2 Punkte. Bezeichnenderweise liegen die vier skandinavischen Länder in der jüngsten OECD-Studie in allen Bereichen immer weit vor Deutschland – vielleicht eine Erklärung dafür, warum diese Staaten in Pisa-Studien immer besser abschneiden.

Die Defizite einer solchen Bildungspolitik sind allenthalben zu besichtigen. In die Grundschulen fließt nur die Hälfte der Gelder die eine gymnasiale Oberstufe bekommt. Wegen der Heterogenität der Schüler wird an vielen Grundschulen die Vermittlung verbindlicher Standards erschwert, weniger im ländlichen Bereich als in den städtischen Ballungsräumen. Ganze Lehrerkollegien kapitulieren vor ihren pädagogischen Aufgaben, wie das Beispiel der Berliner Rütli-Schule 2006 schlagartig bewiesen hat. Die Hauptschule verkommt, wenn sie nicht wie in einigen Ländern bereits abgeschafft ist, nicht selten zur »Restschule« für den Nachwuchs aus sozial unsicheren Verhältnissen oder Migrantenfamilien – gleichsam als erstes Auffangbecken für ein späteres »Prekariat«, weil sie bereits dort Abwertung und Perspektivlosigkeit erleben.

Die Vernachlässigung vorhandener Begabungen und Talente ist eine klägliche Vergeudung von Ressourcen. Aber auch die öffentlichen Gymnasien können, trotz ihres offensichtlichen Vorzugs, aus finanziellen und personellen Gründen oft nicht mehr die erforderliche pädagogische Fürsorge der ihnen anvertrauten Pennäler leisten. Deshalb wundert die Klage über sinkende Leistungen bei Hochschul-Aufnahmetests kaum, sie werden eher noch zunehmen. Die Ganztagsschule ist, trotz nachgewiesener Vorteile, noch nicht durchgängig von Nordsee bis Alpenvorland eingeführt, die Bundesregierung hilft darum mit einem Förderprogramm von vier Milliarden Euro bis 2009 den Ländern auf die Sprünge.

Wegen der hier vielfältig beschriebenen Mängel hat eine Flucht vieler Besserverdienender mit ihrem Nachwuchs in kostspielige Privatschulen eingesetzt, eine weitere Form der Segregation und damit auch Exklusion. Denn Kindern aus sozial schwächeren Familien bleibt zumeist der Weg dorthin versperrt.

Auch die Hochschulen differenzieren sich immer mehr in Massenuniversitäten für das akademische Fußvolk, mit dem zeitweiligen Ballast eines Drittels von Studienabbrechern, und exquisiteren Zugangsportalen, die hervorragende Studienbedingungen und damit auch Karrierechancen eröffnen. Da die Forschung an vielen Universitäten, mangels Finanzmitteln und Personal, zunehmend versiegt, werden die Studenten immer weniger an diese Kategorie herangeführt. Über eine Staffelung der Studiengebühren, die im Zuge der »Exzellenz-Initiative« in Gang kommen wird, beschleunigt sich dieser Auslesemechanismus. Wer kann, versucht es heute schon an renommierten privaten Hochschulen, etwa in Bremen, Witten-Herdecke und Oestrich-Winkel. Großartig angekündigte und auch kompliziert umgesetzte Reformversuche zur Änderung des Studiums, wie beispielsweise die Übernahme des Bologna-Prozesses, zeigen längst nicht die erwünschten Ergebnisse. Eine Verkürzung der Studiengänge mit Bachelor- und Master-Abschlüssen ist nicht erkennbar. »Schon jetzt ist klar, dass das Studium zwar schlechter, aber nicht schneller und billiger werden wird. Und eine größere soziale Durchlässigkeit ist auch nicht entstanden«, bemerkt der Politikwissenschaftler Herfried Münkler, Professor und damit Praktiker an der Berliner Humboldt-Universität.

Zudem verstärkt sich eine Tendenz, die der Bamberger Soziologe Richard Münch als »akademischen Kapitalismus« brandmarkt. Dazu zählt er, wie Universitäten in wirtschaftlich ausgerichtete Betriebe verwandelt und auf Marktfähigkeit getrimmt werden. »Wird die Universität zum Unternehmen gemacht, dann verändern sich die Verantwortung und die Trägerschaft von Forschung und Lehre grundlegend. Die Verrechnungseinheit ist jetzt nicht mehr der individuelle Forscher und Lehrer, sondern das Unternehmen. Der Erfolg der unternehmerischen Universität bemisst sich an der Kapitalakkumulation«, so Münch.

Gerade bei Bildung und Ausbildung, obwohl als wichtigste Zukunftsaufgabe in aller Munde, beweist sich, wie notwendig es wäre, über einen Dialog der Eliten zu einem gemeinsamen Handeln zu kommen. Die Verständigung müsste allerdings einen gewissen Grad Verbindlichkeit besitzen, damit in den Bildungseinrichtungen eine Planungssicherheit einzieht und dieser Bereich nicht ständig reformerischer Willkür und opportunistischen Bedarfsrechnungen ausgesetzt ist.

Auch der Problemkreis Migration und Integration entpuppt sich als ein trostloses Feld, auf dem sich die leichtfertigen Versäumnisse der Vergangenheit immer mehr zu rächen beginnen. Zu den unumstößlichen Glaubenssätzen der westdeutschen Gesellschaft, von vielen Politikern in geradezu fundamentalistischer Verbohrtheit Jahrzehnte lang heruntergebetet und wiederholt, gehörte das Mantra, die Bundesrepublik sei kein Einwanderungsland. Helmut Kohl hat die Tatsachen der Einwanderungsproblematik während seiner langen Kanzlerschaft bis zu deren Ende 1998 uneinsichtig geleugnet. Es bleibt eine der fatalen Lebenslügen des Landes, weil diese Einstellungen ganz und gar nicht den Realitäten entsprachen. In Deutschland leben, nach jüngsten Erhebungen, heute 15 Millionen Menschen mit Migrationshintergrund. Das ist bald ein Fünftel der Bevölkerung, bei den unter 25-Jährigen beträgt es sogar schon ein Viertel. Mehr als die Hälfte der aus dem Ausland Zugezogenen oder deren Kinder besitzen die deutsche Staatsangehörigkeit.

Zwar hat die Politik die Einwanderung bereits lange zu drosseln versucht, etwa durch den Anwerbestopp von 1973, auch durch ein teilweise rigoroses Ausländerrecht. Aber Tatsache bleibt, dass mit dem Zustrom der ersten »Gastarbeiter« in den 50er Jahren die Migration nicht mehr ausgesetzt hat, sondern bis heute anhält, wenngleich jetzt auf weit niedrigerem Niveau. Dabei ist schon lange klar, dass die ursprüngliche Idee, ausländische Arbeiter würden für einige Jahre in Deutschland malochen, um dann in ihre Heimatländer zurückzukehren, eine grandiose Selbsttäuschung bedeutet. Diese wurde wider bessere Kenntnisse so dauerhaft aufrechterhalten, um sich den Erfordernissen eines Einwanderungslandes nicht stellen zu müssen. Zudem erlebte Deutschland, gerade in den 90er Jahren, eine emotional höchst aufgeladene Debatte um Asylbewerber und Bürgerkriegsflüchtlinge. Die Intention der Wortführer zielte zumeist darauf ab, diesen Personenkreis möglichst schnell und geräuschlos wieder abzuschieben. »Das Boot ist voll«, hallte es landauf, landab. Nicht wenige konservative Politiker, wie Hessens CDU-Ministerpräsident Roland Koch, meinten sogar, mit solcher populistischen Propaganda auf Stimmenfang gehen zu müssen.

Erst mit der Jahrtausendwende setzte ein Umdenken ein. Im Jahr 2000 beschloss die Regierung Schröder eine Reform des Staatsangehörigkeitsgesetzes, das die Einbürgerung von Ausländern erleichterte. Auch berief der damalige Bundesinnenminister Otto Schily eine »Unabhängige Kommission Zuwanderung«, die ein Jahr später einen umfassenden Bericht der Öffentlichkeit vorlegte. Die Kommission stand unter Leitung der christdemokratischen Politikerin Rita Süssmuth, was einigen Unmut in ihrer eigenen Partei auslöste, weil man fürchtete, hier lasse sich jemand vor den Karren der rot-grünen Regierungskoalition spannen. Gleichzeitig begann eine Diskussion, angestoßen durch die Wirtschaft, über die Anwerbung von »Green-Card«-Spezialisten – ein Thema, bei dem die Beteiligten bis heute keine konsensfähige Lösung gefunden haben. 2001 legte die Bundesregierung den Entwurf eines Zuwanderungsgesetzes vor, das erst nach fast vierjährigem parlamentarischen Streit – die Unionsparteien riefen zwischenzeitlich das Bundesverfassungsgericht an – im Juli 2004 verabschiedet werden konnte. Es brachte erhebliche Vereinfachungen für das Aufenthaltsrecht von Nicht-Deutschen.

Allerdings kritisiert Rita Süssmuth, dass dieses Gesetz »keine neue soziale Realität« schaffe. Nicht nur werde der Begriff Einwanderung vermieden, sondern es sei sogar im Titel von einer »Begrenzung der Zuwanderung« die Rede. Auswahlkriterien und Verfahren für die Einwanderung seien nicht festgelegt. »Auf diese Weise vermittelt sich der Eindruck, dass zwar eine neue Richtung eingeschlagen wird, aber alles beim Alten bleibt.« Die CDU-Politikerin bemängelt daher: »Die deutsche Politik hat sich bis heute nicht dazu durchringen können, ein schlüssiges, widerspruchsfreies Migrations- und Integrationskonzept auf der Grundlage eines möglichst breiten Konsenses zwischen den Parteien und in der Gesellschaft öffentlich zu vertreten.«

Nun liegt seit Sommer 2007 der »Nationale Integrationsplan« vor, der vielfach als *das* schlüssige Konzept für diesen Bereich betrachtet wird, »eine Strategie in neuer Form«, wie es Maria Böhmer benennt, Beauftragte für Migration, Flüchtlinge und Integration im Bundeskanzleramt. Dieser Plan beinhaltet das Ergebnis zweier »Integrationsgipfel« bei Bundeskanzlerin Angela Merkel und einer Islam-Konferenz mit Bundesinnenminister

Wolfgang Schäuble in den Jahren 2006 und 2007. In dem Kompendium von fast 200 Seiten, mithilfe vieler Arbeitsgruppen und Experten zusammengetragen, werden die Beiträge des Bundes, der Länder und kommunalen Spitzenverbänden zur Integrationspolitik dargestellt, verteilt auf vielerlei Bereiche von Sprachförderung und Bildung, Arbeitsmarkt und Gleichberechtigung, Kultur und Medien bis hin zu Sport und Wissenschaft. Aber gerade diese Aufschlüsselung lässt bereits ein Manko des Plans deutlich hervortreten: Integration zerfällt in viele Zuständigkeiten und Kompetenzen, Vorhaben und Projekte, Entwürfe und Programme – damit aber auch in Wettbewerb und Konkurrenz, gar Animositäten und Rivalitäten. Deutschland verfügt – und darin begründet liegt ein großes Versagen der Eliten – über kein zentrales Steuerungsinstrumentarium für die Integrationspolitik. Wohl deshalb ist oft von »nachgeholter« Integrationspolitik die Rede.

Die Berliner Politikwissenschaftlerin Katarina Niewiedzial, selbst in diesem Bereich tätig, kritisiert – nicht zu Unrecht – die beträchtliche »Integrationsindustrie«, die in den letzten Jahren entstanden ist – ein Beweis dafür, dass Integration nach wie vor eklatante Mängel aufweist. Zweifellos kommt dem zivilgesellschaftlichen Engagement, das sich gerade in diesem Umkreis verhältnismäßig stark durch Verantwortungsübernahme, Selbstverpflichtungen und Netzwerke entwickelt hat, besondere Beachtung zu. Denn auf diese Weise lassen sich vor Ort viele Versäumnisse jahrzehntelang verweigerter Integrationsangebote ausgleichen.

Viele Konzepte, die nunmehr der Nationale Integrationsplan benennt, sind schon seit Jahren bekannt und dargelegt worden. Vieles wurde längst vorgedacht, manches auch längst praktiziert. Von einem wirklichen Durchbruch kann daher keine Rede sein, vor einschneidenden Änderungen, etwa dem kommunalen Wahlrecht von Ausländern, schreckt man zurück. Zudem fällt auf, dass eine Reihe von Maßnahmen des Bundes, aber auch von Ländern und Kommunen aufgeführt werden, die bereits in der allgemeinen Politik Eingang fanden. Es handelt sich also um ein bisschen Etikettenschwindel. Das gilt etwa bei Hortplätzen für Kinder unter drei Jahren, Ganztagsschulen, Schulabbrechern, Einstiegsqualifizierungen für Jugendliche oder dem Programm »Soziale Stadt«, die im Plan als Maßnahme aufgeführt werden – immer mit dem schönen Zusatz: Das helfe auch bei der Integration von Migrantinnen und Migranten.

Der Integrationsplan wiederholt außerdem die immer wieder vorgetragene Plattitüde, Forschung, Statistik und das Wissen um die Rahmenbedingungen gelingender Integration sollte deutlich verbessert werden. Solcherlei Material liegt in mannigfaltiger Weise vor, in Berichten und Studien zahlloser Kommissionen und in wissenschaftlich begleiteten Projekten. Süssmuth konstatiert daher, es fehle nicht »an Erkenntnissen, sondern an politischer Umsetzung«.

Deshalb kommt der Osnabrücker Migrationsforscher Klaus J. Bader zu dem Schluss, die »Integrationsgipfel« und deren Ergebnisse schwankten zwischen Anstößen und Symbolpolitik. Deutschland betreibe, so seine Ansicht, eine »suizidale Integrationspolitik«. Und die Berliner Anwältin Seyran Ateş, bekannt geworden durch integrationspolitische Bemühungen, mahnt: »Kleine und größere punktuelle ›Integrationserfolge‹ helfen uns in Deutschland nicht weiter. Denn die Zahl der Problemfälle nimmt signifikant zu.«

Die Problematik wird durch Vergleichsangaben begreiflich: Die Arbeitslosenquote bei den Deutschen schwankt seit Jahren um zehn Prozent, konjunkturell mal etwas mehr oder weniger; bei den Ausländern liegt sie jedoch um die 20 Prozent. Da zu den Letztgenannten viele nicht oder gering qualifizierte Arbeitskräfte zählen, ist das Risiko einer Dauerarbeitslosigkeit höher – mit entsprechenden Folgen für die sozialen Transferleistungen. Ausländische Schulabgänger haben bis zu 20 Prozent keinen Abschluss gegenüber acht Prozent bei den Deutschen. 44 Prozent der nicht hier geborenen Jugendlichen besuchen die Hauptschule, 19 Prozent sind es bei den deutschen. Das erschwert ihnen den Berufseinstieg. Bei den Ausländern sind 29 Prozent Arbeiter, bei den Deutschen 23 Prozent. Das Risikos, im Zuge von Rationalisierung und Technisierung den Job zu verlieren, ist also bei den Zugezogenen weitaus größer. Solche Zahlen dokumentieren, welche soziale Sprengkraft den versäumten Integrationsbemühungen innewohnt.

Allerdings ist es auch dringend erforderlich, dass die Deutschen von der weiteren Ausgestaltung der Integrationspolitik mitgenommen werden müssen – und hier sind alle Führungsgruppen gefordert. Denn durch unverantwortliches Gerede einiger ihrer Repräsentanten hat sich subtil in weiten Kreisen der Bevölkerung ein Bild des »Fremden« festgesetzt, das die gesellschaftliche Stabilität gefährdet: der Migrant als Sicherheitsrisiko, gestützt durch religiösen Fundamentalismus bis hin zu terroristischen Bedrohungen; dann der Migrant als Konkurrent, der den hier schon immer Ansässigen durch Billiglöhne die Arbeitsplätze wegnehme; schließlich der Migrant als Sozialschmarotzer, weil er die deutschen Sozialsysteme ausnutze, gar missbrauche. Nicht zuletzt basiert auf solchen Fehldeutungen jene untergründige Fremdenfeindlichkeit, die zeitweise abrupt ausbricht: In Ostdeutschland bei gewalttätigen Exzessen von Rostock bis Mügeln, in der alten westlichen Bundesrepublik in absurden Emotionen wie etwa beim Moschee-Bau in Köln.

Daher formuliert Migrationsforscher Bade die notwendigen Erfordernisse so: »Die Aufhebung der strukturellen Blockaden und die Bekämpfung ihrer schon eingetretenen Folgen durch nachholende Integrationspolitik.« Den Eliten bleibt also reichlich zu tun.

Der demographische Wandel einschließlich seiner Folgen ist ebenfalls lange bekannt, weil Daten und Fakten in diesem Fall sogar im Voraus berechenbar sind. Deutschlands Bevölkerung von nunmehr knapp 80 Millionen Menschen wird sich bis 2050 auf unter 60 Millionen verringern. Denn die Geburtenrate ist statistisch von 2,4 auf jetzt 1,3 Kinder gesunken. Gleichzeitig werden die Alten immer älter, bei den Frauen liegt der Mittelwert inzwischen bei 82,1 Jahren, bei den Männern bei 76,6. Ohne Zuwanderung und eine Veränderung der Geburtenrate hat 2050 über die Hälfte der Bevölkerung die Fünfzig überschritten, die Zahl der Jugendlichen dürfte auf etwa zehn Millionen gesunken sein. In etwa zehn Jahren wird sich die Alterspyramide in Deutschland weiter verändern, weil sich dann die »Babyboomer« der 60er Jahre aus dem aktiven Erwerbsleben verabschieden.

Diese Entwicklung war längst bekannt, als der FAZ-Herausgeber Frank Schirrmacher in einem aufrüttelnden Report auf das »Methusalem-Komplott« aufmerksam machte und daran den Appell knüpfte, besonders im Blick auf die »neuen« Alten: »Wir müssen viele Lektionen der antiautoritären, jugendbessenen Jahrzehnte vergessen; wir müssen Kinder früher in die Schule und Ältere viel später und nach ganz anderen Kriterien in den Ruhestand verabschieden. Wir müssen die Struktur der Lebensläufe verändern, indem wir Gleichzeitigkeiten schaffen, wo bisher Linearitäten herrschten: Phasen von Arbeit müssen sich verändern, wie sich die Arbeitszeiten verändern. Wir müssen Erfahrungen rehabilitieren, Weisheit und den Austausch zwischen den Generationen.« Ein gewaltiger, gesellschaftlicher Kanon also, den Schirrmacher da aufzählt; aber er ist Realist genug, um nicht allzu große Hoffnungen auf die Problemlösungsfähigkeit der Eliten bei der Altersproblematik zu setzen. Die Politik, deren Ordnungskompetenz für eine verträgliche Steuerung und damit Bewältigung dieser Entwicklung sorgen müsste, zählt für

Schirrmacher nicht, denn »die politische Lebensspanne beträgt 46 Monate, die Dauer einer Legislaturperiode«. Und die CDU-Familienexpertin Süssmuth ergänzt aus ihrem persönlichen Erfahrungsschatz: »Wir haben es mit Fakten und Entwicklungen zu tun, die seit den 80er Jahren bekannt sind, auf die eben nicht reagiert wurde. Die Gegensteuerung setzte zu spät ein.«

Gesundheitsversorgung, Pflegeversicherung, Alterssicherung: In diesen Bereichen ballen sich bereits aufgrund des demographischen Wandels die Probleme. Die vielen Reformen, die das deutsche Gesundheitssystem erfahren hat, zuletzt im Frühjahr 2007, haben es nicht effektiver und solider gemacht. Es zählt nach wie vor zu den teuersten der Welt. Das hier dicht geknüpfte Netz von Interessenvertretern zu durchschlagen – von Verbänden oder Vereinigungen der Ärzte und der Apotheker, der Kassen, Krankenhäuser und Heilzentren bis zur Pharmaindustrie – ist immer wieder gründlich misslungen. Gerade im Gesundheitsbereich gilt: Nach der Reform ist vor der Reform.

Dieser Aspekt ist allerdings nicht nur eine Frage des Kostendrucks, sondern auch der Gerechtigkeit. Der versierte SPD-Bundestagsabgeordnete Karl Lauterbach spricht von einer »Zweiklassenmedizin«. Zwar ist die Krankenversicherungspflicht für alle, die nunmehr besteht, ein Pluspunkt der jüngsten Reform. Dass aber das duale System von gesetzlicher und privater Krankenversicherung weiter fortbesteht, sorgt für verzerrte Strukturen. Die Pflegeversicherung, bei ihrer Einführung 1994 durch die Regierung Kohl als »dritte Säule« der sozialen Sicherungssysteme gefeiert, ist sicher eine soziale Wohltat, im Hinblick auf die zunehmende Alterung der Gesellschaft aber auch eine Notwendigkeit. Doch sie steht seit Anfang an unter schönrechnender Finanzierung. Heute gilt sie praktisch als pleite, wie viele Fachleute einräumen. Auch hier rächt sich, eine Unterscheidung von gesetzlich und privat Versicherten vorgenommen zu haben.

Die Alterssicherung schließlich hat ähnlich wie die Gesundheitsvorsorge Reformen über Reformen erlebt, ohne sie auf eine neue stabile Basis zu stellen. Bereits als Norbert Blüm sein berüchtigtes Plakat klebte »Die Rente ist sicher«, konnte, ja musste er wissen, dass diese Aussage auf längere Sicht nicht haltbar sein würde. Denn ein umlagenfinanziertes System, wie es die gesetzliche Rentenversicherung darstellt, darf und kann wirtschaftliche wie demographische Entwicklungen nicht außer Acht lassen. Die sprichwörtlichen Anpassungen als Reaktion auf solche Gegebenheiten haben in den letzten Jahren zu einer Absenkung des Rentenniveaus geführt, nicht zuletzt, um die Beitragssätze und damit die Lohnnebenkosten nicht ins Unermessliche steigen zu lassen. Es hat dennoch nie gereicht, wie Vorstöße von Riesters Zusatzrente bis zu Münteferings Eintrittsalter mit 67 belegen. Auch hier haben es die Verantwortlichen unterlassen, die gesetzliche Rentenversicherung in ein umfassendes Solidarsystem umzugestalten, in das neben Arbeitern und Angestellten auch Beamte und Selbstständige einzahlen. Im Übrigen werden viele, bereits jetzt erkennbare Problematiken nur ins Morgen vertagt. Etwa das wachsende Armutsrisiko von heutigen Hartz IV-Empfängern oder Beziehern von Mindestlöhnen wie auch die Situation von Alleinerziehenden in Teilzeit-Beschäftigungen.

Wer solche Fragestellungen bis zu Ende denkt – und eine solche Fähigkeit muss den Führungsgruppen abgefordert werden –, kann ermessen, welche Problematiken durch gegenwärtige Versäumnisse künftig auf die Gesellschaft zukommen werden. Das Versagen der Eliten ist heute weniger an ihrem Tun, wie es für die historischen Ereignisse in der ersten Hälfte des 20. Jahrhunderts kennzeichnend war, festzumachen, denn mehr und mehr in ihrem Unterlassen. Es lässt sich, zu einem großen Teil, darauf zurückführen, dass Dialog und Kooperation zwischen den einzelnen Teileliten in Deutschland nicht funktionieren. Wenn sie doch miteinander reden, und dies geschieht ja ständig, dann hauptsächlich mit dem Ziel, sich ihre gegenseitigen Vorstellungen und Absichten, häufig auch Forderungen und Vorwürfe zu präsentieren.

Eine solche Form der Debatte hebt jedoch die Abschottungen nicht auf, in denen sich die deutschen Eliten zumeist befinden. Einer der Gründe mag darin liegen, dass sie weitaus undurchlässiger sind als in Amerika oder in Skandinavien, dass der Austausch – und damit die Erweiterung des persönlichen Horizonts – viel weniger gepflegt wird. Es wirkt sich dabei allerdings auch aus, dass die deutschen Eliten – im Gegensatz zu den USA, Frankreich und Großbritannien mit ihren besonderen Ausbildungsstätten und »Hohen Schulen« – auf ihren Karrierewegen wenig von einem Gefühl und Habitus erfahren, die zu einem homogeneren Selbstverständnis als Führungsgruppe und einer dem Gemeinwohl verpflichteten Verantwortung befähigen. Das ist jedoch eine ganz entscheidende Voraussetzung für offene Dialogbereitschaft und ergebnisorientierte Kooperation.

2. Die Entkoppelung von der Gesellschaft
Eliten aus eigener Legitimation

Der amerikanische Soziologe Richard Sennett, der seit Jahren die gegenwärtigen Formen des Kapitalismus intensiv beobachtet, glaubt einen neuen Menschentyp ausgemacht zu haben. Er nennt ihn den »Homo Davosiensis«, abgeleitet aus dem alljährlichen Spektakel des Weltwirtschaftsforums im Schweizer Bergort Davos, bei dem sich viele Mächtige aus Politik und Wirtschaft ein Stelldichein geben. Das Treffen ähnele, bemerkt Sennett süffisant, mehr einem Hofstaat als einer Konferenz. Doch es verkörpere in den Teilnehmern die großen Veränderungen, die unser Zeitalter geprägt hätten: neue Technologien, den Angriff auf starre Bürokratien und eine grenzüberschreitende Wirtschaft. Die praktischen Realitäten bei den heutigen Kapitalisten, so der Soziologe, erforderten eine besondere Charakterstärke, »das Selbstbewusstsein eines Menschen, der ohne feste Ordnung auskommt, jemand, der inmitten des Chaos aufblüht«. Sennett bilanziert daher: »Die Fähigkeit, sich von der eigenen Vergangenheit zu lösen und Fragmentierung zu akzeptieren, ist der herausragende Charakterzug der flexiblen Persönlichkeit, wie sie in Davos an den Menschen abzulesen ist, die im neuen Kapitalismus wirklich zu Hause sind. Doch diese Eigenschaften kennzeichnen die Sieger.«

In Sennetts Analyse seines neuen Menschen nistet unübersehbar ein Begriff, den er in diesem Zusammenhang nicht ausdrücklich erwähnt: die Formel Globalisierung. Diese Länder übergreifende Wirtschaftsform mit ihrem freien Fluss von Produkten, Kapital und Dienstleistungen, die sich nach dem Zusammenbruch des Realsozialismus quer über den Globus ausbreitete, schuf eine neue ökonomische Wirklichkeit. Der Fortschritt moderner Technologien, besonders in der Kommunikation, und der damit verbundene schnellere Transport von Wissen, hat diesen Prozess erheblich beschleunigt. Damit erfahren die klassischen Produktionsfaktoren Kapital und Arbeit eine andere Qualität – mit einschneidenden Konsequenzen für Millionen Menschen. Aber durchaus zwiespältiger Natur.

»Die Globalisierung in ihrer heutigen Form ist keine Erfolgsgeschichte«, wertet Joseph Stiglitz, Wirtschaftsnobelpreisträger und lange Jahre Chefvolkswirt der Weltbank. »Sie hat das Schicksal der meisten Armen in der Welt nicht gelindert. Sie ist ökonomisch bedenklich. Sie hat die Weltwirtschaft nicht stabilisiert. Und bei der marktwirtschaftlichen Transformation der Zentralverwaltungswirtschaften wurden so viele Fehler gemacht, dass die Armut sprunghaft anstieg und die Einkommen stark zurückgingen.« Der Autor ist fair genug, nicht die Globalisierung selbst zu diskreditieren, »sondern die Art und Weise, wie sie umgesetzt wird«. Er macht dafür vor allem internationale Wirtschaftsinstitutionen wie den Internationalen Währungsfonds (IWF), die Weltbank, die Welthandelsorganisation (WTO), aber auch die Partikularinteressen der Industriestaaten verantwortlich. Sie hätten die Globalisierung oft aus einer beschränkten Perspektive betrachtet, die von einer bestimmten Wirtschafts- und Gesellschaftsform geprägt gewesen sei.

Angesichts dieser herben Kritik klingt es fast anrührend, wenn der renommierte Ökonom nach einer »Globalisierung mit menschlichem Antlitz« ruft. Eine historische Parallele drängt sich da geradezu auf: Wurde in den 60er Jahren des vorigen Jahrhunderts in Osteuropa nicht nach einem »Sozialismus mit menschlichem Antlitz« gesucht, wie in Prag 1968, der dann unter der repressiven Macht der faktischen Verhältnisse brutal niedergewalzt wurde?

Immerhin: Die Globalisierung bringt zivilgesellschaftliche Gruppen und Organisationen, wie etwa Attac, auf die Beine, um – wie in der Stiglitz-Vision – für eine größere soziale Gerechtigkeit zu kämpfen. Ein Gefühl für diesen Protest konnte man zuletzt im Sommer 2007 beim G8-Gipfel in Heiligendamm deutlich spüren.

Dennoch gehört es bei der Mehrheit der deutschen Eliten längst zum unumstößlichen Glaubenssatz, dass die Globalisierung unabwendbares Schicksal sei, erst recht für ein Land, das sich – noch – rühmt, den Titel eines Exportweltmeisters zu tragen. Natürlich profitiert die deutsche Wirtschaft von den offenen wie auch gut vernetzten Märkten. Aber solcherlei Erfolge haben zumeist ein Doppelgesicht. Noch hat keiner die Rechnung aufgemacht, wie viele Arbeitsplätze zwischen Rhein und Oder im Zuge der Globalisierung verloren gegangen sind, auch künftig wohl wegfallen werden. Das Argument der internationalen Konkurrenz und des erdumspannenden Wettbewerbs war immer schnell zur Hand, wenn hiesige Unternehmen – trotz prächtiger Gewinnbilanzen – Tausende von Jobs in der heimischen Produktion gestrichen haben. Schon Sennett hat spitz bemerkt, dass sich, anders als bei den flexiblen Managern, das »neue Regime« auf diejenigen, die keine Macht hätten, ganz anders auswirke.

Der Berliner Philosoph und Autor Rüdiger Safranski macht daher eine kluge Unterscheidung zwischen Globalisierung und Globalismus. Für ihn ist letzterer Begriff Idee oder Ideologie, vor allem in der Argumentation der neoliberalen Protagonisten. Safranski begründet es so: »Der Neoliberalismus benützt den Hinweis auf die Globalisierung als Argument für die soziale Entpflichtung des Kapitals und spekuliert darauf, dass die Staaten um Arbeitsplätze konkurrieren und deshalb mit dem Abbau von sogenannten Investitionshindernissen locken, worunter ökologische, gewerkschaftliche, sozialstaatliche, steuerliche Regelungen verstanden werden. Der neoliberale Globalismus ist die Legitimationsideologie für die ungehemmte Bewegung des Kapitals auf der Suche nach günstigen Verwertungsbedingungen. Er baut mit dem Hinweis, man könnte von den Kapitalströmen getrennt werden, eine Drohkulisse auf – zum Zwecke der Durchsetzung des Primats der Ökonomie: Staat und Kultur haben der Ökonomie zu dienen.« Dieser Globalismus, so Safranski, fördere weltweit die »Zunahme von Ungleichheiten und Entwicklungsdifferenzen«.

Diese Ungleichheiten werden in Deutschland von den Globalisierungsbefürwortern mit dem TINA-Prinzip der ehemaligen britischen Premierministerin Margret Thatcher verkauft: There is no alternative. Dass sich unter solchen vorgeblichen Unabänderlichkeiten die Lebensbedingungen vieler Menschen verändern, wird als Kollateralschaden billigend in Kauf genommen, vielleicht sogar mit »klammheimlicher Freude« gewünscht und gewollt. Zwar behauptet der nordrhein-westfälische Ministerpräsident Jürgen Rüttgers (CDU) unverdrossen, die Globalisierung, gegen die er erhebliche Vorwände hegt, schaffe keine neue Welt, kein globales Dorf, keine neue Menschheit. Aber neue Eliten hat sie längst hervorgebracht.

Es sind, im Gegensatz zu den früheren Führungsgruppen der alten »Deutschland AG«, Eliten aus eigener Legitimation. Das gilt besonders für die Wirtschaftselite. Die damaligen Führungspersönlichkeiten waren eingebunden in ein dichtes gesellschaftliches und politisches Netzwerk, das einigermaßen übersichtlich funktionierte und alles zusammenhielt. Die Manager fühlten sich den Unternehmen verpflichtet sowie deren Eigentümern, zu denen nicht selten deutsche Großbanken zählten. Heute hingegen befinden sich viele Manager in der Hand von Investoren, für die allein der Shareholder-Value gilt. Und sie üben Druck aus, dass die Entscheidungen im Sinn ihrer Wunschbilder gefällt werden. Heraus kommen Chefs, so definiert es der Dozent Rakesh Khurana von der renommierten Harvard Business School, »die vom Rest der Gesellschaft nahezu abgekoppelt sind«. Eine Feststellung, die der Potsdamer Medienwissenschaftler Lothar Mikos ähnlich auch für die politische Klasse trifft. Nach seiner Auffassung lebt die Berliner Republik »in einer Endlosschleife der Imagination – fern von den emotionalen Befindlichkeiten und rationalen Einsichten in die Lebensbedingungen und Lebenszusammenhänge Deutschlands. Das politische System und die politische Klasse haben sich weit von der Wirklichkeit entfernt.«

Eine der Ursachen für die Abkoppelung der Manager-Klasse von der Gesellschaft ist die mangelnde Transparenz, die diese Investorengruppen, vor allem Private-Equity-Kapital und Hedge Fonds, nach wie vor kennzeichnen. Häufig sind die Entscheidungszentren unüberblickbar, irgendwo international verortet, möglicherweise auf kleinen Inseln oder anderen Steuerparadiesen, häufig in einem verwirrenden Schachtelprinzip zusammengefügt, das nur ein paar Insider kennen und beherrschen. »Es gehört zur Globalisierung, dass viele Institutionen, die früher vom Nationalstaat definiert wurden, heute unabhängig vom eigenen Land sind«, unterstreicht Khurana. Auf die Problematik dieser Entwicklung weist der Harvard-Ökonom auch hin. Unternehmen seien nun einmal Produkte der Gesellschaft, meint er, sie müssten also in deren Interesse sein. »Sonst verlieren sie das Vertrauen und irgendwann auch die Legitimation.« Im Übrigen bezweifelt er, dass die Investoren von Private-Equity-Kapital und Hedge Fonds Organisationen aufbauten, die auf Dauer angelegt seien.

Nun wird möglicherweise der Einwand kommen, dass dies für die großen, börsenorientierten Unternehmen zutreffen möge, aber das Rückgrat der deutschen Wirtschaft bilde ja der so genannte Mittelstand. In der Tat: Neun von zehn Betriebe sind hierzulande Firmen in Familienbesitz. Sie beschäftigen 60 Prozent aller Arbeitnehmer und erwirtschaften mehr als die Hälfte des jährlichen Bruttosozialprodukts. Die *Süddeutsche Zeitung* hat sie zu den »unterschätzten Helden der deutschen Wirtschaft« gekürt. Die Listen der Namen, hinter denen erfolgreiche Familiendynastien stehen, ist beeindruckend, wie Henkel, Porsche, Bertelsmann, Miele, Würth, Stiehl, Oetker, Trumpf, Tengelmann. Es spricht schon Stolz aus den Worten von Nicola Leibinger-Kammüller, der Chefin des Maschinenbau-Betriebes Trumpf, das ihr Vater Bertold Leibinger zu einem führenden und innovativen Werkzeugmaschinenhersteller und Laserspezialisten gemacht hat: »Wir sind froh, dass wir unabhängig sind, auch von Firmeninvestoren und vom Kapitalmarkt. Es ist ein gutes Gefühl, wenn sie selbst bestimmen können.«

Dass dennoch solche Unternehmen in Privathand keine Garantie bedeuten, zeigt der Fall der Altana-Firmengruppe, die von der Quandt-Erbin Susanne Klatten als Mehrheitsaktionärin kontrolliert wurde. Aus kaum nachvollziehbaren Gründen spaltete Klatten, die reichste Frau der Bundesrepublik mit einem geschätzten Vermögen von 7, 8 Milliarden Euro, das Unternehmen in zwei Teile. Der Chemiebereich wurde erfolgreich an die Börse gebracht, die Pharmasparte, mit einem Jahresumsatz von zuletzt 2,3 Milliarden Euro und fast 9000 Mitarbeitern, an die dänische Gruppe Nycomed verkauft – mit dem Ergebnis, dass Tausende von Arbeitsplätzen in Deutschland wegfielen. Die Dame hat persönlich Kasse gemacht, doch jenseits gesellschaftlicher Verantwortung.

Da laufen die allenthalben in der Wirtschaft eifrig propagierten Imageformeln von »Corporate Social Responsibility« und »Corporate Citizenship« ins Leere, mit denen das gesellschaftliche Engagement von Firmen heute benannt wird. Gewiss, für viele Unternehmen ist es mehr als nur ein Etikett. Davon zeugen nicht zuletzt die Stiftungen, die sie finanziell tragen oder unterstützen. Immerhin sind durch gesellschaftliches Engagement in den letzten zehn Jahren die Hälfte der jetzt 14.000 Stiftungen in

Deutschland entstanden – eine beachtliche Bilanz. Dennoch hat 2007 eine Studie herausgefunden, dass von über 500 befragten kleinen und großen deutschen Firmen nur 40 Prozent in gesellschaftlicher Tätigkeit eine positive Wirkung für ihren wirtschaftlichen Erfolg erblicken. In den USA sind davon immerhin 63 Prozent der Unternehmen überzeugt, bei den großen Konzernen sogar 83 Prozent. Besonders Mittelständler, so die Studie, üben da in Deutschland große Zurückhaltung. Soziales Engagement darf jedoch nicht mit dem weit verbreiteten Sponsoring verwechselt werden, das Firmen gern zur Imagewerbung einsetzen, das aber zumeist Bestandteil von Marketingstrategien ist. Da wandelt manches unter raffinierter Tarnkappe.

Allerdings bleibt die »Globalismus-Ideologie«, um den Begriff von Safranski noch einmal aufzugreifen, nicht allein auf die Wirtschaftselite beschränkt, sie sickert mehr und mehr auch bei den anderen Teileliten ein. Neoliberales Gedankengut ist längst zum »geistigen Mainstream« in allen deutschen Führungsgruppen geworden. So macht es Sinn, dass Repräsentanten der Wirtschaft ihre Erfahrungen und Rezepte bei der Sanierung von Unternehmen auch zur Umgestaltung für die gesamte Gesellschaft wortreich empfehlen. Wie der vormalige Vorstandsvorsitzende der Energie Baden-Württemberg AG (EnBW), Utz Claassen. Er hat zahlreiche Analogien zwischen dem Wirtschaftskosmos und der Welt der Politik festgestellt. »Sanierungserfahrungen aus Wirtschaftsunternehmen lassen sich durchaus auf gesamtgesellschaftliche Themenstellungen anwenden und auch zur Lösung politischer Probleme nutzen«, meint er. Es zeugt von enormer Realitätsferne der Wirtschaftseliten, wenn sie solche ökonomischen Muster ernsthaften Glaubens für die gesamte Gesellschaft empfehlen – es sei denn, sie sind von dem Gedanken beseelt, eine demokratisch verfasste Gesellschaft in einer betriebwirtschaftlichen Struktur aufgehen zu lassen.

Wie weit Claassen selbst das Gespür für die Realitäten entgleitet, zeigt seine persönliche Lebensgestaltung. Nach seinem Abgang im Herbst 2007 beim Energielieferanten EnBW, einer der vier Strom-Monopolisten, die Deutschland weitgehend untereinander aufgeteilt haben, lässt sich der Mittvierziger eine Jahrespension von rund 400.000 Euro auszahlen – ein Betrag, der für den Regelsatz eines Hartz IV-Empfängers von monatlich 347 Euro bald 100 Jahre ausreichte. Da klaffen Welten.

Dennoch gibt Claassen vor zu wissen, »wie wir Deutschland sanieren können«. Und ihm tun es viele Elite-Repräsentanten gleich, die mit ähnlichen neoliberal unterfütterten Ratschlägen aufwarten, in der Politik wie in der Wirtschaft und der Wissenschaft. Die Mehrheit der Wirtschaftsjournalisten ist ebenfalls schon lange auf dem neoliberalen Trip, in den Medien entsteht daher das Bild, dass nur mit Liberalisierung, Deregulierung und Privatisierung als Prinzipien der globalisierten Ökonomie der Standort Deutschland zu halten und zu sichern sei.

Für den Ministerpräsident Nordrhein-Westfalens, Jürgen Rüttgers, sind solche Denkmuster eine »Art neuer ökonomischer Darwinismus«, und daher zieht er seit vielen Monaten mit den sieben »neoliberalen Lebenslügen«, wie er es nennt, durchs Land: Etwa dass Steuersenkungen automatisch zu mehr Arbeitsplätzen führen, die Mitbestimmung in deutschen Unternehmen die Wettbewerbsfähigkeit reduziere, die Löhne in Deutschland zu hoch seien oder die Standortnachteile massive Arbeitsplatzverlagerungen ins Ausland bewirken. Rüttgers weiß, dass sich mit seiner provokanten These, die Globalisierung sei »nicht als unausweichliches Schicksal zu begreifen, das sich jeder politischen Gestaltung entzieht«, der Aufmerksamkeitskegel auf ihn richtet – weshalb an seiner wortreichen Kampagne, die Marktwirtschaft müsse sozial bleiben, der Argwohn klebt, es gehe ihm nur um persönliche politische Profilierung, teilweise zu Lasten der eigenen Partei.

Allerdings kommt aus den Reihen der Wirtschaftselite selbst Kritik am neoliberalen Glaubensgut, und zwar von einem Manager, der – neben fulminaten Spitzen-Einkommen – auch beachtliche Erfolge aufzuweisen hat: von Wendelin Wiedeking, dem Porsche-Vorstandschef. Die Shareholder-Value-Doktrin lehnt er kategorisch ab, nicht nur für sich selbst, sondern generell. »Dauerhaften Erfolg hat ein Unternehmen nur, wenn es langfristig denkt und handelt. Es geht darum, Visionen zu entwickeln, mit denen sich Kunden, Lieferanten, Mitarbeiter und Aktionäre identifizieren können. Das Management muss Werker, Angestellte, Meister und Führungskräfte geschlossen und loyal hinter sich bringen – und zwar unabhängig von den Schwankungen der Börse. Die einseitige Ausrichtung am Kurszettel ist zu wenig.« Und er ergänzt: »Unser Geschäftssystem ist ein anderes als das der Banken, Börsen und Analysten. Unser Geschäft ist langfristiger Natur.« Sein Unternehmen lebe langfristig »von etwas sehr Grundsätzlichem: von Glaubwürdigkeit und Vertrauen«.

Wiedeking, häufig als Mustermanager gefeiert, empfiehlt seiner Zunft, als wichtigen Teil ihrer sozialen Verantwortung die lokale Dimension ihrer Tätigkeit nicht gering zu schätzen: »Nach den Irrungen und Wirrungen des Shareholder-Value, der kurzfristigen Börsennotierung, der Fusionitis und der Suche nach möglichst billigen Standorten im Ausland müssen Unternehmen wieder verlässliche Partner in der Gesellschaft werden, in der sie zu Hause sind.« Porsche habe seine Wurzeln in Deutschland, hier hätten die Mitarbeiter ihre Heimat. »Verbundenheit mit der Region ist wichtig – für das Unternehmen ebenso wie für seinen Chef.«

Der Soziologe Sennett, der mit seiner Beschreibung des »flexiblen Menschen« die Moderne charakterisieren will, findet ebenfalls, die Arbeitsbedingungen des modernen Kapitalismus bewirkten eine Stärkung des Ortes, die Sehnsucht der Menschen nach einer Verwurzelung in einer Gemeinde. Auch der Philosoph Safranski plädiert für eine »Positivbewertung von Heimat«. Denn es gelte der Grundsatz: »Je mehr emotional gesättigte Ortsbindung, desto größer die Fähigkeit und Bereitschaft zur Weltoffenheit. Die Hysterie der Mobilitätsathleten und ›Global Player‹ sollte man nicht mit Weltläufigkeit verwechseln. Weltläufig ist nicht jemand, der mit Tunnelblick seinen weltweiten Geschäften nachgeht.« Wie sehr die Vernachlässigung solcher Aspekte empfindlich ins Auge gehen kann, hat der Deutsche Bahn-Chef Hartmut Mehdorn erlebt, als er – von der fixen Idee eines Global Player getrieben – mit seinen krausen Privatisierungsplänen des öffentlichen Verkehrsunternehmens einen kapitalen Schiffbruch erlitt. Und mit ihm auch alle jene Angehörigen der Eliten, die Mehdorn bei seinem schlecht durchdachten Vorhaben bereitwillig gefolgt waren – ein Musterbeispiel geradezu für die Entkoppelung der Führungsgruppen vom Rest der Gesellschaft.

Eliten aus eigener Legitimation, die sich nur auf ihre Person berufen, können keine dauerhafte stabile gesellschaftliche Basis ausbilden. Denn die Führungsgruppen verzichten damit, weil sie Leistung eben nicht allein aus sich selbst heraus erbringen können, auf die Unterstützung derer, auf die es bei der Umsetzung ankommt. Wenn sie gar noch dokumentieren, dass diese Anderen letztlich nicht wichtig sind, dass sie austauschbar und ersetzbar, gar verzichtbar sind, beschädigen sich die Eliten selbst. Auf diese Weise wird Vertrauen verspielt, schließlich ruiniert, auf das Eliten nicht verzichten können, wollen sie langfristig erfolgreich sein.

Die Bekundungen der Verdrossenheit über das Verhalten der gegenwärtigen Führungsgruppen bei großen Bevölkerungsteilen sind nicht mehr zu überhören und zu übersehen. Unter den Protestformen ist die rapide nachlassende Wahlbeteiligung, vor allem in unteren Bevölkerungsschichten, die greifbarste Artikulierung. Sie bedeutet eine ernsthafte Warnung für den gesellschaftlichen Zusammenhalt. Der angesehene Bielefelder Konfliktforscher Wilhelm Heitmeyer, der eine Langzeitstudie über »Deutsche Zustände« betreibt, hat nachdrücklich auf die fatalen Wirkungen von sozialen Spaltungsprozessen, zunehmend in Deutschland zu beobachten, für die Qualität des Zusammenlebens von Menschen hingewiesen. Er sieht hier vor allem die Eliten gefordert. Denn: »Eliten in Wirtschaft, Politik, Medien und Kultur, die sich diesen Zusammenhängen nicht stellen, vernachlässigen ihre Verantwortung für den sozialen Frieden.«

3. Führung, Autorität, Verantwortung
Die Erwartungen an die Eliten

Es gab eine Zeit, da war sein Name in vieler Munde: Hans Jonas, der deutsch-amerikanische Philosoph, hatte mit seiner Studie über »Das Prinzip Verantwortung« Ende der 70er Jahre viel Aufsehen erregt. Darin hatte Jonas den Versuch einer Ethik für die technologische Zivilisation versucht, indem er den alten Dualismus von Mensch und Natur, der zumeist Entscheidungen aus dem Hier und Jetzt begründete, in die Zukunft verlängerte. »Im Zeichen der Technologie hat Ethik mit Handlungen zu tun (wiewohl nicht mehr des Einzelsubjekts), die eine beispiellose kausale Reichweite in die Zukunft haben, begleitet von einem Vorwissen, das ebenfalls, wie immer unvollständig, über alles Ehemalige weit hinausgeht. Dazu die schiere Größenordnung der Fernwirkungen und oft auch ihre Unumkehrbarkeit. All dies rückt Verantwortung ins Zentrum der Ethik, und zwar mit Zeit- und Raumhorizonten, die denen der Taten entsprechen.«

Jonas setzt sein »Prinzip Verantwortung« bewusst gegen »Das Prinzip Hoffnung« des marxistischen Kollegen seiner Lehrdisziplin, Ernst Bloch, der zwei Jahrzehnte früher die linke Utopie mit der technologischen Fortschrittsdynamik verbunden hatte, das »Träumen nach vorwärts«, wie er es nannte. Dieses Träumen erscheint Jonas suspekt, für ihn ist der Utopismus »zur gefährlichsten – gerade weil idealistischen – Versuchung der heutigen Menschheit geworden«. Ihm geht es mit dem Verantwortungsprinzip darum, den Menschen in der Zweideutigkeit seiner Freiheit »die Unversehrtheit seiner Welt und seines Wesens gegen die Übergriffe seiner Macht zu bewahren«. Blochs Träumen ist längst von der Wirklichkeit eingeholt worden: Ressourcenausbeutung, Umweltschäden, Klimaerwärmung und die daraus resultierenden Katastrophen – die Natur schlägt zurück. Eine verantwortungsvolle Ethik, wie Jonas sie definiert, ist entsprechend dringendes Gebot.

In der Erwartungsliste, die für die derzeit agierenden Eliten aufgestellt werden muss, steht Verantwortung hinter Führung und Autorität, aber als Konsequenz der beiden anderen Charakteristika. Ohne Führung und Autorität ist Verantwortung nicht denkbar, sie erwächst nämlich praktisch aus den zwei anderen Eigenschaften. Aber ebenso führt das Paar Führung und Autorität ohne Verantwortung in die Katastrophe, in die kleine, eher privater Art, aber auch in eine große, im gesellschaftlichen Maßstab. Dies ist historisch mannigfach belegbar, und gerade die deutsche Geschichte liefert dafür unzählige traurige Beispiele.

Nicht zuletzt deshalb ist der Begriff Führung in Deutschland erheblich belastet und wird zumeist im aktuellen Gebrauch gern umschrieben. Der »Führerstaat« und der »Führerkult« des Nationalsozialismus, mit den furchtbaren Konsequenzen von Terror und Verbrechen bis hin zum Zivilisationsbruch, haben langfristige Wirkungen hinterlassen. So bleibt bis heute ein bestimmtes Misstrauen gegenüber offensiv vertretener Führung erhalten, allerdings auch gefördert durch behäbig egalisierende Tendenzen vergangener Jahrzehnte, vor allem in den wirtschaftlichen Konjunkturzeiten. Sie waren jedoch eher oberflächlich nivellierender Natur, nicht von strukturell verändernder Bedeutung. Auch in einer Welt der Leistungs- und Funktionseliten bleiben das wesentliche Merkmal ihres Status der Anspruch und das Recht auf Führungsentscheidungen. Denn es steht außer Frage, dass auch demokratisch verfasste Gesellschaften der Führung bedürfen – eben durch die Eliten. Für den Soziologen Michael Hartmann sprechen daher nach wie vor »zahlreiche Punkte für die Existenz einer herrschenden Klasse«, in der sich die Führungsmacht bündelt.

Dass die Führungsmechanismen in der deutschen Gesellschaft weiterhin funktionieren, hat über das eine wie das andere Mal die Wirtschaftselite im Zuge von Globalisierung nachdrücklich bewiesen. Gewiss standen die Unternehmen unter den Zwängen internationaler Konkurrenz und harten Wettbewerbs. Doch die notwendigen Konsequenzen gingen häufig zu Lasten von Beschäftigten, sowohl in der Produktion als auch in der Administration. Über die oft als »Freisetzungen« deklarierten Massenentlassungen hat das Management nicht weniger Unternehmen die Voraussetzungen für die Milliardengewinne geschaffen, mit denen sie heute in der Öffentlichkeit und an den Börsen glänzen. Die auf rund fünf Millionen angewachsene Zahl der Arbeitslosen am Ende der Regierung Schröder stellt eine gewaltige Belastung für die Sozialsysteme dar, weil ihnen umfangreiche Transferleistungen aufgebürdet wurden – von der privatwirtschaftlichen Tasche in die öffentlichen Kassen. Der wirtschaftliche Aufschwung der letzten beiden Jahre in Deutschland wurde nicht zuletzt zu einem erheblichen Teil vorweg über die Solidargemeinschaft finanziert. Die Wirtschaftselite hat damit ihren Führungswillen nachhaltig dokumentiert, jedoch oft auf dem Buckel der Gesellschaft. Mit ihren permanenten Appellen an die Regierung der großen Koalition, die bisherigen Reformen nicht zu revidieren, sondern darin forschen Schrittes weiterzumachen, bekräftigt sie in dieser Hinsicht den Führungsanspruch.

Doch Führung, wenn sie über ein krudes Hierarchie-Schema von Befehl und Gehorsam hinausgehen soll, bedarf einer weiteren Unterfütterung: nämlich durch Autorität. Erst dadurch gewinnt sie Anerkennung und Akzeptanz. Aber Autorität ist oft schwieriger zu erringen als Führung. Denn sie kann sich nicht ausschließlich auf Ämter und Funktionen berufen, mit denen Anordnung und Weisung nicht selten automatisch legitimiert sind. Autorität begründet sich aus der Person, sie ergibt sich aus Persönlichkeit, Charakter, Kompetenz, Integrität. Auf diesen Zusammenhang hat Theodor Eschenburg, Altmeister der deutschen Politikwissenschaft, ausdrücklich hingewiesen, als er sich mit dieser Problematik beschäftigte. Zwar gewinne jemand durch ein Amt auch Autorität, so schrieb er, allerdings nur »Amtsautorität«; jedoch »von seiner Persönlichkeit hängt deren Wirkung ab«. Deshalb plädierte er dafür, dass institutionelle und persönliche Autorität, Amtswürde und menschliche Würde sich die Waage halten sollten.

Dabei weiß auch Eschenburg von der Ambivalenz der Autorität. Denn er meint: »Auf dem harten und mühseligen, oft langwierigen Weg zur Autoritätsposition bleiben viele liegen, weil der Kräfteverschleiß, die Abnutzung zu groß ist und die Autoritätssubstanz nicht ausreicht. Von den wenigen, die das Ziel erreichen, vermögen sich nur einige zu behaupten. Auf dem Sockel, auf den sie gehoben werden, schrumpft optisch die Gestalt in der Sicht der unter ihnen Stehenden. Es muss einer sich selbst steigern, um zumindest die Proportion zum Sockel zu wahren; eine momentane Aufplusterung genügt nicht. Dann zerfällt die Autorität, dann erscheinen die mit Amtsautorität ausgestatteten Personen kleiner, als sie in Wirklichkeit sind.«

Was Eschenburg in diesen recht wohlgesetzten Formulierungen bekrittelt, sind die oft abstoßenden Auftritte von Elite-Vertretern, ist ihre Überheblichkeit, Anmaßung, Selbstgefälligkeit, kurz: ihre Arroganz. Es untergräbt dabei keineswegs die Autorität, Sensibilität, Fairness, Bescheidenheit oder Mitmenschlichkeit zu zeigen. Im Gegenteil: Über solche Eigenschaften lässt sich Autorität mehren und absichern. Solches Auftreten zeigt sich jedoch in der Praxis längst nicht selbstverständlich. In Deutschland, so behauptet der Münchner Wirtschaftspsychologe Felix Brodbeck, »heißt führen immer noch, hart zu sein in der Sache und hart zu den Beschäftigten«. Brodbeck, der Führungskulturen in 62 Ländern untersucht hat, fand heraus, dass im internationalen Vergleich hiesige Manager durch Leistungsorientierung bestechen, aber »bei der Humanorientierung landet Deutschland auf einem der letzten Plätze«. Es gibt eine Erklärung dafür, warum das Ansehen gerade der Elite-Vertreter aus dem ökonomischen Bereich in den letzten Jahren rapide in den Keller gerutscht ist. Die ehemalige Autorität, die Wirtschaftsführer in der alten Bundesrepublik genossen, hat heute keinen Bestand mehr, wenngleich sicher ein Unterschied zwischen Großunternehmen und mittelständischen Familienbetrieben zu konstatieren ist. Deren Chefs stellen als individuell agierende Besitzer zumeist noch eine patriarchalisch unterfütterte Autorität gegenüber ihren Mitarbeitern dar.

Aber auch die anderen Teileliten haben, durch selbstbezogene Absicherung und disziplinlose Attitüde, häufig an Autorität eingebüßt. Daher müssen sie ihr Auftreten und Handeln immer stärker durch die Öffentlichkeit und ihr gegenüber hinterfragen lassen. Das gilt in besonderem Maße für die politische Elite, deren Ansehensverlust geradezu dramatisch ist.

Zweifellos hat es mit dem dritten Komplex der Erwartungen zu tun, der an die Eliten geknüpft wird: nämlich die Verpflichtung zur Verantwortung. Mit Führung, die ein Kennzeichen für die Eliten ist, ob sie nun unmittelbar oder mittelbar ausgeübt wird, ist Verantwortung verbunden. Wo solche Ambivalenz nicht beachtet wird, entgleitet Führung recht schnell in Willkür, und sie endet schließlich in Despotie und Barbarei. Historische Beispiele, gerade aus der Vergangenheit, sind hier erdrückend.

Die Verantwortung der Eliten gilt zuvörderst nicht allein der eigenen Person und dem engeren persönlichen Zirkel. Die Verantwortung der Eliten hat eine andere Qualität, die Jonas so formuliert: »Das Urbild der Verantwortung ist die von Menschen für Menschen.« Eine solche Verantwortung, die von den Eliten wahrzunehmen ist, besitzt eine ethische Dimension. Nun muss man nicht, wie eben der zitierte Philosoph, allein in sittlichen Normen argumentieren. Der Begriff Verantwortung lässt sich, im Blick auf die Führungsgruppen, einfacher fassen: Er meint deren soziale Kompetenz. Die Verantwortung der Eliten erhält erst in ihrem gesellschaftlichen Kontext die eigentliche Bedeutung.

Die soziale Kompetenz besitzt sicherlich unterschiedliche Größenordnungen, ob man nun ein kleines Team leitet, als Direktor für den Bereich einer Schule, als Manager für ein Großunternehmen oder als Regierungschef gleich für das gesamte Land die Verantwortung trägt. Auch die einzelne Persönlichkeit mit seinen Prägungen und Wertvorstellungen wirkt sich da aus, ähnlich wie bei der Autorität. Aber weit entscheidender ist, eine Fähigkeit für die gesellschaftlichen und sozialen Aspekte von Entscheidungen zu entwickeln, sei es im Binnenverhältnis eines Unternehmens oder einer Einrichtung, sei es in der Außenwirkung. Auch die primären oder sekundären Folgen, in kurz-, mittel- oder langfristiger Art, sind zu berücksichtigen. Der Begriff der Nachhaltigkeit findet im heutigen Sprachgebrauch häufig Verwendung. Er kann auch für die soziale Kompetenz gelten. Denn es geht um mehr als das Wissen um die effiziente Realisierung und wirkungsvolle Durchsetzbarkeit von Vorhaben und Strategien. Im Zweifelsfall, etwa wenn Skepsis oder Kritik bestehen, wird sich soziale Kompetenz bewähren müssen, aber auch auszahlen. Wird dann bedenkenlos auf die Hierarchiestruktur zurückgegriffen, wie vielfach üblich, sammeln sich Enttäuschungen und Misserfolge.

Dass nach wie vor vielerorts ein stupides Oben-Unten-Schema angewendet wird, jenseits von sozialer Kompetenz, hat eine Untersuchung des Deutschen Gewerkschaftsbundes (DGB) 2007 belegt. Danach sind nur 22 Prozent, also nur jeder vierte Arbeitnehmer, mit der Führungs- und Unternehmenskultur des eigenen Betriebes zufrieden. »Das ist ein schlechter Wert, der auf große Defizite bei den Vorgesetzten schließen lässt«, folgert die Soziologin Tatjana Fuchs, die im Auftrag des DGB die Umfrage ausgewertet hat. Schlechter Führungsstil, mangelnder Informationsfluss und eine Arbeit ohne persönliche Entwicklungschancen verstärke die Frustrationsgefühle, so die Soziologin. Sie behauptet daher, dass »die deutsche Führungsqualität im internationalen Vergleich durchschnittlich schlechter ist«.

Das offenkundige Dilemma hat der ehemalige Ford-Manager Daniel Goeudevert aufgrund seiner vielfachen Führungserfahrungen einmal anschaulich beschrieben. Ihm seien bei seiner Chefposition, sagte er in einem Vortrag, einige Einser-Absolventen der besten Fakultäten zur Seite gestellt worden, die ihm fachlich – etwa beim Controlling und Marketing – weit überlegen gewesen seien. Doch der differenzierten und übergreifenden Arbeitspraxis seien diese Top-Leute häufig nicht gewachsen gewesen, weil sie in ihren Stellungen mit dem sozialen Beziehungsgefüge nicht klar kamen. »Wenn bestens ausgebildete Menschen, die Führungspositionen anstreben oder bereits innehaben, nicht oder nur unzureichend in der Lage sind, ihre brillanten Fähigkeiten umsichtig und verantwortlich in einem sozialen Gefüge einzusetzen, dann indiziert dies auch und nicht zuletzt einen Mangel an Bildung«, so Goeudevert.

Soziale Kompetenz gewinnt der Einzelne, von einigen wenigen Ausnahmen abgesehen, nicht per Zufall, sie ist erlernbar – wenn man es denn will, wenn es in Bürokratien, Unternehmen, Institutionen gefordert, ja gefördert und trainiert wird. Nicht verwechselt werden soll die soziale Kompetenz mit einer Sichtweise, die Mutter-Theresa-Merkmale aufweist, wo Führung einer Fürsorge gleichkommt. In diesem Kontext geht es nämlich nicht um Barmherzigkeit oder Altruismus, sondern um die Angemessenheit und Äquivalenz von Entscheidungen im Blick auf die jeweils Betroffenen. Das entbindet nicht – wenn es geboten erscheint – von unpopulären und harten Maßnahmen. Vor solcherart Verantwortung können sich die Eliten nicht drücken, und wenn sie es doch tun, wird ein sichtbarer Autoritätsverlust eintreten. Deshalb stehen nicht zuletzt die Politiker immer wieder am Pranger. Aber auch die rücksichtslose Hartnäckigkeit, mit der bestimmte Absichten und Intentionen, vor allem im Bereich der Wirtschaft, durchgezogen werden, wirft Fragen nach dem humanen Grundverständnis der handelnden Personen auf. Es sind fragwürdige Methoden der Führung, weil letztlich – im wahrsten Wortsinn – unverantwortlich.

In diesem Zusammenhang stellt sich die Frage nach den Karrierewegen der Eliten. Nach wie vor werden Fachwissen und Sachkompetenz als unabdingbare Voraussetzung für Aufstiegsmöglichkeiten gefordert, wenn nicht – wie bereits geschildert – andere Kriterien greifen, etwa die der sozialen Herkunft. Doch der erfahrene Manager Goeudevert warnt nachdrücklich davor, Eliteausbildung primär an wirtschaftlichen und technologischen Opportunitäten zu orientieren. Wer die Menschenbildung vernachlässige, so der frühere Ford-Chef, »der wird dem Fundament jeder Gesellschaft und damit übrigens auch dem Fundament der Wirtschaft (von der Kultur ganz zu schweigen) irreversiblen Schaden zufügen«. Der Korruptionsskandal bei Siemens lässt sich als eines der besonders abschreckenden Beispiele anführen, nicht allein wegen der finanziellen Ausmaße, sondern auch wegen des wirtschaftlichen Prestigeverlustes dieses ehemaligen deutschen Vorzeigeunternehmens und wegen der fatalen Auswirkungen auf das moralische Bewusstsein der Gesellschaft.

Auf solche Diskrepanzen macht, in seiner eher charmanten Art, der frühere Fernsehmoderator Ulrich Wickert aufmerksam. In seinem jüngsten Buch fordert er nicht nur dazu auf, »einen Gauner wieder einen Gauner zu nennen, um an die Regeln der Gemeinsamkeit zu erinnern«. Er zitiert auch den Manager einer international tätigen Firma, der auf einer von dem Theologen Hans Küng geleiteten Tagung erklärte: »In unseren Unternehmen ist das Wort Ethik verboten.« Solche und ähnliche Aussagen kritisiert Wickert als eine »unfassbare Arroganz«.

Allerdings dämmert die Einsicht, nicht zuletzt unter dem Eindruck der vielen Affären und Skandale der letzten Jahre, dass die Vernachlässigung, ja sogar Missachtung moralischer Standards schon recht bald negativ zu Buche schlägt. In zahlreichen Betrieben werden unter den Begriffen Corporate Governance und Compliance Verhaltensregeln und Organisationsmuster formuliert und festgelegt, die die Einhaltung von Ethikgrundsätzen zum Ziel haben. Eine ständige Kommission für Corporate Governance unter der Leitung des früheren Thyssen-Managers und heutigen Siemens-Aufsichtsratschefs Gerhard Cromme hat weit über 100 Empfehlungen ausgesprochen, die bei der Führung und Überwachung eines Unternehmens beachtet werden sollen. Der Haken daran: Diese Empfehlungen können nur als Selbstverpflichtungen der Unternehmen aufgegriffen werden, und da drücken im Zweifelsfall die Verantwortlichen auch mal die Augen zu.

Compliance wiederum soll die Mitarbeiter in Wirtschaftsunternehmen zur Einhaltung gesetzlicher Bestimmungen und betriebsinterner Normen verpflichten. Das ist zumeist mit einem Moralkodex verbunden. Beschäftigten, die diese Verhaltensweisen nicht beachten, drohen Sanktionen, betrieblich bis zur Entlassung, strafrechtlich bis zur Verurteilung. Eine Riege von Siemens-Bossen hat es bereits erfahren, indem sie ihre Positionen räumen mussten. Auch Peter Hartz und einige andere Größen aus der alten VW-Welt, einschließlich Betriebsratsmitglieder, die sich in zweifelhaften Milieus ohne Scham und Hemmungen bewegten, haben – neben dem Stellenverlust – Strafurteile kassiert. Sowohl Siemens als auch VW stehen, wenngleich in unterschiedlicher Schattierung, für einen beängstigenden moralischen Niedergang in Teilen der Führungsschicht. Die Reinigungsfunktion durch hausinterne Regelwerke greift jedoch oft nur bei sichtbarem Fehlverhalten begrenzend ein. Die korrupten Systeme in den Chefetagen werden davon längst nicht erfasst, erst recht nicht, wenn Führungskräfte betroffen sind. Siemens hatte den ganzen Katalog von Corporate Governance und Compliance – trotzdem.

»Ethik macht Profit«, formuliert daher mahnend der Journalist Hans Leyendecker, der an der Aufklärung vieler Affären der letzten Jahrzehnte, von Flick bis Kohl, maßgeblich beteiligt war. Dieses Motto kann gleichermaßen für das Handeln aller Eliten gelten. Auch wenn sich bei Profit sofort Assoziationen von Geld und Gewinn aufdrängen, so gibt es den indirekten Nutzen, der sich in Ansehen und Respekt, Autorität und Reputation niederschlägt. Das gilt für Personen ebenso wie für Unternehmen und Institutionen. Solche Einsichten dauern lange – zumal in einem Land, das bis Ende der 90er Jahre seitens des Gesetzgebers gestattete, bestimmten unmoralischen Geschäften nachzugehen. Bis 1998 waren Schummeleien und Bestechungen als »nützliche Aufwendungen« von der Steuer absetzbar. Vielleicht bedarf es da erst eines milliardenschweren Korruptionsskandals wie bei Siemens, damit ein Umdenken in den Führungsgruppen beschleunigt wird.

In anderer Hinsicht tut sich bei den Eliten ebenso ein Manko auf. Zunehmend wird beobachtet, dass führende Vertreter in Leitungskreisen vor ihrer Verantwortung wegtauchen. Dazu bedienen sie sich vor allem zweier Möglichkeiten: einmal indem sie das Risiko von Missmanagement, das durch Fehlentscheidungen und Trugschlüsse entsteht, für die eigene Person so weit reduzieren, dass sie sich aus der Haftung – sei diese nun politischer, ökonomischer, sozialer oder ökologischer Art – zumeist unproblematisch entwinden können; dann indem sie andere Personen, Gremien oder Institutionen vorschieben, um unter Berufung auf deren Analysen und Vorschläge bestimmte Entscheidungen treffen und durchsetzen zu können. So oder so: Die Verantwortlichkeit der einzelnen Führungsperson ist auf diese Weise schwer festzumachen. Damit entsteht ein Vakuum aus Werteunsicherheit und Desorientierung. Und so lassen sich, zumindest teilweise, jene Unzufriedenheitspotenziale erklären, die allenthalben in der Gesellschaft über die Eliten auftauchen und sich in Verdruss und Abstinenz wenden.

Ruinen des Missmanagements lassen sich allenthalben in Deutschland besichtigen: von BMW mit der gescheiterten Übernahme des britischen Autoherstellers Rover sowie den größenwahnsinnigen Welt-AG-Träumen bei DaimlerChrysler über die kostspieligen Einkaufstouren des Handelshauses KarstadtQuelle und der fulminanten Milliardenpleite des Medienmoguls Leo Kirch bis hin zu den vermurksten Spekulationen bei den Landesbanken in Nordrhein-Westfalen und in Sachsen sowie der Deutschen Industriebank (IKB) in Düsseldorf. In allen diesen Fällen – und es ließen sich noch zahllose andere nennen – gerieten die Unternehmen in Schieflagen allein durch grobe, verantwortungslose Fehlentscheidungen ihrer Manager – zu Lasten von Kapital, Arbeitsplätzen, auch Steuerzahlern.

Dass hingegen dieses Missmanagement für die schuldigen Akteure existentielle Folgen gehabt hätte, ist nicht bekannt. Bernd Pitschesrieder, bei BMW verantwortlich für das Engagement bei Rover, musste zwar seinen Chefsessel in München räumen, landete aber bald sanft in derselben Stellung bei VW in Wolfsburg – bevor er auch dort von dem bedenkenlosen Autokraten Ferdinand Piëch zum zweiten Mal in die Wüste gejagt wurde – mit millionenschwerer Abfindung, versteht sich. Von besonderer Pikanterie ist der Fall des ehemaligen Karstadt-Managers Walter Deuss. Dieser hatte, wohl aus schierer Großmannssucht, durch die Zukäufe sanierungsreifer Unternehmen wie Hertie und Neckermann sowie diverser anderer Firmen, die angestammte Warenhauskette beinahe in den Konkurs gestürzt. Bei seinem Abschied ließ sich Deuss seine Pensionsansprüche ausdrücklich versichern. Als dann Thomas Middelhoff bei der Umstrukturierung des Konzerns dem Personal erhebliche Verzichte zumutete, sollte dies, in bescheidenem Maße, auch für Deuss gelten. Doch es folgte ein abstoßendes Beispiel von Raffke-Mentalität: Deuss klagte gegen seinen früheren Arbeitgeber auf weitere Bezahlung der Überstunden des ihm weiterhin zugestandenen Chauffeurs – und bekam Recht.

Ein merkwürdiges Verständnis, das eher einem unterentwickelten Bewusstsein und mangelnder sozialer Kompetenz entspringt, spricht auch aus dem Verhalten von Heinrich von Pierer und Ferdinand Piëch, die vorgaben, von den handfesten Skandalen und schmierigen Affären bei Siemens und VW nichts gewusst zu haben. Es erscheint jedoch mehr als unwahrscheinlich, dass jahrelange Unregelmäßigkeiten und Machenschaften an den jeweiligen Vorstandsvorsitzenden und Aufsichtsratschefs vorbeigegangen sind, ohne dass sie etwas bemerkt haben. »Mr. Siemens« Pierer, der 1992 auf den Chefsessel kam, als der Konzern durch illegale Schiebereien im Inland aufgefallen war, hätte gleichsam als »gebranntes Kind« auf der Hut sein müssen. Wenn sich solche schmierigen Trickserien aus der unmittelbaren Umgebung des Vorstands geplant und gelenkt werden, dann verbietet sich ein Wort wie Unternehmenskultur.

Auch im Fall Piëch, dem der Journalist Leyendecker bescheinigt, er wisse in seinem Unternehmen fast alles und habe das Gespür einer Fledermaus für Veränderungen, drängen sich Zweifel auf. Der ausgewiesene Autonarr, der für seine Milliarden teuren Investitionen in Luxusmarken wie Bentley, Bugatti und Lamborghini sowie die Entwicklung des Prestigemodells Phaeton die Zustimmung des Betriebsrates brauchte, wäre bei seinen ehrgeizigen Plänen schlecht beraten gewesen, bei den Arbeitnehmervertretern auf Konfrontation zu gehen. Zugeständnisse liegen da nahe. Handelte der inzwischen verurteilte ehemalige Arbeitsvorstand Peter Hartz, mit dem Personalmanager Klaus-Joachim Gebauer an der Seite, als er den Betriebsrat mit seinem Vorsitzenden Klaus Volkert mit Lustreisen und Sonderzahlungen bei Laune hielt, nur auf eigene Kappe? Alles am allgegenwärtigen VW-Boss vorbei? Wenn es tatsächlich stimmt, dass von Pierer und Piëch ohne jegliche Kenntnisse auf einem tiefen Sumpf regieren, dann waren sie die Millionen kaum wert, die sie in ihrer Funktion kassierten. Diese Art von Verantwortungsleugnung besitzt demoralisierende Wirkung für das allgemeine Sozialgefüge. Eine solche Haltung muss Elite-Angehörigen als folgenschweres Versagen angerechnet werden.

Das Urteil gilt selbstverständlich auch für das fragwürdige Verhalten von Politikern. Man muss nicht mehr die großen Episoden wiederholen, die die deutsche Öffentlichkeit erlebt hat. Es reicht auch ein scheinbar alltäglicher Fall, der fast beiläufig passierte: der des CDU-Mannes Laurenz Meyer. Der zeitweilige Generalsekretär der Unionspartei hatte, zu seinen Abgeordneten-Bezügen im Düsseldorfer Landtag, auch noch bei seinem ehemaligen Arbeitgeber, dem Energieunternehmen RWE, abkassiert, neben weiteren Privilegien wie reduzierten Stromrechnungen. Erst nach beharrlichem Leugnen gestand er die Wahrheit ein – und musste seinen Posten in der CDU-Zentrale räumen. Inzwischen ist Meyer als Parlamentarier in Berlin wirtschaftspolitischer Sprecher seiner Fraktion und wandert in dieser Funktion beredt durch die Talkshows.

Auch VW hielt sich Landtags- und Bundestagsabgeordnete auf der Gehaltsliste – bis auch sie sich im Strudel der unerquicklichen Wolfsburger Affäre zum Rücktritt genötigt sahen. Solche »Vorbilder« an Verantwortung, deren Reihe sich mühelos fortsetzen lässt, stellen eine moralische Heimsuchung dar. Ein Ministerrücktritt etwa, nicht aufgrund eigener Fehler, sondern seines Apparates, ist zur Seltenheit geworden; allenfalls geht noch ein Staatssekretär als Bauernopfer über die Klinge. Willy Brandts Entscheidung, wegen der Guillaume-Affäre – der größte Spionagefall der Bundesrepublik – auf sein Amt als Bundeskanzler 1974 zu verzichten, bleibt historische Rarität. Verantwortung buchstabiert sich in der Politik nicht selten als die Verantwortung der anderen.

Eine ähnliche Feststellung kann auch für jene Tendenz getroffen werden, mit der die Selbstentledigung von Führungsaufgaben durch Nutzung von Beratern betrieben wird. In Deutschland bestehen inzwischen fast 15.000 Beratungsfirmen mit etwa 70.000 Beschäftigten. In den Bereichen Politik und Wirtschaft, Wissenschaft und Kultur werden ihre Dienste zunehmend in Anspruch genommen. Daran ist zunächst nichts auszusetzen. Der Rat von außen kann sehr nützlich sein, weil ein unbefangener, auch unabhängiger Blick Schwachstellen, Mängel oder Fehler bei Strukturen und Entscheidungswegen gelegentlich eher zu erkennen vermag. Aber häufig demonstriert der Hilferuf nach Consulting, wie es neudeutsch heißt, auch ein Defizit an Kompetenz, Durchsetzungsvermögen und Verantwortung. »Wo Ratlosigkeit in Wirtschaft und Politik grassiert und die politischen Konsequenzen des weltweiten Wettbewerbsdrucks unlösbar erscheinen«, schreibt der Journalist Thomas Leif, der ausgiebig in dieser Branche recherchiert hat, »bieten Berater ihre scheinbar einfachen Lösungen an. Gegen die Zumutungen der Komplexität ökonomischer und politischer Prozesse setzen sie ihre Logik extremer Vereinfachung und simpler Strukturierung, verpackt in knappen Schaubildern der ›Management-Zusammenfassungen‹.«

Die großen Beraterfirmen, für die in Deutschland Namen wie McKinsey, Berger oder Boston Consulting stehen, leben – wie Leif formuliert – in einem komfortablen Zustand: »Sie haben Macht ohne Verantwortung.« Wenn nämlich ihre Vorschläge und Projekte scheitern, stehen sie nicht in unmittelbarer Pflicht. Dass sie dennoch einen Mythos aufbauen konnten, begründet sich auf ihr vermeintliches Modernisierungs- und Effektivitätsversprechen, gepaart mit »einem elitären Habitus und der Illusion einer schier grenzenlosen Kompetenz auf allen Fachbereichen«. Daher zeichnet Leif ein im Prinzip ruppiges Urteil über diese Branche: »Geniale Blender«.

Einem solch harten Verdikt muss man sich nicht unbedingt anschließen. Aber die Berater-Hybris treibt schon üppige Blüten. In der Politik wuchert ein beinahe unüberschaubares Geflecht von Ausschüssen, Gremien, Kommissionen, Beiräten, auf deren Mitglieder – sofern sie nicht selbst dazu gehören – Consulting-Vertreter und Lobbyisten einwirken. In der Wirtschaft wird kaum noch eine Entscheidung von weittragender Bedeutung ohne den Rat von außen getroffen. Wissenschaftler wiederum ordnen sich bereitwillig einem zweifelhaften Ranking-System von Beratungsfirmen unter, beispielsweise dem Centrum für Hochschulentwicklung (CHE) der Bertelsmann-Stiftung. Und wenn es im kulturellen Bereich um die Mittelvergabe geht, dann mischen nicht selten Consulting-Büros mit ihrer Powerpoint-Präsentation im Vorfeld der Beschlüsse kräftig mit. Wenn etwa das Münchner Goethe-Institut, der offizielle deutsche Kulturvermittler im Ausland, sich von drahtigen Endzwanzigern der McKinsey-Truppe eine neue Struktur schneidern lässt, dann werden die Auswüchse des Beratungssystems deutlich erkennbar. Die neoliberal-betriebswirtschaftlich ausgerichteten Expertisen, wie sie zumeist von der Beratungsbranche geliefert werden, können sich nur verheerend auf Kernzellen kultureller Tätigkeit auswirken, speziell auf deren Kreativität. Dies gilt aber ähnlich für Industrie und öffentliche Verwaltungen, die sich den professionellen »Ratgebern« ausliefern: Sie würgen Initiative und Motivation in den eigenen Organisationen ab. Verantwortung lässt sich nicht an »heimliche Entscheider« delegieren.

Verantwortung ist nicht nur an die Person gebunden, sondern gilt auch für den Apparat, die Institution, die Organisation, die man als Führungskraft leitet. Man haftet für das gesamte Geschehen innerhalb des eigenen Führungsbereichs. Somit spricht es nicht für die Autorität einer Führungsperson, wenn ihr Vorgänge und Informationen im eigenen Hause verborgen bleiben oder bewusst vorenthalten werden. Schlimmer noch, wenn sich der Verantwortliche selbst bewusst abschottet, etwa nach dem bekannten Drei-Affen-Bild: nichts hören, nichts sehen, nichts sagen. Da wird der Begriff Führung geradezu auf den Kopf gestellt.

In den vielen Beispielen des Versagens wird die ganze Komplexität von Führung, Autorität und Verantwortung deutlich. Wenn die Eliten diesen Zusammenhang nicht mehr bewusst in ihrem Handeln herzustellen und fortzuschreiben wissen, verfehlen sie nicht nur die in sie gesetzten Erwartungen, sondern auch ihre Legitimation.

4. Ein überfälliger Disput
Welche Eliten braucht das Land?

Wenn in Deutschland über Eliten diskutiert wird, was in zunehmendem Maße geschieht, dann ertönt alsbald der Ruf nach exklusiven Bildungseinrichtungen wie in den USA, Großbritannien oder Frankreich. Es fallen Namen wie Harvard, Princeton und Yale, Oxford und Cambridge, ENA und Polytechnique. Die Forderung, ebenfalls solche exquisiten Institutionen einzurichten, wird zumeist von Angehörigen der Eliten erhoben. Dabei stellt sich die Frage nach der Absicht: Geschieht dies, um im internationalen Wettbewerb um die besten Köpfe, die eine Wissensgesellschaft dringend braucht, adäquat mitzuhalten, also die Begabungspotentiale in Deutschland optimal auszuschöpfen? Oder steckt dahinter die Idee, auf diese Weise die Rekrutierung der Eliten aus den eigenen Reihen festzuschreiben, also Privilegierung und Status auch für die weitere Zukunft abzusichern?

Die Begleittöne der Exzellenz-Initiative von Bund und Ländern lässt die letzte Vermutung nicht unwahrscheinlich erscheinen. Denn *Die Zeit* als das bürgerliche Leitmedium kommentierte dazu: »Der Wettbewerb wird aufräumen mit der ungerechten Gleichmacherei, welche die Stärken deutscher Hochschulen verbirgt und ihre Schwächen zu verbergen sucht.« Und noch deutlicher: »Der Wettbewerb soll das deutsche Universitätssystem neu polen: von Gleichheit auf Elite.« Hier wird einem Selektionsmechanismus das Wort geredet, der eher die soziale Hierarchiestruktur bestätigen wird.

Der Gedanke ist keineswegs abwegig. Schon liebäugeln nämlich einige deutsche Uni-Rektoren und Hochschul-Präsidenten damit, sich ihr frisch erworbenes Exzellenz-Etikett demnächst vergolden zu lassen – über enorm erhöhte Studiengebühren. Auf solche Weise werden sie kaum die Begabtesten, sondern die Potentesten in ihre Hörsäle und Labore holen. Aber darüber lassen sich auch gewollt die Studentenzahlen an den »Elite-Universitäten« reduzieren. Künftig wird es dann bei den Karrierewegen auch einen Unterschied machen, an welcher Hochschule ein Examen abgelegt worden ist, ein Umstand, der gegenwärtig für die meisten Hochschulabsolventen noch nicht so sehr ins Gewicht fällt. Die Initiative mit den Exzellenz-Gütezeichen birgt durchaus elitäre Ansprüche. Ob dies in der ursprünglichen Intention der sozialdemokratischen Ministerin Bulmahn lag, als sie 2004 dazu den Anstoß gab, darf bezweifelt werden.

Aber reicht das alles schon für ein deutsches Harvard? Die internationalen Elitebildungseinrichtungen beruhen auf einer langen Tradition. Dazu zählen natürlich auch jene strengen, fast unerbittlichen Auswahlverfahren. Den Ausschlag dabei gibt allerdings nicht allein das Geld. Viele dieser Eliten-Institutionen besitzen ein ausgeklügeltes Stipendiensystem, das soziale Durchlässigkeit bei der Rekrutierung zulässt, ja bewusst einbaut. US-Stätten wie Harvard und Stanford schöpfen da aus einem Milliarden-Vermögen. Ein einziger Vergleichswert mag dies verdeutlichen: Für jeden Studierenden gibt Harvard jährlich 150.000 Dollar aus, in Deutschland sind es gerade einmal umgerechnet 9.000 Dollar. Da wird sich nie die immer wieder beschworene gleiche Augenhöhe einstellen.

Sicher nicht zuletzt haben sich durch die renommierten Auslese-Universitäten in den USA, Großbritannien und Frankreich über viele Generationen auch entsprechende gesellschaftliche Strukturen herausgebildet, abzulesen an der Vielzahl von Führungspositionen in Politik, Wirtschaft, Wissenschaft und Kultur, die die Absolventen mit entsprechendem Hut und Testat besetzen. Das wiederum fördert Netzwerke wie in den USA und Großbritannien, Corpsgeist in Frankreich. Natürlich gewinnen die Eliten in diesen Ländern dadurch eine große Homogenität, wie sie in Deutschland keineswegs auszumachen ist. Die Zerstörung des hiesigen Bürgertums durch die Nationalsozialisten, der gesellschaftliche Flurschaden durch den Sozialismus in der DDR, das alles hat geistige und strukturelle Kontinuitäten gekappt, die auch langfristig nicht reparabel sind. Da steht eben die Geschichte vor.

Träume von Harvard: Wenn ihnen dennoch nachgehangen wird, dann äußert sich darin ein inzwischen in der Oberschicht ausgeprägtes Besitzstandsdenken – eine Eigenschaft allerdings, die gerade von den Eliten häufig gegen die weniger einflussreichen Schichten gewendet wird, wenn sie sich gegen sozialstaatseinschränkende Reformen sperren. Das Bewusstsein für Veränderungen und die damit verbundenen Folgen, erst recht wenn sie Verzicht bedeuten, unterliegt auch schichtenspezifischer Wahrnehmung. Für die Angehörigen der oberen Gesellschaftsschicht besteht immerhin die Möglichkeit, dank ihrer sozialen Stellung darüber stehen zu können. Sie könnten!

Die beiden *Zeit*-Journalisten Stephan Lebert und Stefan Willeke haben Ende 2006 einen Ausflug in einen Mikrokosmos dieser Oberschicht unternommen, nämlich an den Starnberger See, wo sich auf geballtem Raum die meisten deutschen Millionäre tummeln. In ihrer differenzierten Reportage, der sie die Überschrift »Die Starnberger Republik« gaben, schildern sie anhand feinsinniger Beschreibungen kein »Idyll am Alpenrand«, sondern hinter den schönen Fassaden eine Welt der Ängste, Drohungen, Pressionen, verbunden mit Arroganz und Zynismus. Eine Schicht, die lebt, wie es ihr gefällt, die sich selbst für den Staat hält. »Man sucht seinesgleichen, man erkennt sich, will unter sich bleiben.« Über allem, so die Autoren, »eine Sehnsucht nach Grenzziehen, nach Unterscheiden, in Wahrheit auch eine Sehnsucht nach Klassenschranken, von oben nach unten, versteht sich.«

In einem solchen Kontext muss die Frage gestellt werden: Welche Eliten braucht denn nun das Land? Es ist, nicht in erster Linie, eine Frage nach den Personen, die führen sollen, auch wenn sie als Träger von Funktionen eine wichtige Rolle spielen. Es geht vielmehr zuerst um die Werte, die Überzeugungen, die Orientierungen, auf die sich eine Gesellschaft verpflichten und mit denen sie leben will.

Der Berliner Zeitgeschichtler Paul Nolte, ein konservativer Denker und als Berater von Angela Merkel linker Sichtweisen unverdächtig, spricht von einer »neuen Klassengesellschaft«, die in den letzten Jahren in Deutschland aufgrund ökonomischer und kultureller Bruchzonen hervorgetreten sei. Der Begriff kommt zuweilen auch mit einem anderen Zungenschlag daher, etwa als »Unterschicht« oder »Prekariat«, gar als »Zweiklassen-Staat« oder »Drittelgesellschaft«. Diese neue Klassengesellschaft ist nicht mit den historischen Vorbildern des späten 19. und frühen 20. Jahrhunderts vergleichbar, auch nicht mit marxistischer Terminologie begründbar. Die lange Phase des Wohlfahrtsstaates, die die Bundesrepublik wie andere westliche Industrienationen von den 60er bis in die 80er Jahre erlebte, hat die klassischen Gegensätze verringert, gar in Teilen eingeebnet. Das Gefälle zwischen *oben* und *unten* verringerte sich. Schelskys geflügeltes Wort von der »nivellierten Mittelstandsgesellschaft« lässt grüßen.

Die neue Klassengesellschaft hat andere Ursachen. Sie begründet sich aus der Beschleunigung und Dynamisierung der ökonomischen Prozesse im Zuge der Globalisierung. Deshalb sind ihre Abgrenzungen auch nicht so klar erkennbar wie in den klassischen Erscheinungsformen. Nolte beschreibt daher die Topographie der neuen Gesellschaftsordnung als »eine vielfältig gegliederte Landschaft, in der sanfte Übergänge ebenso vorkommen wie schroffe Abbruchkanten«. Dank der sozialen Sicherungssysteme, die Menschen materiell auffangen, ist eine solche wohlgesetzte Beschreibung der Wirklichkeit möglich. Aber die Härte und Unerbittlichkeit, mit denen sich viele Betroffene plötzlich in umgekrempelten Lebenssituationen wieder finden, wird damit nicht erfasst.

Die Tatsache lässt sich nicht leugnen, dass die Scherenbildung im gesellschaftlichen Sozialgefüge sich beständig vergrößert, nämlich zwischen Reichen und Armen, zwischen Jungen und Alten, zwischen Arbeitsplatzbesitzenden und Arbeitslosen, zwischen Einheimischen und Migranten – kurz: zwischen Gewinnern und Verlierern des neuen Kapitalismus. Diese Unterschiede hat es immer gegeben, wird es auch künftig weiter geben. Die Frage bleibt nur, in welchem Ausmaß diese Tendenz noch vermittelbar und gesellschaftsverträglich ist.

Die Folgen der ausgereiften sozialen Spaltung sind bereits deutlich erkennbar. Nach Angaben des Statistischen Bundesamtes betrug die Armutsgefährdungsquote im Jahr 2004 rund 13 Prozent, das waren 10,6 Millionen Menschen. Ohne soziale Transferleistungen waren sogar 24 Prozent der Bevölkerung armutsgefährdet. Im 2. Armuts- und Reichtumsbericht der Bundesrepublik 2005 heißt es, dass »die Armutsquote bei den meisten Gruppen zwischen 1998 und 2003 zugenommen hat«. Nach Angaben des Deutschen Kinderhilfswerkes vom Herbst 2007 sind 2,5 Millionen Kinder in Deutschland auf Sozialgeld angewiesen. Der Anteil armer Kinder hat sich in den letzten 40 Jahren verzehnfacht. Heute ist jedes sechste Kind auf Sozialhilfe angewiesen. Die Privatvermögen in Deutschland sind sehr ungleichmäßig verteilt. Die oberen zehn Prozent der Haushalte verfügen über 47 Prozent der Vermögen, die untere Hälfte muss mit vier Prozent auskommen. Im oberen Zehntel besitzt jeder Haushalt Grundvermögen, im untersten Zehntel nur sechs Prozent.

In zunehmendem Maße breitet sich auch bei den Angehörigen der Mittelschicht Angst vor dem sozialen Abstieg aus. Bereits 41 Prozent hat da das Gefühl der Unsicherheit erfasst. Als Einfallstor zum Abstieg wird vor allem die Arbeitslosigkeit betrachtet. Davor fürchten sich bereits 72 Prozent der Mittelschicht. Von den rund 3,5 Millionen Menschen ohne Beschäftigung sind über eine Million Dauerarbeitslose – und damit wohl ohne Perspektive. Besonders die Lage von Alleinerziehenden und Frauen ist Besorgnis erregend.

Dabei geht es oft nicht um die existenzielle Armut. Darüber wird ewig Streit branden, wo denn die Existenz bedrohende Grenze beginnt. Mit solcherlei Haarspaltereien hangeln sich viele Elite-Vertreter über gesellschaftliche Missstände hinweg. Aber Armut hat eine weitere Komponente, und diese rückt jetzt immer mehr ins Blickfeld. Diese Form, häufig eine zwangsläufige Erscheinung von Armut, schlägt sich nieder in Isolation, Apathie, Resignation, Desintegration, Wurzellosigkeit, kurz: in Ausgrenzung und Ausschluss von Lebenschancen.

»Einfach abgehängt«, so haben die Journalisten Nadja Klinger und Jens König ihren Bericht über die neue Armut in Deutschland getitelt, in dem sie über abgestürzte Schicksale aus dem Alltäglichen berichten. Der amerikanische Soziologe Richard Sennett spricht vom »Gespenst der Nutzlosigkeit«, der Göttinger Politologe Franz Walter von der »Heimatlosigkeit der Habenichtse«. Wissenschaftler verwenden gern Begriffe wie Segregation und Exklusion. Der Hamburger Soziologe Heinz Bude sieht in der sozialen Isolierung »verschiedene Formen gezielter Ausgrenzung, funktionaler Ausschließung und existenzieller Überflüssigkeit«. Bude verweist auch auf die gesellschaftlichen Konsequenzen: »Die Exklusionsproblematik führt die moderne Gesellschaft an die Grenzen ihrer Gerechtigkeitsvorstellungen und Teilhabeideen. Die politische Frage nach dem ›Anteil der Anteillosen‹ berührt den meritokratischen Kern unseres Selbstverständnisses. Gibt es eine Sprache der Gerechtigkeit, die sich nicht in den Fallen der

Anrechtspolitik verstrickt und trotzdem nicht auf bloße Barmherzigkeit zurückzieht?« Bude plädiert für einen renovierten Subsidiaritätsbegriff, »der die zivilgesellschaftliche Verantwortung ohne wohlfahrtsstaatliche Rigidität denken kann«.

Das Ergebnis solcher Exklusionsentwicklung ist die Verfestigung von Parallelgesellschaften. Dies ist längst nicht mehr nur eine Chiffre für das Migranten-Umfeld. Auch innerhalb der deutschen Bevölkerung etablieren sich Parallelgesellschaften, die sich bewusst gegeneinander abgrenzen und abschotten. Das gilt für Wohnviertel, Schulen, Restaurants, Kaufhäuser, Transportmittel, Kleidung. Für den einen gibt es den netten Italiener um die Ecke, für die anderen die schlichte Fast-Food-Kette, für die einen den Designer in Hochpreislage, für die anderen die Wühltische mit Sonderangeboten. Dies ist keineswegs eine Entscheidung für Neigungen und Vorlieben, sondern ein Gebot der Einkommens- und Vermögensverhältnisse. Für eine aktive Bürgergesellschaft ist der Zerfall in verdichtete Parallelstrukturen eine denkbar schlechte Voraussetzung.

Beantwortet sich hiermit nicht fast von selbst die Frage, welche Eliten das Land braucht?

Zumindest fehlt bei einem solchen Insistieren kaum der Hinweis, gerade von Vertretern der Eliten, dass Globalisierung und Wettbewerb die eigenen Handlungsspielräume enorm einenge, häufig verbunden mit dem Zusatz, den Rest besorgten die Vorschriften der regulierungswütigen Brüsseler EU-Behörde. Solche Einwände lässt der international erfahrene Ralf Dahrendorf nicht gelten. Es gebe eine Vielzahl von Entscheidungen, die für den Einzelnen von Bedeutung seien und die nach wie vor in den Nationalstaaten getroffen würden, so der Soziologe. Dabei meint er den Komplex, »den wir als ›Sozialpolitik‹ bezeichnen können: Bildung, Renten, Sozialhilfe, den Wohlfahrtsstaat überhaupt«.

Was Dahrendorf für die Sozialpolitik formuliert, gilt auch für viele andere Themen: Der Handlungsspielraum ist größer, als die Führungsgruppen öffentlich Glauben machen wollen. Nur ein Thema sei als Beispiel herausgegriffen: der Klimawandel. Bundeskanzlerin Merkel hat für Deutschland, zugegebenermaßen, ehrgeizige Ziele gesetzt. Bis 2020 soll der Ausstoß von Kohlendioxid um 40 Prozent verringert werden. Nun ist der Klimawandel wahrlich keine Problematik, auf die sich die Bundesregierung aus Neigung kapriziert hat. Sie stellt vielmehr, wie die beiden international anerkannten Potsdamer Klimaforscher Stefan Rahmstorf und Hans Joachim Schellnhuber formulieren, für viele Menschen »eine Bedrohung für Leib und Leben« dar. Inzwischen dokumentieren zahllose Berichte und Untersuchungen von UN-Gremien, Experten-Kommissionen, Klima-Konferenzen anschaulich und dringlich die katastrophalen Folgen eines Anstiegs der mittleren weltweiten Temperatur um nur wenige Grad Celsius – wenn nicht entschlossene Gegenmaßnahmen bald umgesetzt werden. Und wenn die Bundesregierung sich daher in der Rolle eines Treibers übt, ist sie zugleich auch ein Getriebener, nämlich durch die bereits jetzt konkret zu beobachtenden Auswirkungen.

Es wäre ein Paradebeispiel für Koordination und Kooperation von Eliten – sogar in ihrem eigenen Interesse. Denn ein Klimakollaps spart ja die Oberschicht nicht aus. Doch auch hier mangelt es an Konsensfähigkeit. So baute Thyssen-Krupp-Chef Ekkehard Schulz vor dem Energie-Gipfel, zu dem im Sommer 2007 die Bundeskanzlerin eingeladen hatte, eine beachtliche Drohkulisse auf. »Abwanderung energieintensiver Industrien und Verlust von bis zu einer halben Million Arbeitsplätze«, wenn Berlin an den Klima-Plänen festhalte, verkündete Schulz im Vorfeld des Gipfels, an dem er als Vertreter der Industrie teilnahm. »Deutschland darf keinen nationalen Sonderweg gehen. Klima ist global und bedarf globaler Lösungen. Ein Überdrehen der Anforderungen kann zu schlimmen Folgen für die deutsche Volkswirtschaft führen.« Schulz wünscht sich daher Rahmenbedingungen, die »die Wettbewerbsfähigkeit der Industrie nicht zu stark beeinträchtigen«.

Da erklingt eine Melodie, die – gerade von den Wirtschaftseliten – immer wieder, im Chor und mit immergleichem Refrain, angestimmt wird. Mit dem Ergebnis, dass im Tunnelblick des Wettbewerbsdenkens, das nicht selten den Begriff Ertragslage kaschiert, vieles hängen und liegen bleibt. So kann die Automobilindustrie ihre Selbstverpflichtung zur Senkung des Kohlendioxid-Ausstoßes gegenüber der EU nicht einlösen. Der Einbau von Rußpartikelfiltern bei heimischen Automarken verzögerte sich, während die Franzosen in punkto Sauberkeit längst die Nase vorn haben. Die Entwicklung von Kraftstoff sparenden Fahrzeugen wurde verschleppt, etwa bei den Hybrid-Antrieben, was Japaner längst praktizieren. Mit enormem Aufwand gab sich die letztjährige Automobilmesse in Frankfurt ein Öko-Image, um den lädierten Ruf ihrer Branche aufzupolieren. Und wie die Autobauer halten es viele andere Großkonzerne, von Airbus bis Vattenfall, von Bayer bis McDonalds. Die *Süddeutsche Zeitung* spricht von einem »grünen Schmierentheater« und rät: »Hält man Sie für einen Umweltsünder? Dann machen Sie es einfach wie Daimler, BP oder die Lufthansa: Verpassen Sie sich einen Öko-Anstrich.« Wären die Millionen, die in solche unredlichen Kampagnen gesteckt werden, nicht sinnvoller verwendbar?

Noch einmal: Beantwortet sich nicht dadurch die Frage fast von selbst, welche Eliten das Land braucht?

Den Zustand einer Gesellschaft – und daher wurden einige augenfällige Missstände ausführlich skizziert – reflektiert vor allem der Zustand ihrer Eliten. Diese sind zur Lenkung, Koordinierung und Prioritätensetzung bestimmt aufgrund von Macht,

Einfluss, Legitimität – und bei allem mit Verantwortung. »Elitehandeln bedeutet, die Wahl zu haben und sie zu nutzen. Die Fähigkeit zu unterscheiden und auszuwählen ist eines der Merkmale von Elite«, schreibt der Publizist Malte Herwig.

Es gibt keine ideale Gesellschaft, und alle utopischen Visionen von einer gerechteren Welt haben am Ende zumeist in ein Desaster geführt. Der Philosoph Karl Popper, mit seiner so konsequenten Ausrichtung auf Rationalität, hat deshalb zu Recht vor Utopien gewarnt, aber dazu geraten, »dass es klüger ist, die dringlichsten und naheliegendsten sozialen Missstände einen nach dem anderen hier und jetzt zu bekämpfen, anstatt Generationen für ein fernes und vielleicht für immer unerreichbares höchstes Gut zu opfern.«

Auf die gegenwärtigen komplexen Verhältnisse übertragen, heißt dies für die Eliten, einen Interessenausgleich in der Gesellschaft herbeizuführen. Dies ist das Gegenteil davon, die gegebenen Zustände als unabwendbar und unabänderlich hinzunehmen. Eine solche Aufgabe, die nicht Gleichmacherei zum Ziel hat, erscheint schwierig genug, aber sie ist machbar – wenn man es denn will. Aber hier weisen die Eliten erhebliche Defizite auf. Der vorherrschende, ja sich verstärkende Trend von Selbstgefälligkeit und Eigennutz, von Interessenvorteil und Vermessenheit dokumentiert eine wachsende Distanz zum Miteinander und zur Gemeinsamkeit. Denn die Verantwortung, die die Eliten für die Zukunftsfähigkeit einer Kommunität zu tragen haben, kann nicht gleichsam aufgeteilt werden: für das Unternehmen, für die Partei, für die Institution, für den Verband, für die Organisation – und nicht zuletzt für das Eigenwohl. Wo das geschieht – und in Deutschland finden sich dafür zu viele Fälle – ist ein Interessenausgleich nicht zu erreichen, der fair und solidarisch angelegt wäre. Wer dennoch eine solche Notwendigkeit bestreitet, riskiert die gesellschaftliche Stabilität.

Über Sonntagsreden hinaus bedarf die Erkenntnis und Umsetzung der sozialen Kompetenz einer gelebten Haltung. Dies erfordert einen intensiven Diskurs innerhalb der eigenen Elite und auch zwischen allen Führungsgruppen. Ein solcher Diskurs muss auch über gelegentliche Tagungen und Kongresse hinausgehen, auf denen sich die Eliten öfter ein Stelldichein geben, die aber ansonsten von einer leer laufenden Unverbindlichkeit gekennzeichnet sind. Ein Wille zur Veränderung ist schon erforderlich.

Drei Aspekte sind dabei wesentlich:

Der erste Punkt richtet sich an die eigenen Person: Man muss Vorbild sein, dies nicht nur vorgeben, und es muss jederzeit nachvollziehbar und kontrollierbar sein. Die deutschen Eliten haben sich da in jüngster Zeit viele Blößen gegeben – und diese Feststellung bezieht sich nicht allein auf die exorbitanten Bezüge von Top-Managern. Die Gleichgültigkeit wie auch Rücksichtslosigkeit von großen Teilen der Eliten, mit denen sie sich durchsetzen, lässt sich nicht überstrapazieren. Diese »Vorbilder« zermürben das Wertegefüge einer Gesellschaft, sie verletzen Empfindungen für Gerechtigkeit, Anstand, Moral. Eine Führungsschicht, die sich so gibt, wenn auch nur in Teilen, öffnet auf diese Weise eine Gesellschaft für kannibalistische Züge.

Der zweite Punkt rührt an das Selbstverständnis der Eliten. »Eine Elite, die sich selbst absolut nimmt und für den Maßstab aller Dinge hält, macht sich zum Gegenteil dessen, was sie zu sein beansprucht. Aus der Tatsache, dass man zur Elite gehört, sollte man nicht ableiten, dass das auf immer so sein soll, sonst wird aus Leistung und Verdienst schnell unverdienter Besitzstand«, meint Malte Herwig. Aber gerade ein solches Verhalten pflegen viele Angehörige in allen Eliten. Erforderlich wäre eine größere Offenheit bei der Rekrutierung und Reproduktion der Führungsgruppen, zumal in einem Land, das zum Ausbau der Wissensgesellschaft die Fähigkeiten aller Begabten in besonderer Weise braucht. Der Darmstädter Soziologe Hartmann hat bei einem Vergleich europäischer Eliten herausgefunden, dass die skandinavischen Länder als verhältnismäßig offene Gesellschaften auch offene Bildungssysteme besitzen, die wiederum offene Eliten fördern. Die Ergebnisse der Pisa-Studien mit hervorragenden Werten etwa für Schweden und Finnland untermauern solche Annahmen von sozialer Mobilität. Auch wenn die Modelle nicht einfach übertragbar sind, so lässt sich doch aus ihnen lernen.

Der letzte Aspekt betrifft die Fähigkeit der Eliten, stärker in gesamtgesellschaftlichen Zusammenhängen zu denken, zu planen und zu entscheiden – und dafür die Verantwortung zu übernehmen. Das gilt besonders für die Wirtschaftseliten, nicht alles und jedes über den markt- und betriebswirtschaftlichen Leisten zu schlagen, aber auch für jene Elite-Kohorten, die ihnen dabei bereitwillig folgen. In solcher Eindimensionalität höhlt sich eine Gesellschaft aus. »Von einer Elite darf man erwarten«, so der bereits zitierte Herwig, »dass sie anstatt sich wie der Durchschnitt dumpf gegen das Neue und Unbekannte zu wehren, eine Entwicklung als Chance begreift und die Option auf die Zukunft ausübt«. Hier fällt ein wichtiges Stichwort: die Option auf die Zukunft. Mit Arroganz, wie sie allenthalben in Führungsgruppen zu beobachten ist, setzt sich nur jene unverantwortliche Regie fort, die bereits jetzt das Land in vielen Bereichen zurückwirft.

Solche Erwartungen klingen recht idealistisch, und daher können sie leicht als realitätsfremd abgewertet werden. Doch gerade deshalb müssen sie ständig wiederholt werden, selbst wenn sie auf die Nerven gehen. Auch kann nicht verhehlt werden, dass viele Persönlichkeiten aus den Eliten die in sie gesetzten Anforderungen erfüllen und beherzigen, sogar zuweilen in einem solchen Übermaß, dass sich der gleichgültige und überhebliche

Rest darunter bequem ducken kann. Diese hervorragenden Autoritäten sollten sich noch mehr dafür einsetzen, eigene und andere Führungsgruppen von ihrer Verantwortung zu überzeugen.

Nachwort
Eliten, Identität und Waschbeton

Hurra, Deutschland hat wieder Eliten, so schallt es nun volltönend quer durch die Republik. Die Fixpunkte dieses Hochgefühls: zwei Nobelpreise gleich in einem Jahr – wer hätte das gedacht? Neun »Elite-Universitäten« als Gewinner beim bundesdeutschen Exzellenz-Wettbewerb; daneben der intensive Versuch, die traditionsreiche naturwissenschaftliche Forschungseinrichtung Leopoldina in Halle an der Saale als nationale Akademie der Wissenschaften zu etablieren, um über eine respektable zentrale Institution zu verfügen. Und nebenbei wurde wieder einmal der Titel des Exportweltmeisters kassiert, als bestände darauf schon fast ein Abonnement. Solche Erfolgsmomente werden zumeist unter gewaltigem medialen Getöse zelebriert, und es mündet allenthalben in den beruhigend wirkenden Akkord: Um die Führung des Landes kann es so schlecht nicht bestellt sein, wenn sie sich mit solchem Gelingen schmückt.

Derartige Einschätzungen zählen zu jener kontinuierlichen Autosuggestion, die für die Befindlichkeit der Berliner Republik allzu kennzeichnend ist: Die Eliten zeichnen sich erbauliche Bilder und klopfen sich selbstvergewissernd auf die Schultern. Unter den beschönigenden Drapierungen werden jedoch nur die offenkundigen Defizite und die drohenden Realitäten gebannt. In einer aufwendigen Werbekampagne bei der Fußballweltmeisterschaft 2006 hat sich Deutschland, nach innen und außen, als »Land der Ideen« zu verkaufen versucht. Aber die permanenten Diskussionen über deutsche Elite-Formationen – seien es nun die Verfehlungen und Versäumnisse der gegenwärtigen und die Auslese und Ausbildung künftiger Führungsgruppen – demonstrieren ganz unmissverständlich, dass gerade hier ein Mangel vermutet wird, an der Spitze der Gesellschaft ein »gefühltes« Vakuum ausgemacht wird. Nur was vermisst wird, bietet Anlass zu Kontroversen, aber auch zu Sehnsüchten.

Deutschland – Land der Ideen: Wenn es denn so wäre! Die Berliner Republik wartet weiterhin, aber dringend auf eine geistige und normative Begründung. Das ist mehr als die Übernahme von Verfassung, Rechtsordnung und Wirtschaftssystem der Bonner Republik. Auch reicht nicht der Anspruch, dass Teileliten in ihren Bereichen funktionieren und mit Erfolgen aufwarten – dafür bietet die eigene Geschichte in ihrer diffusen wie brutalen Widersprüchlichkeit eine nachhaltige Erfahrung. Für die Begründung kommt es wesentlich darauf an, wie verbindlich der Konsens unter den Führungsgruppen ausgeprägt ist und wie nachdrücklich sich die Einbindung der Eliten in die Gesellschaft auswirkt. Im Vergleich zu den Bonner Verhältnissen sind da in Berlin erhebliche Mängel auszumachen. Der Ortswechsel bedeutete zugleich einen Paradigmenwechsel. Denn mit dem Abschied von der rheinischen Republik brach das ehemals so tragfähige und stabile Modell der Korporationsdemokratie auseinander, das auf eine verlässliche Kooperationsfähigkeit der Eliten basierte. An deren Stelle traten in Berlin Konfliktstrukturen, in denen sich die Gegensätze der Alltagswelt immer deutlicher herausschälen. »Die Lebenslagen fallen auseinander. Die Mentalitäten zerklüften sich. Der Ton wird schriller. Das ist kein isolierter Ausdruck in der Sphäre der Politik, das ist ein tiefgreifender sozialer Vorgang«, analysiert der Göttinger Politikwissenschaftler Franz Walter. Das unterscheidet Berlin von Bonn: Die Heterogenität der Vorstellungen und Zielsetzungen mündet fast immer in Zwischenlösungen oder Durchwursteln. So wird Reform fast nur als Murks wahrgenommen, und die Diffamierung des Begriffs trifft auch die Intention.

Es gehört zu den schwerwiegenden Versäumnissen der Eliten der Berliner Republik, bislang keine neue Identität für das

Land geschaffen zu haben. Denn die vielen Unzulänglichkeiten und Unübersichtlichkeiten des Gemeinwesens, für die die Führungsgruppen zu einem erheblichen Teil die Verantwortung tragen, bleiben unaufgelöst. Dieses Manko lässt sich nicht mit aufgemotzten Events füllen, auch nicht mit »bella figura« auf dem internationalen Parkett. Diese schönen Bilder laufen sich irgendwann tot, nämlich spätestens dann, wenn nach Inhalt und Substanz, auch Normen und Werten gefragt wird. Franz Walter diagnostiziert daher eine »ziellose Republik«.

Womit sich eigentlich identifizieren?

Mit Schröders Agenda 2010, jenem unvollständigen und unausgegorenen Reformaufbruch, der die Gesellschaft so sehr polarisiert, dass sich selbst einige Protagonisten inzwischen davon distanzieren? Mit dem Präventivstaat Schäubles, in dem durch argwöhnische Überwachungshysterie Freiheit und Grundrechte der Bürger immer mehr ausgehebelt werden? Mit Gesundheitsreform, Föderalismusreform, Umsatzsteuerreform, Rente ab 67, die Brocken, die sich die große Koalition auf das Erfolgskonto rechnet, obwohl sie keine nachhaltigen Strukturverbesserungen darstellen, weil sie nur Reform vor der Reform sind? Mit dem Skandal von Kinderarmut, Alterselend, Billiglohnsektor, Bildungsnotstand sowie der wachsenden Diskrepanz zwischen Einkommen und Eigentum – und dies bei einer der effektivsten und reichsten Volkswirtschaften?

Oder mit einem Europa, dessen Einigungsprozess die Regierungen hinter verschlossenen Türen immer mehr verhunzen, nachdem eine identitätsstiftende Verfassung blamabel gescheitert ist? Und mit welchem Europa, das der Sarkozys, Browns, Kaczynskis, Merkels oder Barrosos? Wer sich da auf die Suche macht, gerät eher in bizarre Irritationen und tiefgründige Verworfenheiten, gelangt weniger zu plausiblen Einsichten und soliden Gewissheiten.

Identität lässt sich, daran kann kein Zweifel bestehen, nicht einfach verordnen oder bewerkstelligen, etwa mit appellativen Ruck-Reden oder intellektuellen Deutschwerdungen, nach dem Motto »Warum uns die anderen gern haben können«. Auch unterliegen große Teile der Eliten einem verhängnisvollen Irrtum, wenn sie glauben, dass ökonomische, technische, wissenschaftliche oder kulturelle Superlative wetterfesten Gemeinsinn bescheren. Dies dient eher einer ritualisierten Selbstbestätigung der Eliten. Ebenso verhängnisvoll ist, Identität weitgehend, wenn nicht gar ausschließlich an die Bedingungen des freien Marktes und des wirtschaftlichen Wachstums zu knüpfen, wie es heute allenthalben geschieht. Eine solche Ausrichtung greift zu kurz.

Eine tragfähige Identität bildet sich über eine dauerhafte Verbindlichkeit von Haltungen und Werten, von Gepflogenheiten und Konventionen, von Regeln und Gesetzen, von oben bis unten und quer durch alle Schichten. Somit entwickelt sich Identität nur in einer Gemeinschaftaufgabe, bei der natürlich diejenigen eine größere Verantwortung tragen, die zur Führung gehören oder sich dazu zählen. Ihre Vorbildfunktion ist in dieser Hinsicht unerlässlich. Umso verheerender wirkt es, wenn ein solcher gesellschaftsverbindlicher Kodex Opportunitäten und Volatilitäten ausgesetzt ist, sogar geopfert wird. Deutschlands Eliten fallen damit allerdings immer häufiger auf. Es kann eben nicht von heute auf morgen das Eine wie das Andere beliebig und interessengeleitet zur Disposition stehen. Das schafft nicht Identität, sondern zersetzt eine Gesellschaft.

Ein wichtiges Element kommt noch hinzu, und auch hier sind die Eliten besonders gefordert: Zur Identitätsbildung bedarf es einer zielorientierten und nachhaltigen Zukunftsvision. Früher bediente man sich da gern tradierter Mythen. Aber da sie historisch so oft beschädigt wurden, sind heute realitätsgestützte Entwürfe eher angebracht. Bonn besaß beispielsweise ein solches konkretes, wenngleich ehrgeiziges Projekt; der Historiker Heinrich August Winkler hat es trefflich in die Metapher gefasst: Der lange Weg nach Westen. Helmut Kohl spürte recht genau, warum er die deutsche Einheit in der europäischen Einheit aufgehen lassen wollte: Die nationalstaatliche Idee, die in Deutschland im Wendejahr 1989/90 noch einmal eine zweite historische Chance erhielt, kann im 21. Jahrhundert nur in der europäischen Einigung eine adäquate Erfüllung finden. Ansonsten würde sie an längst ausgetrocknetem Holz verdorren.

Diese real existierende Vision erforderte allerdings auch die Herausbildung einer europäischen Elite, da nur sie – und nicht die nationalstaatlich orientierten Führungsgruppen – in der Lage wäre, identitätsstiftend tätig zu werden. Das schmähliche Scheitern der EU-Verfassung dokumentiert geradezu bestürzend, welches Minus da besteht. Die regulierungswütige Brüsseler Kommissionsbürokratie mit ihrem elitären Gehabe wirkt dabei eher noch kontraproduktiv. Dass aber Deutschlands Eliten, die ja früher einmal so europafixiert waren, heute darin eine besondere Herausforderung sehen, lässt sich nicht ausmachen. Der wurstige Pragmatismus, mit dem sich die Regierung Merkel/Steinmeier die Rückschläge im europäischen Einigungsprozess doch noch als »Fortschritte« schönredet, beweist nachdrücklich, dass die Kraft der Vision sie nicht mehr über die Maßen beseelt. Man gibt sich mit dem kleinsten Nenner zufrieden, und bläst ihn großartig auf.

Umso begrüßenswerter ist, dass über wachsendes zivilgesellschaftliches Engagement mit einflussreichen Organisationen und Gruppierungen sowie anerkannten Persönlichkeiten, die häufig selbst aus den Eliten kommen, sich eine kritische Gegenöffentlichkeit herausbildet. Sie bietet den etablierten Eliten couragiert Paroli, national, europäisch, international. Zuweilen ist hier auch von Gegeneliten die Rede, ein zwiespältiger Begriff, weil er die tatsächlichen Machtverhältnisse verschleiert. Auch wenn es ihnen oft schwer fällt, sich Gehör zu verschaffen und Verständnis zu finden: Steter Tropfen höhlt den Stein, so heißt es, und darin besteht eine Hoffnung für die Zukunft.

Der Schweizer Schriftsteller Adolf Muschg, als ehemaliger Präsident der Akademie der Künste in Berlin mit viel Einblick in die Verhältnisse und Mentalitäten dieses Landes, hat in einer trefflichen Analogie die Identitätsprobleme Deutschlands und seiner Eliten beschrieben. Das Bild sei hier zitiert, weil es zur Nachdenklichkeit anregt. Ihr seid wieder wer!, so attestiert er den Deutschen, schließt jedoch die Frage an: Aber wer? Muschg meint, die verkorkste Geschichte, über deren glanzvolle Leistungen die Schatten eines bösen Geistes lägen, habe »Deutschland bis auf seine Fundamente so gründlich umgepflügt, dass ihm gewissermaßen das Subjekt abhanden gekommen ist. Es tritt in heterogenen Fassetten und Fragmenten auf, denen, wie Kies im Waschbeton, die geologische Herkunft noch anzusehen ist. Aber für seinen Zusammenhalt bedarf es eines externen Bindemittels. Dabei bleibt Waschbeton zur Dekoration eher geeignet als zur Konstruktion«.

Waschbeton ist in Berlin längst zur allgemeinen Besichtigung freigegeben, mit den repräsentativen, zuweilen sogar protzigen Regierungsbauten und Lobbyvertretungen in der Hauptstadt, zu denen nun Jahr für Jahr Millionen Touristen neugierig bis ehrfurchtsvoll pilgern: Wir sind wieder wer! Aber für die innere Beschaffenheit und den gesellschaftlichen Zusammenhalt der Republik, bei denen vor allem die Eliten als Konstrukteure gefordert sind, um im Bild von Muschg zu bleiben, sind die Kreativitäts- und Identitätsressourcen keineswegs erschlossen worden.

Waschbeton allein schafft keine Identität.

Literatur

Aly, Götz, Hitlers Volksstaat. Raub, Rassenkrieg und nationaler Sozialismus, Frankfurt a. M. 2005

Arnim, Hans Herbert von, Das System, München 2001

Beyme, Klaus von, Die politische Elite der Bundesrepublik Deutschland, München 1971

Bisky, Jens, Die deutsche Frage. Warum die Einheit unser Land gefährdet, Berlin 2005

Blasius, Dirk, Carl Schmitt. Preußischer Staatsrat in Hitlers Reich, Göttingen 2001

Blasius, Dirk, Weimars Ende. Bürgerkrieg und Politik 1930–1933, Göttingen 2005

Bode, Thilo, Die Demokratie verrät ihre Kinder, München 2003

Böckelmann, Frank; Fischler, Hersch, Bertelsmann. Hinter der Fassade des Medienimperiums, Frankfurt a. M. 2004

Bolz, Norbert, Blindflug mit Zuschauer, München 2005

Bottomore, T. B., Elite und Gesellschaft. Eine Übersicht über die Entwicklung des Eliteproblems, München 1966

Bourdieu, Pierre, Die feinen Unterschiede. Kritik der gesellschaftlichen Urteilskraft, Frankfurt a. M. 1982

Bracher, Karl Dietrich, Die Auflösung der Weimarer Republik, Stuttgart und Düsseldorf 1957

Bracher, Karl Dietrich, Die deutsche Diktatur, Köln, Berlin 1969

Brumlik, Micha (Hrsg.), Vom Missbrauch der Disziplin, Weinheim und Basel 2007

Bruns, Tissy, Republik der Wichtigtuer. Ein Bericht aus Berlin, Freiburg 2007

Bude, Heinz, Unser neues Establishment, in: Ein neues Deutschland? Sonderheft Merkur 9/10, Berlin 2006

Bude, Heinz, Elitenwechsel. Deutsche Führungsgruppen zwischen »Bonner« und »Berliner Republik«, in: Hitzler, Ronald u. a. (Hrsg.), Elitenmacht, Wiesbaden 2004

Bude, Heinz / Willisch, Andreas (Hrsg.), Das Problem der Exlusion, Hamburg 2006

Bueb, Bernhard, Lob der Disziplin, Berlin 2006

Bürklin, Wilhelm; Rebenstorf, Hilke u. a., Eliten in Deutschland, Opladen 1997

Bundesministerium für Bildung und Forschung (in Absprache mit der OECD), Bildung auf einen Blick. OECD-Indikatoren 2007, Bielefeld 2007

Bundesministerium für Gesundheit und soziale Sicherung (Hrsg.), Lebenslagen in Deutschland. Der 2. Armuts- und Reichtumsbericht der Bundesregierung, Bonn 2005

Bundesministerium für Verkehr, Bau und Stadtentwicklung, Jahresbericht der Bundesregierung zum Stand der Deutschen Einheit 2007

Bundesregierung, Der Nationale Integrationsplan, Berlin 2007

Claassen, Utz, Mut zur Wahrheit. Wie wir Deutschland sanieren können, Hamburg 2007

Clark, Christopher, Preußen, München 2006

Dahrendorf, Ralf, Die Krisen der Demokratie, München 2002

Dahrendorf, Ralf, Gesellschaft und Demokratie in Deutschland, München 1965

Dönhoff, Marion Gräfin, Zivilisiert den Kapitalismus. Zwölf Thesen gegen die Maßlosigkeit, München 2005

Dreitzel, Hans Peter, Elitebegriff und Sozialstruktur, Stuttgart 1962

Eschenburg, Theodor, Über Autorität, Frankfurt a. M. 1976

Evans, Richard J., Das Dritte Reich. Aufstieg, München 2005

Fest, Joachim C., Das Gesicht des Dritten Reiches, München 2006

Fest, Joachim C., Hitler. Eine Biographie, Frankfurt/M., Berlin, Wien 1973

Fest, Joachim, Ich nicht. Erinnerungen an eine Jugend und Kindheit, Reinbek 2006

Fest, Joachim und Siedler, Wolf Jobst, Der lange Abschied vom Bürgertum, Berlin 2005

Fischer, Fritz, Der Griff nach der Weltmacht, Düsseldorf 1961

Frei, Norbert, 1945 und wir. Das Dritte Reich im Bewußtsein der Deutschen, München 2005
Frei, Norbert, Vergangenheitspolitik. Die Anfänge der Bundesrepublik und die NS-Vergangenheit, München 2003
Frei, Norbert (Hrsg.), Hitlers Eliten nach 1945, München 2004
Freund, Michael, Eliten und Elite-Begriff, in: Kaltenbrunner, Gerd-Klaus (Hrsg.), Rechtfertigung der Elite, München 1979
Friedländer, Saul, Das Dritte Reich und die Juden, Die Jahre der Verlgung 1933–1939, München 1998
Friedländer, Saul, Die Jahre der Vernichtung, Das Dritte Reich und die Juden 1939–1945, München 2006
Gabriel, Oskar W.; Neuss, Beate; Rüther, Günther (Hrsg.), Konjunktur der Köpfe? Eliten in der modernen Wissensgesellschaft, Düsseldorf 2004
Galbraith, John Kenneth, Die Ökonomie des unschuldigen Betrugs, Vom Realitätsverlust der heutigen Wirtschaft, München 2005
Gall, Lothar, Bismarck. Der weiße Revolutionär, Frankfurt a. M., Berlin, Wien 1980
Gammelin, Cerstin; Hamann, Götz, Die Strippenzieher. Manager, Minister, Medien – Wie Deutschland regiert wird, Berlin 2005
Gilcher-Holtey, Ingrid, Die 68er Bewegung, München 2005
Glotz, Peter; Süssmuth, Rita; Seitz, Konrad, Die planlosen Eliten. Versäumen wir Deutschen die Zukunft? München 1992
Görtemaker, Manfred, Geschichte der Bundesrepublik Deutschland. Von der Gründung bis zur Gegenwart, Frankfurt a. M. 2004
Grunenberg, Nina, Die Wundertäter. Netzwerke der deutschen Wirtschaft 1942–1966, München 2006
Gumbrecht, Hans Ulrich, Facelifting als Dauertherapie, in: Ein neues Deutschland? Sonderheft Merkur 9/10, Berlin 2006
Hachmeister, Lutz, Nervöse Zone. Politik und Journalismus in der Berliner Republik, München 2007
Haffner, Sebastian, Geschichte eines Deutschen. Erinnerungen 1914–1933, München 2000
Hartmann, Michael, Der Mythos von den Leistungseliten, Frankfurt/Main 2002
Hartmann, Michael, Elitesoziologie. Eine Einführung, Frankfurt/Main 2004
Hartmann, Michael, Eliten und Macht in Europa. Ein internationaler Vergleich, Frankfurt/Main 2007
Heer, Hannes, »Hitler war's«. Die Befreiung der Deutschen von ihrer Vergangenheit, Berlin 2005
Heitmeyer, Wilhelm, Deutsche Zustände, 4 Bände, Frankfurt a. M. 2002
Hentig, Hartmut von, Bewährung. Von der nützlichen Erfahrung, nützlich zu sein, München, Wien 2006
Herwig, Malte, Eliten in einer egalitären Welt, Berlin 2005
Hinck, Gunnar, Eliten in Ostdeutschland. Warum den Managern der Aufbruch nicht gelingt, Berlin 2007
Hitzler, Ronald; Hornbostel, Stefan; Mohr, Cornelia (Hrsg.) Elitenmacht, Wiesbaden 2004
Hoffmann-Lange, Ursula, Eliten, Macht und Konflikt in der Bundesrepublik, Opladen 1992
Hull, Isabel V., The Entourage of Kaiser Wilhelm II. 1888–1918, Cambridge 1962
Huth, Peter; Engelke, Jan, Die Selbstbediener. Wer sich unser Geld einsteckt, Reinbek 2005
Jaeggi, Urs, Die gesellschaftliche Elite, Bern, Stuttgart 1960
Jonas, Hans, Das Prinzip Verantwortung, Frankfurt a. M. 1985
Jürgs, Michael, Die Treuhändler. Wie Helden und Halunken die DDR verkauften, München 1997
Kamenz, Uwe; Wehrle, Martin, Professor Untat. Was faul ist hinter den Hochschulkulissen, Berlin 2007
Keller, Suzanne, Beyond the Ruling Class: Strategic Elites in Modern Society, New York 1963
Klee, Ernst, Das Personenlexikon zum Dritten Reich. Wer war was vor und nach 1945, Frankfurt a. M. 2005
Koenen, Gerd, Das rote Jahrzehnt. Unsere kleine deutsche Kulturrevolution 1967–1977, Köln 2001

Kraushaar, Wolfgang, 1968 als Mythos, Chiffre und Zäsur, Hamburg 2000

Krockow, Christian Graf von, Von deutschen Mythen, München 1997

Kuhn, Helmut, Arm, reich – und dazwischen nichts? Streifzüge durch eine veränderte Gesellschaft, Bergisch Gladbach 2007

Lauterbach, Karl, Der Zweiklassenstaat. Wie die Privilegierten Deutschland ruinieren, Berlin 2007

Leif, Thomas, Beraten und verkauft. McKinsey & Co. – der große Bluff der Unternehmensberater, München 2006

Leif, Thomas; Legrand, Hans-Josef; Klein, Ansgar (Hrsg.), Die politische Klasse in Deutschland. Eliten auf dem Prüfstand, Bonn und Berlin 1992

Leinemann, Jürgen, Höhenrausch. Die wirklichkeitsleere Welt der Politiker, München 2004

Leyendecker, Hans, Die grosse Gier. Korruption, Kartelle, Lustreisen: Warum unsere Wirtschaft eine neue Moral braucht, Berlin 2007

Leyendecker, Hans, Die Korruptionsfalle. Wie unser Land im Filz versinkt, Reinbek 2004

Malinowski, Stephan, Vom König zum Führer, Frankfurt a. M. 2004

Meng, Richard, Der Medienkanzler. Was bleibt vom System Schröder? Frankfurt a. M. 2002

Meng, Richard, Merkelland. Wohin führt die Kanzlerin? Köln 2006

Metzger, Oswald, Einspruch! Wider den organisierten Staatsbankrott, München 2003

Michels, Robert, Soziologie des Parteiwesens in der modernen Demokratie, Stuttgart 1989

Mikos, Lothar, Mediale Parallelwelten, in: Ein neues Deutschland? Sonderheft Merkur 9/10, Berlin 2006

Mills, C. Wright, Die amerikanische Elite, Hamburg 1962

Mommsen, Wolfgang J., War der Kaiser an allem schuld? Wilhelm II. und die preußisch-deutschen Machteliten, Berlin 2005

Münch, Richard, Die akademische Elite, Frankfurt a. M. 2007

Münkler, Herfried; Straßenberger, Grit; Bohlender, Matthias (Hrsg.), Deutschlands Eliten im Wandel, Frankfurt a. M. 2006

Müller, Albrecht, Machtwahn. Wie eine mittelmäßige Führungselite uns zugrunde richtet, München 2006

Müller, Henrik, Wirtschaftsfaktor Patriotismus. Vaterlandsliebe in Zeiten der Globalisierung, Frankfurt a. M. 2006

Müller, Uwe, Supergau Deutsche Einheit, Berlin 2005

Muschg, Adolf, Ihr seid wieder Wer – aber wer?, in: Aus Deutschland kommt jetzt etwas ganz Neues, Sonderveröffentlichung Die Zeit, Juni 2006

Nolte, Paul, Der Faschismus in seiner Epoche, München 1979

Nolte, Paul, Riskante Moderne. Die Deutschen und der neue Kapitalismus, München 2006

Nolte, Paul, Topographie der Klassengesellschaft, in: Ein neues Deutschland? Sonderheft Merkur 9/10, Berlin 2006

Ogger, Günther, Nieten in Nadelstreifen, München 1995

Opoczynski, Michael, Die Blutsauger der Nation. Wie ein entfesselter Kapitalismus uns ruiniert, München 2005

Opoczynski, Michael, Wunderland ist abgebrannt. Wie wir noch zu retten sind, München 2007

Picht, Georg, Die deutsche Bildungskatastrophe, München 1965

Plessner, Helmuth, Die verspätete Nation, Stuttgart u. a. 1974

Postman, Neil, Wir amüsieren uns zu Tode, Frankfurt a. M. 1985

Prantl, Heribert, Kein schöner Land. Die Zerstörung der sozialen Gerechtigkeit, München 2005

Rebenstorf, Hilke, Die politische Klasse, Frankfurt a. M. 1995

Ritter, Gerhard A., Der Preis der deutschen Einheit. Die Wiedervereinigung und die Krise des Sozialstaates, München 2006

Röhl, John C. G., Kaiser, Hof und Staat. Wilhelm II. und die deutsche Politik, München 2002

Roth, Jürgen, Der Deutschland-Clan. Das skrupellose Netzwerk aus Politikern, Top-Managern und Justiz, Frankfurt a. M. 2006

Rüttgers, Jürgen, Die Marktwirtschaft muss sozial bleiben, Köln 2007

Safranski, Rüdiger, Wieviel Globalisierung verträgt der Mensch? Frankfurt a. M. 2004

Scheer, Hermann, Die Politiker, München 2003

Schirrmacher, Frank, Das Methusalem-Komplott, München 2004

Schmidt, Helmut, Auf dem Weg zur deutschen Einheit, Reinbek 2005

Schmitt, Carl, Der Begriff des Politischen, Berlin 1963

Schöllgen, Gregor, Jenseits von Hitler. Die Deutschen in der Weltpolitik von Bismarck bis heute, Berlin 2005

Schroeder, Klaus, Die veränderte Republik. Deutschland nach der Wiedervereinigung, Stamsried 2006

Schulze, Gerhard, Die Erlebnis-Gesellschaft, Frankfurt/Main 2000

Sennett, Richard, Der flexible Mensch, Berlin 2006

Shiver, William L., Aufstieg und Fall des Dritten Reiches, Köln, Berlin 1961

Sigmund, Anna Maria, Diktator, Dämon, Demagoge. Fragen und Antworten zu Hitler, München 2006

Sinn, Hans-Werner, Ist Deutschland noch zu retten? München 2003

Sontheimer, Kurt, Antidemokratisches Denken in der Weimarer Republik, München 1962

Stammer, Otto, Das Eliteproblem in der Demokratie, in: Politische Soziologie und Demokratieforschung, Berlin 1965

Statistisches Bundesamt (Hrsg.), Armut und Lebensbedingungen. Ergebnisse aus LEBEN IN EUROPA für Deutschland 2005, Wiesbaden 2006

Steingart, Gabor, Deutschland. Der Abstieg eines Superstars, München 2004

Stiglitz, Joseph, Die Schatten der Globalisierung, München 2004

Süssmuth, Rita, Migration und Integration: Testfall für unsere Gesellschaft, München 2006

Tuchman, Barbara, Die Torheit der Regierenden. Von Troja bis Vietnam, Frankfurt a. M. 2003

Ullmann, Hans-Peter, Das Deutsche Kaiserreich 1871–1918, Frankfurt a. M. 1995

Walter, Franz, Die ziellose Republik. Gezeitenwechsel in Gesellschaft und Politik, Köln 2006

Walter, Franz, Träume von Jamaika. Wie Politik funktioniert und was die Gesellschaft verändert, Köln 2006

Weber, Max, Politik als Beruf, Berlin 1982

Wehler, Hans-Ulrich, Deutsche Gesellschaftsgeschichte, Band 1–4, München 2003

Wehler, Hans-Ulrich, Entsorgung der deutschen Vergangenheit? Ein politischer Essay zum »Historikerstreit«, München 1988

Wickert, Ulrich, Gauner muss man Gauner nennen, München 2007

Wiedeking, Wendelin, Anders ist besser. Ein Versuch über neue Wege in Wirtschaft und Politik, München 2006

Wildemann, Rudolf u. a., Führungsschicht in der Bundesrepublik Deutschland, Mannheim 1982

Winkler, Heinrich August, Weimar 1918–1933. Die Geschichte der ersten deutschen Demokratie, München 2005

Winkler, Heinrich August, Auf ewig in Hitlers Schatten? Anmerkungen zur deutschen Geschichte, München 2007

Winkler, Heinrich August, Der lange Weg nach Westen. Deutsche Geschichte, 2 Bände, München 2000

Wirsching, Andreas, Abschied vom Provisorium. Geschichte der Bundesrepublik Deutschland 1982–1990, München 2006

Wolfrum, Edgar, Die geglückte Demokratie. Geschichte der Bundesrepublik Deutschland von ihren Anfängen bis zur Gegenwart, Stuttgart 2006

Zapf, Wolfgang, Wandlungen der deutschen Eliten, München 1965